一卷國際

SAVE AMERICA

川普

拯救美國

余杰 著

TRUMP

目錄

【推薦語——各界重磅推薦】

精準犀利，至誠至深，猶如余杰一貫的功底和風格。

余茂春／美國海軍學院教授、哈德遜研究所中國中心主任及胡佛研究所客座研究員

由於美國和臺灣主流媒體的長期偏見和誤導，臺灣民眾並不清楚川普真正的內政和外交主張，甚至把他當作瘋子。如果川普再次當選，臺灣讀者需要從頭認識他。希望理解川普和當代美國左右爭議的讀者，余杰這本書是很好的參考。

汪浩／英國牛津大學國際關係博士、作家、歷史及政治學者

余杰對川普的認識與支持是基於常識。在西方極左派主導人文學科多年以來構建的一九八四話語世界裡，常識已經成了人文學者的稀缺品質。

世界華人群體觀察美國的層級進階——第一層級：聽所在國的公知、留學生淺嘗輒止的介紹。第二層級：看《紐約時報》、CNN資訊且並深信不疑。兩者都是「燈塔教徒」，

但段位不同。第二層級包括不少居留美國者，華人公知中有些人對美國的認識堪稱「古墓派」，停留於冷戰結束之前狀態。第三層級：具有在美國實際生活經驗，隨時跟進美國政治，能夠用常識解讀美國現狀。第四層級：經常閱讀美國非主流媒體信息，能夠跟進美國保守派學者、智庫人士對美國、美國外交關係有價值的研究。

余杰的新書，涉及時下美國最有衝突性的人物與話題，有助於了解一個被左派媒體刻意掩蓋的真實的美國。對於亦步亦趨跟著美國民主黨「進步觀念」走的一些臺灣人，開卷有益。

何清漣／作家，經濟學者，代表作有《現代化的陷阱》、《中國：潰而不崩》、《紅色滲透》等

臺灣的民主自由正面臨著一場危機：與中共裡應外合的藍白勢力，正利用臺灣的民主自由，要摧毀臺灣的民主自由。猶如二戰前的德國，納粹利用威瑪共和摧毀威瑪共和一樣。而這樣的模式，彷彿也正發生在當前的美國。余杰寫的《川普：拯救美國》這本書，不僅提醒美國，也值得臺灣人參考。

李筱峰／歷史學者，政論家，台北教育大學名譽教授

我一向敬重的名作家余杰先生，對川普有持續又深刻的觀察研究。本書已經是他研究

川普的第三本大作。不但有助於我們更深入了解這位美國歷任總統中的「異類」，同時更能提供我們參考觀察「川普2.0」的未來走勢。實在值得鄭重推薦再三。

黃澎孝／政論家，曾任國防部心戰參謀官、國民黨中央政策會總幹事

余杰出生中國，走過天安門時代，跟隨劉曉波，流亡美國專職寫作，創作量驚人，思想能量更高！他的筆下縱橫中外書籍思想，加上旁徵博引論述能力，有股大器思想家風範！閱讀余杰，思緒越走越高，看清事件的時空脈絡，不僅批判，更提出論述制高點，讓讀者展望歷史走向，而非迷失在事件衝突的情緒迷網中。余杰是傑出的政治社會史的導覽大師。

江冠明／作家，資深媒體人，PASA廚房主廚，PASA海岸民宿管家

二〇一六年川普當選，對美國歷史乃至世界歷史極為重要，相信臺灣人在當時的總統蔡英文接到美國總統當選人川普的熱線那一刻，都懂我在說什麼。沒有比看到此後民主黨和共和黨比賽挺臺罵中國的臺灣人，更了解這種持久的「川普力量」了。

自由作家余杰這本新書，細數了川普二〇一六年當選總統後的四年執政，所創造的驚

人政績，而這一切都被左派的「習慣性謊言」所掩蓋。

為什麼一介平凡肉身的川普可以擁有那樣的力量呢？相信你可以從本書找到很多答案。

許詠翔／媒體工作者、專欄作家

【推薦序】

川普的戰鬥就是拯救美國

周成柱

川普的戰鬥

二〇一六年，沒有人知道那個叫川普的政治素人會成功當選美國總統，打出了阻擊左派議程的第一槍。正如哈維爾所說：一件事情，不是因為有了希望才去做，而是因為做了才有希望！

未來的美國，是左派的美國還是保守的美國、是「進步」的美國還是傳統的美國、是社會主義的美國還是資本主義的美國，不僅僅取決於川普和范斯，而是取決於每一個人，取決於每一個熱愛自由、拒絕奴役的人。

川普給一切熱愛自由的人們起到了很好的垂範作用——榜樣的力量是無窮的。川普鼓始了，一直持續到今天，並且在未來相當長的時期會繼續下去。正是在此意義上，我認為美國在未來將進入政治動盪期，包括發生內戰都是可能的事情。

川普選擇范斯作為副手，就是在為「後川普時代」做準備。范斯作為新生代代表，存在的意義絕不僅僅事關二〇二四年大選，而是事關未來幾十年共和黨保守派的整合與重塑、路徑與方向，事關在與激進左派的鬥爭中不斷凝聚戰力。

川普老驥伏櫪，但是畢竟已經年近八旬，川普家族的子女和凝聚在川普身邊的年輕一代，都將是未來與極左戰鬥、拯救美國的中堅力量。二〇二四年七月的共和黨全國代表大會，昭示著川普已經成為事實上的共和黨領袖。

八年前借殼上市、以政治素人身分以共和黨名義參選總統，八年後喧賓奪主與建制派切割、清除共和黨內建制派力量，改革並重塑共和黨、形成薪火相傳、世代交替的變革力量，這或許是川普留給後世以及留給美國最大的政治遺產，意義甚至超過前四年總統任期。

今天保守派與極左派的戰鬥，已經不是一場總統選舉可以解決，而是未來幾十年左右兩黨鬥爭的主旋律。民主黨事實上已經變成一個威權主義政黨，共和黨如果還以傳統政黨自居，以軟弱形象示人，等於自掘墳墓。

改革重塑共和黨，可以確保「後川普時代」或者川普遇刺及身故後，共和黨能以政黨組織力量與民主黨展開對抗。拯救美國，不依賴川普個人力量，而是依賴組織的力量，這是擘劃長遠、高屋建瓴之舉。

讓美國再次偉大

二〇一六年川普首次參選總統，提出了「讓美國再次偉大」這一激動人心的口號。據說這一口號的靈感，源於雷根的「讓我們把美國變得偉大」。「讓美國再次偉大」表達了三層意思：第一層意思，美國曾經很偉大；第二層意思，美國現在依然很偉大，但是她的偉大正在不斷遭到左派蠶食鯨吞，走向衰敗；第三層意思，我們將讓美國再次偉大！可以說，這一句話連接過去、現狀和未來，起承轉合，充滿願景和遐想。

我曾經對「讓美國再次偉大」的具體內涵作過歸納，以下十點也是川普主義的基本原則思想：一、信仰上回歸基督教信仰，立國精神上回歸保守主義傳統；二、政府權力上回歸小政府模式；三、外交上奉行美國優先路線（先辦好自己的事），利用威懾力打擊流氓國家；四、社會層面尊重基督教保守主義倫理道德（尊重家庭、異性婚姻、只認同男女兩種性別等）；五、經濟層面減稅減負，鼓勵創新，減少干預，走自由市場路線；六、貿易上強調對等貿易、公平貿易，支持基於對等原則的「三零貿易」（零關稅、零補貼、零壁壘）；七、移民問題上歡迎合法移民，驅逐非法移民，捍衛國家邊界和主權；八、尊重種族平等平權，反對種族特權和逆向歧視，反對身分政治；一個人的晉升依憑個人能力、才幹和勤奮，而不是基於種族、膚色和性別。九、國防上主張通過實力贏得和平，強調國家本位——即每個國家必須首先展現自己防衛國家的決心和意志，而不是完全依賴美國、占美國便宜；

十、方法論上強調審慎、節制和傳統的美德，尊重先例和習慣法傳統；價值論上強調神本主義而非人本主義，承認理性有限，膜拜上帝而不是膜拜政府！

數年以來，川普總統以其精神、觀念和行動，感召無數人凝聚在「讓美國再次偉大」的旗幟下，形成聲勢浩大的MAGA運動。他們來自不同的族群、來自各行各業，有精英有草根、有專家有平民、有富人有窮人。

在左派流毒荼毒美國的當下，「讓美國再次偉大」聚焦的不僅僅是一場或兩場選戰，而是一場人心的激盪與回歸、一場意識形態領域的鬥爭、一場民情秩序的改變。讓美國再次偉大，就必須在信仰、精神和觀念上回到一七七六年；讓美國再次偉大，就必須重拾國父們的榮光和風骨；讓美國再次偉大，就必須回歸美利堅合眾國的偉大傳統和美德！

作為當今世界的羅馬，美國的國運不僅事關美國，也事關人類的前途命運。永遠不要低估左派摧毀自由的決心，美國的失敗就是人類文明的失敗。今天的美國是否會重蹈羅馬滅亡的覆轍，不僅取決於精英和權貴，也取決於每一個普通人、取決於每一個普通人因其觀念和意識形態而形成的民情秩序！

作為川普和川普主義的堅定支援者，余杰老師多年來以筆為槍，筆耕不輟，為戳穿左派民主黨的謊言、破除主流媒體對川普總統的污蔑栽贓而針鋒相對、不遺餘力。《川普：拯救美國》是余杰老師為川普寫的第三本專著。本書以大量詳實的資料、真實的數據、充分的說理，將一個智慧而堅定、虔敬而勇敢、仁慈而善良的川普呈現在讀者面前，有別於主流媒體對川普的污衊和醜化，是讀者朋友了解真實的川普不可多得的佳作。

在二〇二四年美國大選即將來臨之際，《川普：拯救美國》一書得以順利出版，作為一名川普支持者，我亦不勝欣喜和激動。希望有更多朋友能夠讀到這本書，認識理解真正的川普！

為川普總統禱告，為美利堅合眾國禱告！

（周成柱／湖北民間思想者、古典自由主義和奧地利經濟學派研究者。）

【推薦序】

每個人的戰鬥——為余杰的新著而作

蘇小和

人類進入二十一世紀，同時也進入有史以來最大的觀念戰場。智慧的人向右，愚頑的人向左。天地之間雷聲轟隆，天使站立在天國的門口，也聽見了我們的聲音。眾聲喧嘩之中，每個人都聽得見自己的聲音，每個人都為自己的聲音，承擔生命的後果。

美國的魅力就在這裡。只有在美國，我們才能聽得到如此轟隆的聲音；只有在美國，我們才能看見如此明顯的觀念戰場。

這是一個讓我們沉思的現象：任何一個國家，或者任何一個人，如果你沒有捲入到如此磅礴的觀念大戰之中，你注定是一個膚淺的國家，或者注定是一個膚淺的人。你的生命在這個彎曲的時代一閃而過，彷彿一張毫無意義的空白紙片。

我的朋友余杰，一直站立在觀念大戰的最前沿，他迎風怒號，他奮筆疾書，他向著標竿直跑，他的價值觀像磐石一樣，穩穩地站在這裡，從未搖晃。無論經歷怎樣的死蔭之幽谷，無論多少愚頑的人從他身邊掠過，他總是頑強地站立在這裡。

正如聖經芬芳的句子：壓傷的蘆葦，他不折斷，將殘的燈火，他不吹滅。這是一個熱愛美國，同時又批評美國的愛國者。這是一個立足於天地之間巨大的座標系，對著美麗的臺灣之國傾情呼喚的人。

他有多麼愛美國，就有多麼愛臺灣。所以，你要讀懂余杰，你必須先讀懂美國。

美國的局面，說到底是三個維度的觀念征戰：

第一，信仰征戰。只有在美國，你才能看得見基督信仰正在捍衛人類的心靈自由；只有在美國，你才能看見有一批敬畏且勇敢的人，正在捍衛人類基本的秩序，捍衛天地之間法的精神。

第二，思想征戰。長久來看，改變我們的並不是既得利益，而是思想。目前美國思想界主要由羅爾斯的正義論把持，這種思想續接著馬克思的思想，將個人的自由權利放在終極的善之上，構成人類社會最大的理性自負，使得相當多的人們不再是自由即自律之人，而是一群毫無秩序感和邊界感的瘋子。事實就是如此，今天的美國是一個瘋人院，正如今天的中國是一個弱肉強食的動物社會。如果當代美國無法再次出現海耶克式的保守主義大思想家，如果湯瑪斯索維爾這樣的思想家被我們這個時代的自負淹沒，則美國的教育界、傳媒界和科技界將會長期被左派把持。

就成了古典自由主義者或保守主義者，但我認為兩黨並無根本性差異，且相信美國的共和憲政體制穩如磐石。

二〇一二年，我與家人逃離動物農莊般野蠻殘暴的中國，來到人人享有「免於恐懼的自由」的美國。在川普奇蹟般出現前，我多少發現歐巴馬（Barack Hussein Obama II）政府的腐敗、無能、軟弱，但對美國政治並未念茲在茲，我首先關心的依然是中國的人權議題。

二〇一六年，川普剛剛出來參選時，我認為這個滿口跑火車的商人就是一個笑話——可見我身上中國士大夫的遺毒和社會主義的遺毒不淺。認識川普需要時間，需要勇敢且痛苦的自我否定。那一年，就連范斯（James David Vance）都是「永不川普」的共和黨人，輕率的以希特勒來形容川普，他的轉變比我還晚。當然，沒有人是先知先覺，即便是川普自己，此前也屢屢捐款給柯林頓（Bill Clinton）、希拉蕊（Hillary Clinton）乃至哈里斯（Kamala Harris，親共僑領為她取了中文名字賀錦麗）等民主黨人。川普成為「川普主義者」是在二〇一六年才完成的重大蛻變。二〇一六年夏，當川普以圈外人之姿戰勝共和黨黨內所有建制派政客，我這才開始認真對待川普其人其言——我是華語世界最早斷定川普會擊敗希拉蕊、當選美國總統的公共知識分子之一，因為我跟龜縮在東西兩岸大都會的菁英階層不同，深入過基督教的美國、工農大眾的美國、南部和中部的美國，那是主流媒體上看不到的「另一個美國」，也是支持川普的美國。

隨著對川普的認識不斷深入，我對保守主義價值的思考也日漸精進。二〇一八年聖誕前夕，我宣誓歸化成為美國公民，我的歸化證書上是川普的簽名。二〇一九年，我出版了思想自傳《我是右派，我是獨派》；二〇二〇年，我出版了迄今為止我最重要的思想史三部曲《大光：宗教改革、觀念對決與國族興衰》；二〇二一年，我出版了全面批判左派意識形態的專著《美國左禍與自由危機》；二〇二三年，我出版了回顧十年美國生活的隨筆集《此心安處》。每一本書都是我思想探索的腳印，也都是刮骨療傷般去除左毒、駁左膠的歷程——沒有人生來就能對糖衣砲彈式的左派思想免疫，包括川普在內，每一個人都要壯士斷腕般「以今日之我否定昨日之我」，才能離開通往奴役之路、踏上通往自由之路。

川普的出現，如同一面真善美的照妖鏡，照出左派的假惡醜。在川普任內，我饒有興趣的開始了「川普研究」——二〇二〇年選戰期間，我先後出版了兩本關於川普的專著《用常識治國：右派商人川普的當國智慧》和《川普向右，習近平向左》。這一年的總統大選，是我作為美國公民第一次投票選總統。然而，中國病毒疫情籠罩下全國範圍內的選舉舞弊，奪走了本來屬於川普的勝利，也讓我在精神上遭遇沉重打擊：美國的危機比我觀察到的和寫下來的更加深重，若保守主義的民情秩序不再，美國憲制很容易被顛覆。如果美國文明崩塌了，美國淪為共產專制國家，我還能逃到哪裡去呢？

幸運的是，上帝的眷顧沒有離開美國。四年之後，川普再度歸來。於是，我完成了第三本關於川普和「川普主義」的專著《川普：拯救美國》，寫這幾年美國發生的新故事，描述川普和「川普主義者」在美國國內的鬥爭及在美國國外的鬥爭，揭露被主流媒體和「深

（Joe Biden）、哈里斯的自傳、傳記，迄今為止卻沒有出版過一本川普的自傳或傳記，豈不怪哉。實際上，美國左派和民主黨對臺灣向來是口惠而實不至，美國右派和共和黨對臺灣的支持才是實實在在的——從麥克阿瑟（Douglas MacArthur）到艾森豪（Dwight Eisenhower）再到川普皆如此。然而，即便在臺灣的臺派中，居主流地位的依然是「以左為美」的左派，最後的結果必然是左派的那一面吞噬臺派的那一面，「左獨」與「左統」殊途同歸。正是在這樣一種扭曲的思想文化背景下，臺灣市面上看不到一本原創的、正面論述川普和「川普主義」的著述——關於此一主題僅有的三本書都是由我這個外來者撰述的。

我愛臺灣，臺灣賜我以生命一樣寶貴的出版自由。我對臺灣的回報之一，或許就是幫助臺灣彌補此一知識版圖和觀念版圖上的重大缺陷，讓「右獨」在臺灣有一席之地。

親愛的讀者，如果你傾向保守主義、是川普的支持者，讀了《川普：拯救美國》之後，你對川普、「川普主義」及其背後美國秩序的根基，會有更深入和全面的了解；如果你此前對保守主義一無所知或充滿誤解，不喜歡川普乃至是川普的反對者，只要你抱持開放的心態，讀了《川普：拯救美國》之後，即便你仍然不願改變你的觀點，但至少這本書不會讓你感到失望。

二〇二四年七月三十日至八月一日

美利堅合眾國維吉尼亞共和國費郡綠園群櫻堂

輯一

美國之內的戰鬥

1 川普任內締造哪些成就？

菁英和庶民、左派與愛國者對川普評價兩極

二〇二四年的總統日（美國聯邦假日，日期是每年二月第三個星期一，紀念歷任總統），一項由全美歷史學家票選的美國歷任總統排行榜出爐。這項「總統偉大程度調查計畫」，由德州休士頓大學教授羅汀豪斯（Brandon Rottinghaus）、卡羅來納海洋大學教授佛漢（Justin S. Vaughn）共同進行，向全美五百二十五位歷史學者發出問卷，收到一百五十四份有效回覆——有效回覆不足三成，說明高達七成受訪者對問卷方式不認可。

這份排行榜不僅與當前美國主流民意脫節，甚至對立。例如，拜登民調數字不佳，但歷史學者對他評價甚佳，排名甚至高於雷根，位居第十四名。他們認為拜登任內的政績包括因應中國武漢肺炎疫情結束、重建全國橋梁道路等基礎建設、領導盟國反抗俄羅斯的侵略野心——然而這些都與事實不符。

耐人尋味的是，進行調查的學者在《洛杉磯時報》撰文指出，拜登最重要的成就是把川普趕出白宮，讓川普無法成功連任。他們指出，拜登執政以來，未曾獲得軍事勝利，也未進行大幅改革，這些原本都是推升總統排名的重要因素；拜登之子杭特（Hunter Biden）醜聞纏身，通常也會讓總統排名下滑。而拜登首次入榜就位居前三分之一，這與歷史學家普遍「反川普」的立場有關。

既然訪問者和受訪者都「反川普」，那麼川普在這份排行榜上就只能敬陪末座，名列

第四十五，甚至比未能調和南北衝突而惡名昭彰的第十五任總統布坎南（James Buchanan）的評分還低將近六分。這項調查先前進行過兩次，分別是在二〇一五年、二〇一八年，川普兩次敬陪末座。學者批評說，川普嚴重偏離政治、制度與法律規範。這種高度政治化的排名，顯然不具參考價值，只能淪為笑談，同時大大折損了菁英知識分子的公信力。

相對於菁英知識分子豬油蒙了心似的仇恨川普，庶民、愛國者、保守派，對川普任內的成就評價極高。早在二〇二一年三月十三日，在佛州海湖莊園的一次聚會上，阿拉巴馬州共和黨執行委員會一致通過一份決議案，盛讚甫卸任的川普是美國「最偉大、最有效率的總統之一」。執行委員會成員、前州議員胡珀（Perry Hooper Jr）將裝裱好的決議案致贈給川普，決議案讚美川普總統「在四十八個月內取得的成就，比拜登擔任參議員和副總統四十八年的成就還高」。

胡珀告訴福斯新聞：「這份決議讚美唐納．川普的偉大之處，他如何使美國再次變得偉大，我希望其他州也能效仿我們的做法。」

在二〇一六年川普競選活動期間，胡珀曾擔任阿拉巴馬州聯合主席，並於二〇二〇年在川普競選團隊的財務委員會任職。他說，川普是美國有史以來最好的總統，「川普做了很多偉大的事情。雷根當選時，我還是個孩子，我當時認為沒有人能與雷根相媲美，然後川普出現了，他不僅是偉大的總統之一，更是美國有史以來最偉大的總統」。

這份決議案列舉川普的若干執政成就。胡珀說：「我們表彰他的偉大成就，他重振美國製造業，進行減稅，創造有史以來最好的經濟，強化了美國軍隊。」胡珀表示這不僅是阿拉巴馬共和黨人的心聲，也是二〇二〇年投票支持川普的所有美國選民的心聲，「我們阿拉巴馬人愛他，美國人也愛他，他不是無緣無故得到七千五百萬張選票的，我在代表美國七千五百萬人講話」。

福斯新聞說，這份決議案是美國保守派及共和黨基本盤大力支持川普的誌記。

只要是眼明心清的人，都會承認川普政府的重大成就

二〇二一年一月十七日，白宮公布了一份名為《川普政府成就》（*Trump Administration Accomplishments*）的文件，詳細總結川普執政四年締造的成就。左派的主流媒體沒有一家予以正面報導，但是美國民眾不可能對這份文件描述的事實無動於衷，因為他們在日常生活中確切感受到四年來美國的正面變化。

這份成績單包括在中國武漢病毒大流行之前，美國實現了前所未有的經濟繁榮，為各種背景的美國人提供就業機會、為中產階級減稅、創造就業機會和投資機會區、放鬆管制等等。川普政府還成功與世界各國談判達成五十多項協議，增加國外市場准入，促進美國農產品出口，幫助七百多萬美國人就業。

成績單說明總統完成的重大政績包括：建造七百多公里的新邊境牆，用超過二點二萬

億美元軍費開支「徹底重建美軍」，並成立太空部隊。

此外，川普重建了美國的司法系統，任命了大批聯邦法官。在共和黨掌控參議院的優勢局勢下，川普成功將三名保守派大法官送入最高法院，提名並確認了兩百三十多名聯邦法官，以及任命五十四名法官到美國上訴法院任職，占上訴法院全體法官人數近三分之一。這份文件還列舉了川普政府擊敗伊斯蘭國（ISIS）等恐怖組織的成就。

川普政府最大的成就，就是打造了前所未有的經濟榮景。在疫情來襲前，「我們建立了世界上最繁榮的經濟」，新增七百萬個就業機會，是政府專家預測的三倍多。中產階級家庭收入增加近六千美元，是上屆政府增加收益的五倍多。失業率下降到三．五％，為半世紀以來最低。連續四十個月職位空缺數量高於新僱用數量，就業人數達到近一點六億人，比以往任何時候都多。同時，申請失業保險的人數占人口比例創歷史最低。美國所有都會地區的收入都呈現近三十年來首次上升之勢。

其次，在對抗共產主義和社會主義方面，川普政府推翻了歐巴馬政府對古巴的災難性政策，取消了與共產主義卡斯楚獨裁政權的交易。川普表示，只有在古巴政權釋放所有政治犯，尊重集會和言論自由，使所有政黨合法化並安排自由選舉的情況下，才會解除制裁。川普政府還對委內瑞拉獨裁者馬杜羅採取了一系列打擊措施，包括封鎖委內瑞拉政府在美國管轄範圍內的所有財產；切斷馬杜羅政權的財政資源，並制裁被該政權利用的委內瑞拉關鍵企業。

在對抗中共方面，川普政府的作為包括：制定全面性戰略，應對中國針對美國的惡意行動所帶來的威脅；簽署了《香港自治法》，結束美國對香港的優惠待遇，追究中國侵犯香港自治權的責任；領導盟友挫敗中國控制國際電信系統的企圖，包括聯合盟友，禁止中國電信公司華為進入各國 5G 網絡基礎設施；敦促聯合國追究北京處理武漢肺炎病毒的責任，包括北京拒絕疫情透明化，未在病毒擴散全球前及時遏制；致力於打擊來自中國的毒品。成績單上列舉了川普政府打擊中共不公平貿易行動所採取的一系列措施。

在維護美國與全球宗教自由方面，川普政府碩果纍纍：川普是第一位在聯合國召開會議督促結束宗教迫害的總統；川普建立了白宮「信仰與機遇計畫」；阻止了《約翰遜修正案》干涉牧師發表意見的權利；指示政府對受迫害社區的援助；發起國際宗教自由聯盟，這是有史以來第一個致力於對抗全球宗教迫害的聯盟；對參與迫害維吾爾人的中共官員、安全機構和公司實施制裁；發布行政令，保護並促進全球的宗教自由。

作為「局外人」，川普沒走容易的路，而是打了許多困難的仗

二〇二一年一月十九日下午四點，川普在白宮新聞發布會發表了二十分鐘的告別演說。這篇演講可視為川普對其四年任期的總結。川普在演講中說：

「四年前我來到華盛頓，我是美國歷史上以來首位不是政治家而當上總統的『局外人』。我以前的工作是關於『建造』（房地產），但我為了美國放棄原本的生活，我知道美國可以建造，她的創造力無窮無盡。我離開過去的圈子，踏入一個艱難的世界。我們恢復我們國家的立國之本，那就是：政府是為人民服務的，我們不分左派或右派，不分民主黨或共和黨，我們的目標是整體國家的利益。」

「四年前我成為美國總統，我們有一個任務，就是以行動恢復國家的力量，讓政府為人民服務，讓美國再次偉大。這是因為人民選了我，人民對我有期許。……我沒有走容易的道路，而是走艱難的路。這條路不是沒有批評或謾罵，而且有許多挑戰。我們經歷了最艱苦的戰鬥、最艱難的選擇，這是我最後一天站在你們面前，我感到非常自豪。」

川普強調，他的政府打造了「世界歷史上最偉大的經濟」。美國股市從疫情中反彈，科技聚集的那斯達克指數在二〇二〇年上漲四二％，涵蓋更廣的標準普爾五百指數上漲十五％。

川普列出任期內的各項政績；包括經濟成就、稅務減免、快速研發疫苗、確保邊境安全等。在外交方面，除了提及促成中東和平、聯合全球共同對抗中國之外，他表示，自己是數十年來首位沒有發動新戰爭的美國總統。他的政府還建立了「有史以來最強而有力的邊境安全措施」。在談到美國輝煌的歷史成就時，他指出，這是因為美國擁有「上帝賦予的自由」。川普說：

「當我離開白宮時，我會想到一些來自國外的威脅，然而最大的威脅是我們對自己國家失去信心。若一個國家失去對自己的信心，永遠不會變得強大。美國三番四次面對風浪沒有搖擺，且能度過難關，是因為我們沒有搖擺不定的心，因此沒有被擊倒。美國之所以強大，在於人們一體同心，我們要看看彼此有何共同點，我們需要有言論自由，可以公開辯論，請人民不要忘記美國如何一路走到今天。」

「幾年執政期間，無論我在哪裡，都在為美國奮鬥，我為美國的精神與目標奮鬥，我們是自由、自豪且出色的國家。美國的力量不會被削弱，而是每天更強大，人民會更好，國家更強壯，信仰更堅定，未來更美好。如今我即將卸任，我樂觀正面的相信，我們孩子最美好的時光就在未來。……我將永遠為你們而戰，我會看著，我會聽著，我要告訴你們，這個國家的未來從來沒有像現在這樣美好。」

最後，川普稱，他將以某種形式回歸：

數民族和所有美國人來說都是如此。
三、戰勝「伊斯蘭國」及激進伊斯蘭主義恐怖分子：美國瓦解了「伊斯蘭國」並擊斃了其領導人巴格達迪（Baghdadi）。
四、邊界牆和移民執法：川普政府在南部邊界修七百多公里新牆並替換舊牆。他還落實執行移民法，結束拆散非法移民家庭的政策，制止非法移民的「大篷車」進入美國。
五、開拓與北韓的外交：川普使美國擺脫了與北韓瀕臨戰爭邊緣的危機，與金正恩會晤，並為北韓全面無核化談判奠定基礎。
六、促進中東和平：川普將美國大使館遷至耶路撒冷，承認以色列在戈蘭高地的主權，結束與伊朗極其無理的核交易，並殲滅蘇雷曼尼（Suleimani，伊朗伊斯蘭革命衛隊少將）。在以色列和阿拉伯國家之間建立了和平，並保護美國免於戰爭。
七、任命最高法院的三名大法官和破紀錄的各級法官：川普提名三位憲法原旨主義的保守派法官進入最高法院，並在任期內任命了比四十年來任何總統任命人數都多的聯邦法官，尤其是在上訴法院。
八、改善非裔族群的劣勢處境：除了經濟繁榮外，川普還創建了「機會區」，實施監獄改革，為歷史悠久的黑人學院和大學（Historically black colleges and universities，HBCU）提供資金，並結束對宗教類 HBCU 和神學院的資金限制。

九、簽訂《美國—墨西哥—加拿大貿易協定》（U.S. Mexico Canada Agreement，USMCA）來代替《北美貿易協定》（North American Free Trade Agreement，NAFTA）：這是一項真正的自由貿易協定，對美國工人的保護更勝於《北美自由貿易協定》。

十、強硬面對中國：在貿易、鴉片類藥物和外交政策方面，川普總統是五十年來第一個能夠堅決面對中國企圖主宰美國經濟及世界的野心的美國總統。他還通過中國旅行禁令，減緩中國武漢肺炎病毒傳播。

十一、打造強大的軍事力量和太空部隊：川普通過重建軍隊來恢復美國的國際領導地位。他還創建一支新的武裝部隊——太空部隊。

最後，波拉克總結川普的總體成就：支持美國歷史、美國英雄、美國憲法，支持警察執法，反對在美國街頭散播破壞性活動的激進勢力。

2 川普浴血揮拳戰鬥的瞬間改變了美國歷史

「川普是美國最勇敢的人」

美東時間二〇二四年七月十三日下午，在賓州巴特勒舉行的一場競選活動中，川普遭遇槍擊。傳出槍響之際，特勤人員一擁而上，將川普團團護住，並迅速將他護送下臺。川普不顧右耳受傷，滿面鮮血，仍挺身揮拳高呼：「戰鬥！戰鬥！戰鬥！」現場驚魂未定的民眾受到激勵，熱情回應：「美國！美國！美國！」

美聯社攝影記者伍奇（Evan Vucci）在眾人四下逃竄掩避之際，老神在在的拍下一幅歷史性的照片：川普耳朵與臉上有血，挺立在晴空之下，向天舉拳，背後是迎風飄揚的巨幅美國國旗。構圖鬼斧神工，渾然天成，很快傳遍世界。這張現場照片將成為川普的標準照，也必定名垂青史。短短幾個小時後，這張照片迅速被製成T恤、連帽衫等周邊商品，上面寫著：「我將不會停止為美國而戰。」

川普在遇刺次日接受媒體訪問時，回顧那個意識到自己中彈後看向群眾的瞬間。

「那一刻來自群眾的力量，他們就站在那裡；很難形容是什麼感覺，但是我知道全世界都在看。我知道歷史會有所評判，我知道我必須讓群眾知道我沒事。」

矽谷菁英、億萬富翁和保守派作家大衛·薩克斯（David Sacks）在社交媒體上讚美說，川普是美國最勇敢的人。

萊斯大學專門研究總統的歷史學家布林克利（Douglas Brinkley）直言，川普遇刺後第一時間被拍到的畫面將成為歷史指標，尤其美國人偏好見證壓力下展現的堅毅和勇氣，「川普高舉拳頭的畫面將成為嶄新象徵」，「挺過暗殺後成為英雄，得到了社會大眾的同情」。

這一幕與十九世紀法國畫家德拉克洛瓦（Delacroix）的名作〈領導民眾的自由女神〉有著驚人的相似之處。〈領導民眾的自由女神〉創作於一八三〇年，描繪的是法國七月革命的場景，畫中央是一位手持三色旗、帶領人民前進的自由女神。這幅畫是法國浪漫主義繪畫的代表作，更成為人類追求自由與民主理念的象徵。

臨危不懼、浴血揮拳、高呼戰鬥的川普，很像是領導民眾反抗暴政的自由女神，只是法國國旗三色旗換成了美國國旗星條旗。這種視覺上的巧合，引發人們對政治、歷史及藝術的多重聯想。

還有人覺得川普遇刺的這張照片，與一九四五年美聯社記者喬·羅森索（Joe Rosenthal）拍攝的經典照片「硫磺島升旗」很相似。「硫磺島升旗」捕捉到六名美軍士兵在硫磺島摺鉢山屍橫遍野的戰場上豎立美國國旗的情形，是硫磺島戰役中最具歷史性的一瞬，塑造了幾代美國人對二戰的記憶與想像。多年後，克林·伊斯威特（Clint Eastwood）將幕後故事改編成電影《硫磺島的英雄們》（港譯《戰火旗蹟》）。

這兩張照片都有國旗和仰拍視角，都有被簇擁在其中的主角，都有英雄主義和悲情基調。美國海軍統帥尼米茲說過：「對於在硫磺島作戰的人來說，不尋常的勇氣是普遍的美德。」今天的川普就具有這種「不同尋常的勇氣」。

這場刺殺以及川普的臨場反應，可能會影響選戰的勝負。網路預測民調中，川普的支持率屢創新高，增加八個百分點，來到前所未有的六八%。英國博弈網站 BetMGM 的最新賠率顯示，川普贏得大選的機率在遇刺後「突飛猛進」，接近六〇%，拜登只剩下不到十三%。

即便是民主黨支持者也不得不承認，川普在遇刺時所展現的勇氣，是拜登和民主黨其他政客完全不具備的。一名拜登的重要盟友表示：「我認為一切都結束了。」他坦言在川普遇刺案後，民主黨幾乎喪失動力了。另一名長期協助民主黨競選的政治策略家也表示，現在發生的「超新星事件」（川普遇刺），讓民主黨「完全被凍結」。

反之，川普的支持者認為，川普已穩操勝券。威斯康辛州共和黨聯邦眾議員范奧登（Derrick Van Orden）在槍擊事件發生後接受《政治》新聞網採訪說：「川普總統在這次攻擊中倖存——他剛贏得了選舉。」田納西州共和黨籍眾議員柏謝特（Tim Burchett）說：「這將比任何事都更能激活基本盤。而你知道——他舉起拳頭，不願離開。他喊著，戰鬥！戰鬥！戰鬥！那將成為口號。」

有人在網上評論說：「被槍擊的是川普，但倒下的是拜登。」川普的支持者、前眾議

到他死，也不願看到他上臺。

儘管拜登和歐巴馬等人裝模作樣的譴責暗殺事件，並下令停止在電視上播放攻擊川普的競選廣告，但他們正是「川普仇恨學」的始作俑者和推波助瀾者——他們對川普長期的妖魔化，為暴力事件創造了沃土。在這個意義上，他們是手上沒有沾鮮血的兇手。

金瑞契指出，正是拜登最近的言論鼓勵了這種襲擊：「如果你讀過拜登過去幾個月所說的話，你就會發現這是一種對傷害川普的行動的邀請。」

眾議院的多數派領袖、路易斯安那州眾議員史提夫·斯卡利塞（Stephen Scalise）曾在二〇一七年棒球訓練中遭槍擊，他更明確的將襲擊歸咎於反對派。「數週以來，民主黨領導人一直在煽動荒謬言論，大肆鼓吹稱川普贏得連任將是美國民主的終結，」他在一份聲明中說，「我們過去曾清楚看到極左派的瘋子將暴力言論變為行動。這種煽動性言論必須停止。」

喬治亞州共和黨眾議員柯林斯（Mike Collins）指出，拜登曾說要把川普「置於靶心」，其實就是在某種程度上「下令」槍擊。

喬治亞州共和黨聯邦眾議員葛林（Marjorie Taylor Greene）在X平臺發推文說，民主黨人多年前就希望川普「消失」，他們已經準備好為此做任何事。

南卡羅來納州聯邦參議員史考特（Tim Scott）推文表示，民主黨及其媒體盟友多年來「不顧後果的煽動恐懼」，稱川普和其他保守派對民主構成威脅，他們的煽動性言論，將包括川普在內的保守派人士的生命置於險地。

川普提名的副總統候選人、俄亥俄州參議員范斯聲稱，拜登競選團隊的言論直接引發了該起悲劇。「今天發生的不只是個別事件，」他在社群媒體上寫道。「拜登競選的核心前提是，川普總統是個獨裁的法西斯主義者，必須不惜一切代價阻止他當選。這種言論直接導致了針對川普總統的暗殺企圖。」

保守派團體「美國轉捩點」的主席查理科克評論說：「四年來，左派一直大肆宣揚川普慫恿他的支持者採取『隨機暴力』行為。這根本就是謊言，也是一種『自我投射』。左派通過大喊『民主的終結』來煽動仇恨和歇斯底里的氛圍。今天，我們看到了最終的結果。」

川普的競選顧問克里斯．拉西維塔（Chris LaCivita）馬上利用這次襲擊事件為川普當選提供支持論據：「多年來，甚至今天，左派活動人士、民主黨捐助者，甚至包括@JoeBiden 在內，都發表過令人作嘔的言論，發表過槍擊川普的描述，現在是時候讓他們為此負責了，最好的方式是投票。」

「我們已經知道你們是誰」

保護川普的特勤局成員在現場表現英勇，但這不能化解大家心中的疑問：一個槍手是如何在光天化日的公共活動中，差一點就能殺死前總統？「要麼是極度的無能，要麼是故意，」特斯拉執行長馬斯克（Elon Musk）寫道，「無論如何，特勤局領導層必須辭職。」

佛州眾議員、眾議院情報委員會成員邁瓦爾茲（Mike Waltz）指控說，國土安全部長馬約卡斯（Alejandro Mayorkas）多次拒絕為川普提供更周密的特勤保護，表現非同尋常。此人曾因為在南部邊境危機中不作為，被共和黨議員提出彈劾案。邁瓦爾茲在社群平臺X寫道：「有非常可靠的消息來源告訴我，川普競選團隊曾多次請求為川普總統加強特勤保護，但都被馬約卡斯部長拒絕了。」另有消息人士稱：「委員會也看到媒體報導，將對總統川普被刺殺未遂事件前後發生的情況，進行徹底監督。這些報導非常令人不安，必須進行調查。」

前海軍海豹突擊隊成員、蒙大拿州共和黨眾議員津凱（Ryan Zinke）表示，槍手能到鄰近會場的屋頂，持槍瞄準川普，顯示「安保工作徹底失敗」。他還寫道：「我無法想像居然有一次，一個距離如此之近的制高點沒被安全部隊占據，卻容槍手占去。」「必須徹底調查。人民及國家高層理應受到更好的對待。」

兩名前聯邦調查局（ＦＢＩ）幹員對槍手行凶所在的屋頂未經徹底檢查以確保安全表示驚訝，因為它距離川普的大選造勢舞臺很近。退休特別探員摩爾（Steve Moore）說，他曾擔任兩年反狙擊手，而屋頂應該要加以看守監視。另一名退休探員查孔（Bobby Chacon）也說，他很訝異沒有人看守「完美制高點」的屋頂。

眾院議長強生（Mike Johnson）在X社媒貼文表示：「眾院將對今天的悲劇事件，進行全面調查。」「美國人民理當了解真相。」「我們將盡快要求特勤局長切特爾（Kimberly Cheatle），以及國土安全部、聯邦調查局相關官員，來委員會接受聽證。」

就連民主黨眾議員托雷斯（Ritchie Torres）也看不過去，發聲明要求偵辦：「圍繞在這起總統候選人刺殺未遂案的安全破口很多，必須調查。」「聯邦政府必須立即由安全失敗中學習，避免重蹈覆轍，這些失敗影響到全國。」

聯邦參議員史考特（Rick Scott）發表聲明，呼籲參院國土安全及政府事務委員會召開聽證會，了解刺殺川普未遂一案。

眾議院監督委員會主席柯默（James Comer）表示，本案有很多疑點，美國民眾要求答案。他打算要求特勤局局長切特爾到眾院作證，究責到底。幾個小時內，柯默便組織完妥，要求特勤局高層前來國會聽證。隨即，眾院國土安全委員會也發聲明表示，將傳召特勤局高層前來聽證會。

特勤局局長切特爾承認，槍手從明顯未經安檢的屋頂開槍的事件令人無法接受，坦言「責任在我」，但她拒絕辭職。國土安全部長及拜登的發言人都力挺她，對其領軍特勤局的能力「百分之百信任」。但在越來越大的壓力和譴責之下，十天後她不得不遞交辭呈。

川普的血再次讓世人認清，二〇二四年的美國大選是一場自由與專制的力量、讓美國再次偉大與讓美國永遠衰敗的力量之間的總決戰。

兇手當場被擊斃，但疑點重重。究竟是兇手出於個人動機作案，還是兇手只是一個更龐大的暗殺計畫的前驅，真相尚待釐清——真相也有可能與當年的甘迺迪（John Fitzgerald Kennedy）遇刺案一樣，永遠無法水落石出，而正是川普在其任內毅然下令解密大量甘迺迪案的絕密文件。聯邦調查局隨後在調查川普遇刺案時，同樣屢屢出包。聯邦眾議員克萊·希金斯（Clay Higgins）嚴厲批評說，聯調局在處理關鍵證據時的做法「前所未有」且「令人不安」：槍擊僅十天後，聯調局就將被擊斃的嫌疑人的遺體交給家屬火化。「包括縣驗屍官、執法部門和警長在內的相關人員，都對此事毫不知情。」這一決定嚴重妨礙了後續調查工作的開展。而且，聯調局僅用三天就解除了現場封鎖，並清理了生物證據，這在執法實務上是極為罕見的。直到八月二十八日，聯調局公布該案最新進展，居然稱尚未確認嫌犯動機，並表示其「沒有表達明確的意識形態」。

即便如此，兇手背後的邪惡勢力已然昭然若揭、呼之欲出。暗殺事件發生前四天，川普公開譴責某些民主黨人：「他們無恥至極！我只能說，如果我當選總統，我們將以前所未有的力度追查這些『選舉操控者』，把他們送進監獄，長期監禁。」他更點名指出：「我們已經知道你們是誰。別這麼做！ZUCKERBUCKS（指祖克柏利用捐款影響選舉結果），給我小心一點！」那麼，誰會為之膽戰心驚呢？

「要殺掉公鹿，這樣遠遠不夠」

川普猶如美國歷史上的偉大總統老羅斯福和雷根，死裡逃生，向死而生。

川普遇刺後，馬斯克在自家的社交平臺 X 上連發三篇貼文，表達對川普的支持。他在一則貼文中寫道：「上一次美國出現這麼堅韌的總統，還是百年前的西奧多·羅斯福（Theodore Roosevelt）。」

這位老羅斯福以強悍的形象著稱，愛打獵，曾任海軍部副部長，參與過美西戰爭。結束總統任期後，因對其接班人塔夫脫嚴重不滿，他脫離共和黨，組建進步黨，再次參選。一九一二年十月十四日，他在前往密爾瓦基市演講路上遭遇刺客開槍射擊。幸運的是，他的胸口放著折疊的五十多頁的演講稿和金屬製的眼鏡盒，子彈穿過這兩個物品後大大減輕了力道，雖射進胸口，但並不致命。老羅斯福咳了幾下，發現沒咳血，就判斷子彈沒傷到肺。於是，他堅持帶傷完成演講。他的演講是這麼開場的：「朋友們，我希望你們盡可能地安靜，你們可能不知道，我剛剛被槍擊中了。要殺掉公鹿（bull moose，老羅斯福所屬政黨的暱稱），這樣遠遠不夠。」他從口袋拿出被子彈穿透的演講稿說：「子彈穿過去了，還好有稿子擋住，防止子彈穿過我的心臟。我本打算做個很長的演講，但子彈現在在我身子裡，我無法做太長的演講，不過我會盡力而為。」

到了醫院照 X 光後，發現原來子彈卡在肋骨上。醫生最後決定，不冒開刀的風險比較好，就讓子彈留在那裡。老羅斯福的餘生，身體裡都留著那顆子彈。他曾豪氣的向朋友說：「萬一傷口是致命的，我希望穿著靴子死去。」

馬斯克將川普與老羅斯福對照，Vantage Point 資產管理公司投資長費雷斯（Nick Ferres）則將川普與雷根相提並論：「據我的記憶，雷根遇刺後民調上升了二十二個百分點。所以，今年的選舉可能會是一場川普壓倒性的勝利。」

一九八一年三月三十日，剛就任總統六十九天的雷根在華盛頓特區希爾頓飯店發表演講後，出門時遭遇患精神疾病的兇手欣克利刺殺。兇手射出六顆子彈，其中一發子彈擊中雷根腋下，距離心臟只有一英吋。雷根迅速被送至喬治．華盛頓大學醫院進行緊急手術。進入手術室之前，他對站在帶輪醫用床邊的妻子南西說：「親愛的，我忘記躲開了。」手術前，他還向醫生開玩笑說：「我希望你們都是共和黨人。」主刀醫師並不是共和黨人，但仍回答說：「總統先生，今天我們都是共和黨人。」

槍擊八天之後，雷根逐漸康復。民主黨眾議院議長提普．奥尼爾（Tip O'Neill）前來探訪，為雷根背誦聖經《詩篇》第二十三篇：「耶和華是我的牧者，我必不至缺乏，祂使我躺臥在青草地上。」那個時代的老派民主黨人還有信仰和信念，與今天腐敗墮落的民主黨人不可同日而語。雷根用略高於耳語的聲音與他一起吟誦這段經文。後來，雷根在日記中寫道：「現在無論發生什麼，我的生命屬於上帝，我必將盡我所能為上帝服務。」

槍擊事件發生二十九天後，雷根重返政壇，民意支持率高達七六%。他獲邀到國會發表演講，第一句話就是在雷鳴般的掌聲中自我調侃：「各位不是想讓我再來一次吧？」他誦讀了一封一名小學二年級的女孩希望他早日康復的信，信中說，「如果您穿著睡袍演講，就太不像話了」。那一刻，就連民主黨議員也為他歡呼。

雷根在演講中駁斥了卡特（James Earl Carter, Jr.）關於美國是「病態社會」的說法——瘋狂的槍手不足以表明美國是「病態社會」，一個「病態社會」怎麼會孕育出在槍擊案中挺身而出保護總統的特勤局特工、警官和白宮助手呢？雷根的結論是：「病態社會不會讓像我們這樣的人以自己是美國人而自豪，同時為我們的同胞感到自豪。」

老羅斯福和雷根的遭遇，也是川普的遭遇；老羅斯福和雷根的信念，也是川普的信念；老羅斯福和雷根的勇氣，也是川普的勇氣。

3 川普選范斯爲副手，向反民主的全球化宣戰

范斯不是彭斯，而是「川普主義」的下一代掌門人

二〇二四年七月十五日，川普終於宣布「千呼萬喚始出來」的副手人選。川普表示他將與俄亥俄州參議員范斯搭檔參選，他曾考慮過其他潛在人選，經過長時間思考後做出決定，他形容范斯是「最適合擔任副總統的人」。

川普細數范斯的履歷：范斯出身於俄亥俄州，曾在海軍陸戰隊服役，先後就讀於俄亥俄州立大學和耶魯大學法學院，其著作《絕望者之歌》謳歌了勤奮的美國男男女女。范斯在科技和金融領域相當成功，現在投入競選，將造福美國的勞工和農場主，持續捍衛美國憲法，與美軍站在一起，全力讓美國再次偉大。

當天下午在密爾瓦基召開的共和黨全國代表大會上，川普和范斯被正式提名為總統、副總統候選人。大會稱讚范斯是美國夢的代表，是代表俄亥俄在國會戰鬥的騎士，是川普堅定的支持者。

川普選擇最年輕（三十九歲）、從政經驗最少（當選參議員僅兩年）、在某些議題上甚至更保守（反全球化、反科技巨頭、反墮胎等）的范斯為副手，顯然有多方面的考量。

首先，做為第一個獲得主要政黨提名參選的千禧一代，范斯是共和黨中傳承川普意識型態的最佳人選，可以在川普的第二任期結束後將「川普主義」延續下去——由於川普只能再任一屆總統，若不出意外，他的副總統范斯必然是共和黨下一屆總統候選人。

川普遇刺後氣勢如虹，不需要尋找一個跟他在意識形態上有所區隔的所謂共和黨「溫和派」和「建制派」副總統——上一次選擇彭斯（Mike Pence）釀成大錯，彭斯在關鍵時刻的退縮乃至背叛，讓川普記憶猶新。所以川普這次選擇副手，以忠誠為最高原則，一定要避免彭斯式的人物，而范斯正是諸多人選中「最不像彭斯」的。

儘管范斯早年曾嚴厲批評過川普（二〇一七年，我為范斯的暢銷書《絕望者之歌》寫書評時，曾質疑范斯對川普的批評），但他很快轉變成川普最忠實的支持者。理解川普，需要時間和智慧。范斯在得到川普背書後，在激烈的選戰中獲勝，當選為俄亥俄州聯邦參議員。他幾乎在所有議題上都與川普步調一致。比如，不同於曾與川普有過黨內競爭並認可二〇二〇年民主黨大選舞弊結果的其他兩名副總統人選——北達科他州州長道格．伯格姆（Doug Burgum）和佛羅里達州參議員馬爾科．盧比歐（Marco Antonio Rubio），范斯堅信川普的勝利被拜登竊取。范斯也是「讓美國再次偉大」運動的核心成員，川普曾表示，如果你想知道什麼是「讓美國再次偉大」，就去看看范斯的社交媒體吧！難怪拜登在回應范斯成為川普副手的消息後說，范斯「是川普的翻版」。民主黨全國委員會主席傑米．哈瑞森（Jaime Harrison）也在一份聲明中表示，范斯「支持並慫恿了川普多年來最糟糕的政策」。

其次，川普二〇一六年勝選，重要原因之一是得到五大湖周邊沒落工業州對民主黨失望的工人階級的選票。范斯在其自傳中對此有精準的解釋：「阿帕拉契山的工人選民從原本是忠實的民主黨支持者，在一個世代之內轉為支持共和黨，這個大轉彎，重新定義了美國自尼克森總統以來的政治勢力。」范斯出身於這類「窮白人」家庭（他通過個人奮鬥擺脫了悲慘命運），不僅可以幫助川普鞏固俄亥俄的選票，更可吸納全美勞工階層的選票。川普在社交媒體上指出，范斯「在科技與金融領域有著非常成功的商業生涯，如今將專注於他所奮鬥的選民，即賓州、密西根州、威斯康辛州的美國工人和農民，也包括俄亥俄州、明尼蘇達州和其他更遠的地方」。

第三，范斯與川普一樣是白人男性，但他的妻子烏莎（Usha）是印度裔美國人，是范斯在耶魯大學法學院的同學和帶路人（她本科即在耶魯就讀）。范斯形容妻子「如同艾茵・蘭德小說中的人物」——意思是堅定的保守派。身為耶魯法學院高材生，烏莎擔任過兩名最高法院大法官的書記官。其族裔身分對於爭取日益增長的亞裔選票頗有助益。

全球化讓美國淪為「鐵鏽地帶」與「無依之地」

讓范斯一舉成名的自傳小說《絕望者之歌》，寫的是「鐵鏽地帶」（Rust Belt）底層工人家庭的悲歌。Rust Belt 這個英文詞，指「曾經擁有大量工業，但現在處於經濟困難的地區」，特指美國東北部和中西部地區，主要包括威斯康辛、密西根、賓夕法尼亞、俄亥俄、伊利諾等州，「鏽帶」城市則包括「汽車之城」底特律、「鋼都」匹茲堡、克利夫蘭、芝加哥等。由於資源豐富，這裡繁榮的製造業曾支撐起美國的輝煌。但二十世紀中期以來，隨著煤炭、鋼鐵業衰退，這片地區鏽跡斑斑、風光不再。雪上加霜的是，近三十年來，美國政府與中國合作，推行經濟全球化，美國製造業大量外移到中國等國，傳統工業區廠房廢棄，工人失業，如多米諾骨牌般引發這些地區的雪崩。

范斯出生於俄亥俄州米德鎮，外祖父母輩是鋼鐵廠工人，一度過上不錯的藍領中產生活。但當「鐵鏽潮」湧來時，這個城市無可挽回的走向衰敗：「這個城鎮的鬧市區是美國工業榮光殘存下來的遺跡，在市中心中央大道與主街交匯處，放眼所及都是玻璃被砸破的廢棄店面。」個人再怎麼勤勞、掙扎，也無法對抗全球化的變遷。工人階級無法再過溫飽生活，有能力的人紛紛出走，留下來的人則彷彿被困在原地。經濟每況愈下，學區崩潰，商業停擺，許多家庭失和、失能，酗酒、吸毒、犯罪等情況日益嚴峻。范斯寫道：「儘管有藥物濫用、吵架大賽及家庭財務等各種惱人特質，但這群人真的需要幫助，他們在受苦。我們鄰居的生活總是充滿絕望與傷心，比如有些母親明明擺出笑臉，但眼神沒有笑意。」他的媽媽曾因吸毒被警察從家中帶走，周遭的房子前院站滿旁觀者，「因此，警察載走你媽後，你還得跟鄰居揮手致意，實在沒有比這更尷尬的事情了」——此種情景，幾乎家家戶戶都在上演，人們已經見怪不怪了。

《絕望者之歌》出版次年，記者傑西卡．布魯德（Jessica Bruder）將「鐵鏽地帶」無房可歸者的故事寫成《無依之地》一書。二〇二〇年，華裔紀錄片導演趙婷將《無依之地》拍成電影；同年，《絕望者之歌》也被改編成電影。從二〇〇六年到二〇一四年，美國有約一千萬家庭失去了住房，尤其集中在「鐵鏽地帶」。普林斯頓大學社會學系教授戴斯蒙德（Matthew Desmond）在《掃地出門：美國城市的貧窮與暴利》一書中寫道：「在美國，每年被強行驅逐的家庭不是成百上千戶，也不是成千上萬戶，而是幾百萬戶，這些人曾經都是光鮮的中產階級，他們從未想過自己有一天會流離失所，最後驅車上路。」

研究城市經濟的學者愛德華・格雷瑟（Edward Glaeser）描繪了「鐵鏽地帶」代表城市底特律的慘狀：「底特律市中心絕大部分的土地都是空地，聖經浸信會是路口唯一的一棟建築物；窗戶用木板封住，電話也打不通，顯示這間教會沒有多少信眾。開闊的空間使這個區域看起來宛如鬼鎮，底特律過去的鬼魂似乎悲嘆著這座曾是美國第四大城的苦況。這些年來，底特律流失了一百萬以上的人口——占人口總數的五八%。底特律有三分之一市民生活在貧困中。底特律的衰退是極端的，但不是只有它。美國在一九五〇年的前十大城市，有八座至今已喪失了至少六分之一的人口。美國的前十六大城市有六座，包括水牛城、克里夫蘭、底特律、紐奧良、匹茲堡與聖路易斯，至今已流失一半以上的人口。」

在經濟全球化下，「鐵鏽地帶」迅速向美國南方蔓延，波及大半個美國。千千萬萬的美國家庭無辜受難。然而，平民百姓的苦難沒有讓華爾街、高科技企業和經濟全球化的推動者產生絲毫同情心，這些全球化的受益者，對川普「讓美國企業重回美國」的呼喚充耳不聞。

誰是讓美國衰敗、讓中國崛起的罪魁禍首？

過去數十年，民主黨和共和黨建制派共同推動全球化烏托邦，他們與東西兩岸的資本家、媒體、NGO、大學共同形成了支持全球化的「深層政府」。與此同時，全球化卻讓美國製造業和服務業的工人付出了沉重代價。早在一九九一年，後來在柯林頓政府任勞動部長的雷奇（Robert Reich）就發現，美國出現了一個巨大並不斷擴大的「下層階級。……這是一個不安全並令人焦慮和恐懼的世界，是一個威脅性的、激起人們反抗全球化的世界」。就連左派媒體旗艦《紐約時報》也不得不承認此一事實。

然而，歐巴馬之流的人物彷彿生活在另一個美國。他在國會發表國情咨文演說時曾洋洋得意的宣稱：「自由貿易是一個致勝策略，它會減少消費者的購物成本，增加出口產業的就業機會。」當聽到有白人勞工階級反對全球化時，他居高臨下的斥責說：「他們越來越充滿仇恨，所以他們緊握槍枝或宗教信仰，厭惡非我族類，反非法移民及反貿易情緒高漲，藉此表達心中的挫折感。」

美國首富比爾・蓋茲（William Henry Gates III）假惺惺地將范斯的自傳列入推薦書單，說這本書讓他認識了原來不知道的貧困階層。他卻不敢面對此一真相：他本人正是全球化的推手，也是造成「鐵鏽地帶」與「無依之地」的元兇之一。

紐約市立大學客座教授布蘭科・米拉諾維奇（Branko Milanovic）指出，從一九九八年到二〇〇八年，中國中產階層的收入增長了六〇%至七〇%，而美國中產階級和工薪階級的收入卻停滯不前。中國的增長是以美國中產階級為代價而取得的。

經濟學家大衛・奧特（David Autor）、大衛・多恩（David Dorn）及戈登・漢森（Gordon Hanson）在論文〈中國綜合症：進口競爭對美國本地勞動力市場的影響〉中指出，對於某些具體類別的美國工人而言，與中國進行貿易帶來了痛苦的後果。在進口競爭較為激烈的行業中，工人「獲得的累計收入更低，退出勞動力隊伍、領公共傷殘補助金的風險更高」。中國在二〇〇一年加入世界貿易組織之後，中國進口競爭對美國工人衝擊增加了一倍多，美國自二〇〇〇年以來減少的製造業就業崗位，有四分之一可以用進口競爭來解釋。

這三位作者計算了在一段為期十年的時間中，來自中國的進口額增長，對美國一個競爭激烈的行業所產生的影響，平均到該行業每個工人身上，所遭受的收入損失達一千美元。在家具、玩具、服裝、鞋類和皮革製品這些勞動密集型製造業集中的州，與中國開展貿易導致就業機會減少的情況尤為嚴重，田納西州、密蘇里州、阿肯色州、密西西比州、阿拉巴馬州、喬治亞州、北卡羅來納州和印第安那州都受到重創。這份研究說明了為什麼選民會對自由貿易協定抱持警覺態度。

另一組經濟學家也得出類似的結論。亞伯拉罕・艾賓斯坦（Avraham Ebenstein）、瑪格麗特・麥克米倫（Margaret McMillan）、安・哈里森（Ann Harrison）和香農・菲力浦斯（Shannon Phillips）在論文〈美國工人為什麼變窮了？〉中指出：「將工作外包給低工資國

「全球資本主義不僅幫助中國這樣的有效威權主義國家繁榮並強大，並同時使哪怕是成熟的民主國家也深陷泥潭，而且還在更根本的層面上，即關於制度做為博弈規則的層面上，使威權主義因素，在幾乎所有的人類組織、活動、戰略和價值觀中，與資本主義共同盛行或引人嚮往。……人們是不是寧願生活中在物質繁榮和政治壓迫的結合之下，而不在乎尊嚴、自由和正義呢？」

在全球化獨占話語權的時代，吳國光的追問似乎無解。但是，川普和范斯斬釘截鐵的給出了否定性的回答。范斯在國會嚴厲批評臉書、蘋果與谷歌等科技巨頭向中國低頭，對美國毫無責任感，竊取消費者資訊，更霸占了可以用於其他生產的資金與資源。二〇二四年三月，他在國會提案，如果中國政府不遵守國際貿易法，應切斷中國政府與美國資本市場的聯繫。

范斯在獲得提名後首次接受福斯新聞採訪時表示，中國是美國面臨的「最大威脅」，是美國未來二十年到三十年「最重要的競爭對手」，美國必須「專注於這個問題」。范斯坦言，他的觀點並不是「普丁（Vladimir Putin）優先」。「一個多極世界裡，我們需要盟國大膽行動起來，將我們的關注點集中在東亞」。他認為臺灣比烏克蘭重要得多，美國不能將武器給烏克蘭而不給臺灣（尤其臺灣是自己花錢購買美國的武器）。「我認為我們應該首先盡可能增加中國占領臺灣的難度，我們要搞清楚如果中國攻擊臺灣，我們具體要做什麼。

我們現在能控制的，就是讓中國為入侵臺灣付出高昂的代價。」

共和黨全國代表大會通過了具有鮮明的川普特徵的綱領，以「讓美國再次偉大」為題，指名「獻給被遺忘的美國男女」（包括范斯的家人），並以「回到一般常識」的簡單文字來說明十大章節。經貿部分集中在第五章，以保護工人、農人與避免不公平貿易競爭為重點，堅持「美國優先」的經濟政策，包括取消對中國的最惠國待遇，剔除進口項目中的必需品項，防止中國汽車出口到美國，禁止中國購買美國房地產及各項產業，同時停止外包、把供應鏈遷回美國，把工作移出美國的業者不得做聯邦政府的生意，將美國變成製造業超級大國。國防與外交部分集中在第十章「透過實力回到和平」，計畫透過重建軍事力量和盟友關係以對抗中國，推進美國價值，保護國土邊界，重振國防工業基礎。

川普選擇范斯為他的副手和潛在的接班人，意味著「拯救美國，讓美國再次偉大」的事業，取代了反民主的全球化，將成為未來數十年貫穿美國內政和外交的基本國策。

4 「川普主義」是一種普世價值

川普帶領美國回歸憲法，回歸聖經，回歸價值原點

川普的政治、經濟、文化政策，都是讓美國回歸憲法、回歸聖經，回歸價值原點，何錯之有？

美國秩序的根基就是自由，就是反對一切形式的極權主義。法國思想家托克維爾（Tocqueville）和德國社會學家桑巴特（Werner Sombart），都論述了美國為何沒有社會主義和極左派思潮，因為美國有教會和清教徒傳統，有憲法，有自由市場經濟制度，有地方自治。

當年，來到北美的第一批移民，是在歐洲受迫害的清教徒，他們在上岸前就簽署了一份《五月花公約》，這份文件以社會契約形式確立了新大陸公民社群的「起點平等」。這些新移民相信機會均等，只要努力工作、勤儉敬業、對事業執著認真，就能有所成就。所以，他們不會像後來歐洲的共產主義者那樣，企圖以革命的方式來改變不平等，結果帶來更大的不平等。

然而，托克維爾和桑巴特都沒有想到，二十世紀中期以來，社會主義和極左派毒素在亞洲、非洲、拉丁美洲等不發達地區橫衝直撞，又進軍美國。一旦做為美國「定海神針」的教會和清教徒傳統出現衰落趨勢，它們便趁虛而入、蠶食鯨吞。左派首先要摧毀的目標就是憲法和教會。左派掌握了主流媒體與教育機構，將其變成地下宣傳部，日復一日、年

復一年的告訴公眾和下一代：憲法和聖經早已過時，美國不是清教徒創建的偉大國家，而是白人奴隸主掌控的專制國家，仇恨美國才是「進步」。

人類悖謬的歷史向來如此，太陽底下沒有新鮮事。國父們在上帝的啟示下撰寫的美國憲法和獨立宣言，卻被今天的左派棄如敝屣。美國憲法學者和歷史學者斯考森（W. Cleon Scousen）痛切指出：

「就思想意識來說，我們是非美國的一代人。即使我們當中那些受過政治科學教育的人，也沒有被要求去讀聯邦黨人的文章，讀洛克（John Locke）、伯克（Edmund Burke）、亞當．斯密（Adam Smith），或讀那些把憲法置於重要地位的人的原著。我們的一位大學教授甚至說，美國憲法已經過時了。他認為，這部憲法並不是為一個現代的工業社會設計的。」

拋棄做為美國立國根基的憲法和聖經，結果會怎樣呢？結果必然是國力衰落，是「毒品、騷亂、革命、恐怖手段，掠奪性戰爭，反常的性行為，曇花一現的婚姻，有組織的犯罪，忽視乃至虐待孩子，麻醉性狂歡，債務纏身」大行其道。拜登這個涉嫌家庭虐待的嫌疑人居然竊據白宮——其女兒艾希莉（Ashley Blazer Biden）因吸毒被捕，在戒毒中心遺失的日記中詳細記載了她小時候與父親共浴、使她留下疑似被侵犯的陰影。左派的主流媒體永遠不會報導此類真相。

為了對抗「非美國」和「非基督教」的意識形態，學者斯考森寫了《飛躍五千年：美國二十八條立國原則》一書，從憲法中提煉出二十八個關鍵原則、二十八個「有助於改變世界的偉大觀念」——國父們幾乎沒有發明其中的任何一個，但發現了它們，並且把這些觀念引入了一份單獨的文件（美國憲法），這份文件已賜福給這個偉大的國家與世界。

斯考森所論述的二十八條原則，有些已是舉世公認的普世價值的一部分，即便專制獨裁國家也在表面上承認它們，例如「所有人生來都是平等的」、「只有財產安全，生命和自由才不會受到侵犯」、「應建立制衡制度，防範權力濫用」等；也有些是生活在英美文明、英美秩序之外的人們所陌生的，例如「在共和政體的憲法之下，只有品德高尚的人才能成為自由人」、「如果沒有宗教信仰，政府和公民的自由就不能長久」、「若要將繁榮推向極致，自由市場經濟和最低限度的政府干預二者缺一不可」——這一部分尤為重要。

「川普主義」就是「常識主義」

這是一個堅持常識卻被視為政治不正確的時代。T・S艾略特早在一戰的廢墟中看到了今天的窘境：

下的遺產是自由的，也是追求某些新東西的希望。一個拒絕這份遺產的歐洲將會變成化石，終將空留遺恨。」

為什麼要跟美國站在一起？波蘭異見知識分子領袖米奇尼克解釋說：反對伊拉克獨裁者薩達姆・海珊（Saddam Hussein）的戰爭是正義的，這種正義與波蘭反對希特勒或是芬蘭反對史達林的戰爭性質是一樣的。「讓人道規則在國際關係中消失，是對專政的一種包容，也是對在伊拉克、北韓、利比亞和古巴的專政體制所犯罪孽的沉默態度。」東歐知識分子從九一一事件中汲取的教訓是：「就像馬太奧蒂謀殺案揭示了義大利法西斯的本性，如果莫斯科大清洗向世界展示了究竟什麼是史達林體制，好比水晶之夜向世人揭露了希特勒納粹主義的本質是什麼，當我看著世界貿易中心雙子大廈倒下時，我明白了世界又重新面臨專政的挑戰。暴力、狂熱和謊言，向民主價值提出了挑戰。」

這也是不少中國知識人和民眾都支持川普及「川普主義」的重要原因。認同或反對「川普主義」，形成一九九〇年代以來中國廣義的「自由主義」（中國語境下的「自由主義」，泛指民主派和改革派，與之對立的是「新左派」，跟西方語境下等同於左派的「自由主義」含義完全不同）陣營最大的一次分裂。不過，不必擔心這種分裂，這種分裂是好事。在「共識」早已成為自欺欺人的謊言的今天，這種分裂促成了與美國保守主義息息相通的「中國保守主義知識人」群體浮出水面。

不是川普分裂美國，新左派的「身分政治」才是造成美國分裂的始作俑者

「反川」陣營加諸於川普的一大罪名是：製造矛盾、分裂美國。左派甚至將川普妖魔化為希特勒式的種族主義者。這種說法顛倒了因果——真正製造矛盾、分裂美國的種族主義者，不是川普，而是左派，尤其是以歐巴馬為代表的左派政客。歐巴馬治國無能，卻善於玩弄「政治正確」、「身分政治」和「多元文化主義」，以此瓦解美國建國的根基。

是歐巴馬，而不是川普，將憲法之下「我們都有同一個夢想」的美國，變成四分五裂的美國：

—以族裔而論，不僅黑白截然二分，就連亞裔也要搞「細分法案」——「亞裔細分」不是要民主黨照顧做為「少數族裔中的少數族裔」和「模範少數族裔」的亞裔，而是要在亞裔學生入學上做出進一步限制，是為對亞裔的「逆向種族歧視」。

—以性別而論，不是男女二分、女性平權，而是創造出美國憲法中並不存在的同性戀者和變性人的種種特權，進而炮製出數十種「自我認定」的性別。

—以經濟地位而論，繼續製造富人和窮人的階級對立。

—以來到美國的時間先後而論，挑動新移民與老移民的對立。

由此，美國變得跟內戰中的敘利亞一樣支離破碎。敘利亞是在二戰之後根據現代「民

族發明學」製造出來的國家，而非自發形成的國家。儘管如此，在內戰之前，絕大多數敘利亞民眾認同自己是「敘利亞人」；但在內戰之後，「敘利亞人」的身分認同灰飛煙滅，人們根據種族和宗教信仰而認為自己是什葉派、遜尼派、阿拉維人、德魯茲派、基督徒或世俗主義者，並且彼此敵對和仇視。這就是左派竭力造就的美國的未來嗎？

操弄身分政治，左派隱藏的目標只有一個——去掉美國憲法和憲法背後的聖經。左派的人生哲學，一言以蔽之，就是仇恨。他們知道，美國秩序的根基是聖經，所以聖經是他們仇恨的首要目標。一切關於身分的討論，最後都將回到價值原點。「文化戰爭」或杭亭頓（Samuel Phillips Huntington）所說的「文明的衝突」，在最深處就是不可調和的價值和信仰之爭。當大部分越南裔、古巴裔和相當一部分華裔社群支持川普時，《紐約時報》等左派媒體就像西歐知識分子辱罵東歐知識分子一樣，辱罵這些少數族裔是「叛徒」。就連南方非裔美國人社群投票給川普，也會招致白左菁英冷嘲熱諷。此時，左派媒體再也不假裝他們尊重少數族裔的選擇了，再也不怕暴露出「種族歧視」的真面目了。

《美國秩序》一書的諸位作者，大都對此關鍵點了然於胸。

劉軍寧寫道：「美國的立國根基，是與神的聖約，是上帝頒布的摩西律法。這是美國的精神支柱、道德基礎與制度支柱。在此基礎上才有現在的法律與秩序。如果把這個神聖的根基毀掉，兩百多年以來的法律與秩序將坍塌。」

叢日雲寫道：「美國這種『瓦斯普』（WASP）文明，即白人——盎格魯、撒克遜人——

新教徒的文明，是美國文化的根基，也是現代美國文明的母體。」

高全喜寫道：「既然基督教信仰是美國建國以來的人民信仰的主流傳統，對於這個傳統也要高度尊重，這是保守主義的基本特徵。至於美國的自由主義，也是從這個大傳統中滋生出來的，自由主義如若反對基督教信仰，也就斬斷了自己的生命之源，美國憲法的權利條款還是有一個高級法的大背景的，也就是說，美國憲法從來就隱含著基督教的淵源，這是不爭的歷史事實。」

王建勛寫道：「捍衛美國精神（美國文明），捍衛西方文明，就應該捍衛基督教、有限政府和資本主義，而核心是捍衛基督教傳統。沒有了這種傳統，美國將不再是原來意義上的美國，西方將不再是原來意義上的西方，西方文明的內核將徹底發生變化。發生質變之後的西方，是不是還有有限政府、私有產權、資本主義，是不是還是自由民主政體，恐怕都是未知數。」

美國遭遇「威瑪時刻」，如何絕處求生？

二〇二一年十一月之後的美國，竊國者王，誠實者道路以目。「深層政府」的傀儡、前言不搭後語的拜登入主白宮之後，放任大批非法移民進入美國，試圖將數千萬非法移民全部合法化。又將川普規畫得井然有序的從阿富汗撤軍計畫，搞成了一場丟臉的潰敗，居然還稱之為「第二個敦克爾克撤退」——若是邱吉爾聽到這種不倫不類的比較，一定會氣得從墳墓中站起來。

美國面臨比羅斯福新政和一九六〇年代反越戰的「垮掉一代」更為嚴峻的國家危機，美國迎來了危機四伏的「威瑪時刻」。威瑪共和國的覆亡，不是希特勒有超凡魅力，不是納粹主義理論誘人，不是黨衛軍的暴力恐怖，而是威瑪共和國的憲法，缺少了具備公民美德的民眾衷心支持與捍衛（一九二二年之後頒布的中華民國憲法也是如此）。

威瑪時代的柏林，文藝之繁榮超過巴黎，但那宛如「火山口上的舞蹈」。威瑪文化的黃金時代，早已是金玉其外、敗絮其中——「那些年的威瑪就像是魔山上的世界：表面上紅光滿面，實則弊病叢生」。

納粹上臺前夕，威瑪文化正處於從現代到後現代轉換的關鍵階段。一戰之後，歐洲在科學、藝術、建築和設計諸多領域關於「現代」的自信日漸強烈，同時還出現了一種觀念，認為「現代」認知與一戰期間釋放出來的大規模合法暴力並無關聯——人們通常將關於現代的自信同這種觀念聯繫在一起。到了一九三〇年代初，無論是弗洛伊德（Sigmund Freud）的心理學著作，還是畢卡索（Pablo Picasso）的畫作，或是吳爾芙（Virginia Woolf）的小說，抑或包浩斯（Bauhaus）的建築風格，無一例外被認為同「社會進步」關聯，是對傳統觀念尤其是傳統民族觀念和性別觀念的挑戰。同時，現代主義從一開始就具有跨文化、跨民族的特徵：它承認工業資本主義是一個世界體系。這就是思想家沃格林（Eric

Voegelin）所批判的具有自我毀滅基因的「現代性」。

此時，古希臘時代以來有關完整性觀念，走向令人悲哀的衰微。於是，威瑪知識分子努力克服碎片化處境，思想家轉而尋求其他庇護所。許多人在納粹主義那裡找到了安慰，海德格（Martin Heidegger）即是其中典型的例子，他的「詩意棲居」哲學與納粹的浪漫主義不謀而合。此後，海德格充當了「一名沒帶天國福音的教士，一名形而上的衝鋒隊隊長」。在威瑪共和國終結前不久，神學家保羅．田立克（Paul Johannes Tillich）以鮮明的方式評論說：「從兒子那裡出發創造母親，從虛無中召喚父親，那是摧毀所有政治理想的嘗試。」

如今，類似的文化革命正在美國施施然登場——做為威瑪時代現代主義升級版的後現代主義、虛無主義和西方馬克思主義，如鑽進鐵扇公主肚子的孫悟空一樣，在美國的心臟地帶發起了衝鋒。這是一場觀念秩序的戰鬥，卻比軍隊之間的戰鬥還要激烈。

美國若要避免威瑪共和國覆亡的前車之鑒，唯有從左派手中奪回大學及各級教育機構，奪回媒體和網路，奪回白宮、國會和法院，恢復憲法的尊嚴，守住國家的邊界。

這場戰鬥不能僅靠川普和「川普主義」來完成，美國還需要有一場扎根於「川普主義」的、比茶黨運動更聲勢浩大、更綿長不絕的「護憲運動」和「護國運動」。

5

如果邊境沒有修牆，美國會重蹈羅馬衰亡的覆轍嗎？

在羅馬秩序之下，羅馬公民的身分有多麼尊貴

羅馬是第一個建立世界秩序的帝國。羅馬偉大的歷史學家波里比烏斯（Polybius）讚歎說：「有誰會如此懶惰，如此漫不經心，竟不希望去了解羅馬人是如何、在何種政制下，於不到五十三年的時間裡，將幾乎所有人類居住的世界征服，並置於羅馬單一的統治之下？」羅馬的成功離不開武力，但維持這種成功不能單單靠武力，更仰賴於羅馬的政制與文明。

美國歷史學家伊迪絲・漢彌爾頓（Edith Hamilton）在《羅馬精神》一書中指出，羅馬軍隊長驅直入，與他們的刀劍一起來到的還有他們的觀念：生活必須有秩序，人的行為有自我控制的必要性。隨著羅馬寬闊的道路和高架水渠一起誕生的，還有代表它們的理想，建立在法律基礎上並靠法律維繫的文明。這一觀念意義重大。正是羅馬人無論進軍到哪裡，就把這一偉大的思想帶到了哪裡：在一個羅馬人被證明有罪之前，他應當被認為是清白的；所有羅馬人，不管是男人還是女人，都「生而」平等。由此產生的羅馬文明，一再顯示出那種單靠外力（不管其有多麼強大）無法擁有的力量。

羅馬公民享有特定的權利和責任，包括選舉權、擔任公職、從事貿易、擁有財產、服役於軍隊、追求法律訴訟、獲得公正審判等等。在聖經《新約》中有一個故事生動的展現羅馬公民的身分有多麼尊貴：在《使徒行傳》中記載，羅馬的地方行政長官命令鞭打使徒

保羅，但在保羅聲稱自己是羅馬公民後，該地方長官頓感恐懼，馬上將保羅釋放了，並向保羅發出一封官方道歉信。後來，保羅再次在耶路撒冷被抓時宣稱：「你們是否有法律依據鞭打一位羅馬公民呢？況且，你們還沒有找到我有罪的證據。」雖然保羅最後被判處死刑，但是他的公民身分，顯然讓他只能接受砍頭的懲罰（而不是受酷刑折磨或者釘死在十字架上）。

羅馬建國之初，只有一百個元老家族擁有完全的羅馬公民身分。隨著時間推移，羅馬公民身分的範圍不斷擴大，包括羅馬的土地擁有者、拉丁部落、義大利人（不包括奴隸）、羅馬人後裔以及行省的菁英。根據一份西元一世紀的人口普查數據顯示，羅馬公民在帝國的總人口中不到百分之十，這顯然是一種特權。

與任何其他古代強國不同，對於不同民族來說，羅馬帝國代表著「共同的祖國」。從不列顛到阿拉伯半島，所有被征服的人都想成為羅馬的子民，都想成為「羅馬人」。為了安慰被自己擊敗的對手，羅馬拋出了公民身分的橄欖枝，像海綿一樣將其吸納其中。幾個世紀以來，羅馬靠這一方法維繫了帝國的統一，讓它有能力擴張到已知世界的邊緣。

羅馬公民的身分，表明某人是羅馬承認的菁英中的一分子。被征服地區的羅馬化，始於其貴族階層成為羅馬公民。殖民地的各類公職，一般由被授予羅馬公民身分的當地貴族擔任。由此，當地菁英逐步羅馬化，開始認同羅馬的統治，並將自己的利益與帝國的國運聯繫起來。正如阿里斯提德所說：「根本沒有必要動用警備部隊來保護他們的大本營，每個城市中最著名和最具影響力的人都為你守護著國家。」

一旦某個民族被羅馬征服，被征服者會主動模仿羅馬的生活方式，並沿用羅馬的價值觀：通常在兩代人之內，修建羅馬式的城市和圓形劇場，各地菁英會把孩子送到羅馬上學，當這些孩子長大成人以後，就會完全變成羅馬公民。

英國歷史學家吉朋（Edward Gibbon）就認為，在各個殖民地，羅馬的地方官員「很少需要軍隊的輔助」，因為「那些被征服的民族，都融合成了一個更大的民族，他們放棄了重新獲得獨立的希望或者幻想，並且很少有人認為在羅馬帝國中，自己與其他人有什麼區別」。

當公民權與榮譽和責任脫鉤，羅馬帝國就走向衰亡

羅馬的錢幣和獎章上通常鐫刻著這句著名的銘文：「永恆的羅馬不可戰勝。」羅馬詩人魯提里烏斯（Rutilius）詠歎說：「猶如天上的群星數不盡，誰也道不完羅馬的榮光。」然而，羅馬未能擺脫盛極而衰的歷史鐵律，吉朋在《羅馬帝國衰亡史》中指出：

「一個城市的興起竟然擴張成一個帝國，這樣奇特的現象，值得哲學家進行深入思考。但羅馬的衰亡是偉大到達頂峰狀況後，非常自然而且無法避免的結果。繁

榮使腐敗的條件趨於成熟，毀滅的因素隨著征戰的擴張而倍增。一旦時機來到，或是意外事件的發生移去人為的支撐，龐大無比的機構無法承受本身重量而倒塌。」

很多史家認為，日耳曼蠻族因受到匈奴壓迫，南下進入羅馬帝國疆域，是羅馬覆亡的重要原因。其實，災難的草蛇灰線潛伏在更早的時刻：西元二一二年，羅馬帝國皇帝、有阿拉伯血統的卡拉卡拉（Caracalla）頒發《安東尼努斯憲令》（安東尼努斯是其真名），賜予羅馬帝國境內所有居民以公民權。然而，此一看似高大上的憲令，卻敲響了羅馬帝國的喪鐘：對於羅馬帝國來說，公民權這種層級制度，是其文治武功的根基。此前，那些沒有公民權的自由民，必須靠參軍入伍、身經百戰，以戰功來博取公民權；如今，既然公民權從天而降，還有誰還願意繼續流血犧牲、捍衛家園呢？世上的東西，除了上帝的恩典，不應是白白得來的，若是白白得來的，必然是毒藥。當公民權跟榮譽感和責任感脫鉤後，帝國還不等蠻族入侵，自身就已搖搖欲墜。

卡拉卡拉頒布此法的目的，當然不是追求羅爾斯式的「平等」，更可能是為了增加納稅和服兵役的人口，因為當時帝國的財政和兵源已非常困窘。然而，這項法令對羅馬帝國產生巨大且永久的影響。

一些歷史學家批評說，將羅馬公民身分授予那些持有與羅馬相悖的價值觀和傳統的人，削弱了羅馬的價值觀，減少了愛國熱情，並降低了行省居民為獲得公民身分而參軍的動力，從而啟動了羅馬帝國的崩潰。

英國古典學家邁克爾・格蘭特（Michael Grant）在《羅馬史》中寫道：

「服役不再是愛國主義的義務，而被視為一種能躲則躲，能逃則逃的苦差事。統治當局制定了嚴厲的恐嚇令：凡割斷大拇指逃避兵役者，一律燒死。然而，在這個危機四伏、動蕩不安的世界裡，不管大棒還是胡蘿蔔，任何軟硬兼施都不能使人嚮往士兵的生活。鎮守邊關的世襲保衛者幾乎消失殆盡，甚至當入侵者來到眼皮底下，城市也無人保衛。」

普通民眾怠惰懶散，貴族統治者亦歲月靜好。元老們逃避公共生活，寧願待在家中，悠閒自得的享受花天酒地的生活，對天下大事漠不關心。儘管很多貴族高唱永恆的羅馬萬世不朽的高調，但他們卻不準備為拯救帝國流一滴汗水。相反的，他們總是不遺餘力的挖帝國的牆角，而無視莊園外已然洪水滔天。

這一時期逐漸淪為近衛軍玩物的皇帝，自然也不復帝國初期皇帝的英明神武。當局試圖實行高壓統治，以達到維持軍隊開支和支撐帝國大廈的目的。然而，他們作繭自縛。儘管他們希冀保存帝國，但他們的做法只能加速帝國的滅亡，因為他們摧毀了全部個人的忠誠和首創精神。須知，只有這種忠誠和首創精神才能挽救帝國。於是，羅馬的命運走向了盡頭。

美國的國父們在起草憲法和創建一個前所未有的大型共和國之際，都不約而同將目光聚焦於羅馬。他們個個博覽群書，精通古典作品和古典歷史。對他們來說，羅馬既是美德的樣板，又是惡行的反面典型。約翰·亞當斯（John Adams）稱許羅馬的混和政制；詹姆斯·麥迪遜（James Madison）指出，「缺少元老院的共和國，沒有一個長命」；亞歷山大·漢彌爾頓（Alexander Hamilton）則認為，羅馬給西方政治思想留下最經久的遺產，是將對立與競爭做為自由的組成部分。他們都期望美國能成為一個更加美好的新羅馬。

杭亭頓的大哉問：誰是美國人？如何應對文明的衝突？

羅馬的成敗，是美國的前車之鑒。處理移民問題不慎，導致羅馬亡國。於今天的美國而言，同樣是一個棘手的問題——它一體兩面，既是內政，也是外交。川普及「川普主義」的崛起，很大程度與此有關。

而要充分洞悉川普及其支持者的心態和思路，必須回頭去讀杭亭頓。杭亭頓是當代美國數一數二的政治思想家，生於一九二七年，二〇〇八年辭世，除了曾短暫在詹森政府與卡特政府擔任顧問外，長年任教於哈佛大學。他在國際政治學界極富盛名，多本著作致力於探討政治秩序和價值衝突，屢屢因觀點尖銳而備受爭議。他一生皆為民主黨員，雖相信自由主義，卻自詡為老式、右派民主黨人，堅信自由主義無法建立在放任的個人主義與虛無的理想主義上，因而被譏為褊狹的保守主義者、墨索里尼的同路人，還曾一度因不見容於標榜左翼的長春藤學府而去職。他的預言雖一一兌現，但他在學界始終是一名被孤立的局外人。

杭亭頓一生的思考與著述，主要回答兩個問題：誰是美國人？如何應對文明的衝突？冷戰剛結束，杭亭頓與其弟子法蘭西斯福山（Francis Fukuyama）即對未來提出截然相反的預測。福山主張「歷史終結論」，並在一九九二年出版《歷史之終結與最後一人》一書，樂觀認為西方價值與制度是歷史演化最終的贏家。身為老師的杭亭頓卻不以為然，駁以「文明衝突論」，他在《文明衝突與世界秩序的重建》一書中悲觀指出，國際衝突未隨冷戰結束而終止，文明分歧將取代意識形態對立。

杭亭頓認為，文明是一種整體生活方式，是價值觀、規範、制度、血緣、語言、歷史、宗教信仰、人類主觀自我定位等的組合，也是身分歸屬中，最大的「我們」。文明不只是文明，做為一種認同，文明的政治影響力不容小覷。後冷戰世界由七或八大文明所構成，不同文明各有不同的價值行為主張。過去五百年間，在西歐、美國接力擴張之下，西方基督教文明獨步全球。然而，當代經濟發展、人口規模等因素決定了文明實力互有消長，非西方文明開始崛起，挑戰西方文明的領導地位，其中尤以伊斯蘭文明與中國文明為最，揭序「後冷戰」時代的文明衝突。

在文明衝突論背後，杭亭頓真正關懷的是：如何保障美國的民主自由價值？《文明衝突與世界秩序的重建》出版數年之後，他又完成《誰是美國人？族群融合的問題與國家認同的危機》一書，亦是其生前最後一本著作。他在書中挑戰甚囂塵上的「政治正確」，認為美國社會過分強調多元文化，必然招來重大危機。他主張美國人應回到當初盎格魯薩克遜人來到北美的文化和價值認同，重新建立殖民地時期所信仰的新教文化和信仰，如早期般成功的把移民同化成「愛國的美國人」，方能應對眼下的國家認同危機。

無疑，美國是一個移民國家，移民是美國繁榮的重要因素，但移民（尤其是非法移民）也被認為是美國嚴重社會問題的根源。不受控制的非法移民，衍生一系列複雜問題：失業、犯罪、毒品泛濫……支持川普的選民對這些現象深惡痛絕，對自身遭受的經濟不公待遇極度不滿。川普能當選，正是因為有此社會背景。

移民問題的實質，就是價值和信仰問題。

如果新移民是基督徒，是美國價值的熱愛者和維護者，是自力更生、自食其力的勞動者，是韋伯所說的「新教倫理和資本主義精神」的支持者，那麼這種新移民不論來自哪裡，美國都願意接納，他們將幫助夯實美國秩序的根基。但是，若新移民是美國價值的反對者或顛覆者，是基督教文明的對立面，是期望「打土豪、分田地」、企圖不勞而獲、白吃白喝者，這種移民美國當然應拒之於門外，他們的到來必定將破壞美國秩序的根基。在此意義上，川普並非反對移民，他反對的是非法移民，更是民主黨人打開國門、藏污納垢的東郭先生式的移民政策。

美國秩序需要疆界來維持：美墨邊境牆不是柏林牆

在二〇一六年的總統大選期間，川普即語出驚人的提出修牆計畫。他嚴厲譴責非法移民，「很多國家都把他們最爛的人丟到我們的國界，不能再這樣下去了」。他解決方案是：「我會建一座高牆，而且不會花費很多錢。……我們必須做的第一件事，就是加固南邊國界——必須現在立刻開始。我們必須阻止非法移民湧入，最好的方法就是蓋一座牆。」這道高牆不僅可以阻止非法移民侵入美國，還能遏制每年從邊境流入美國的高達兩百億美元的毒品。

很多人反駁說，根本不可能在長達三千兩百公里的美墨邊界上修牆。但川普分析說，這段漫長的邊境，東段主要是河，中段主要是沙漠，西段有包括山谷等複雜地形。有些地方已有天然屏障防守，有些區域的地勢險峻，人們難以跨越，所以新牆只需要守住一千六百多公里就可以了。後來，在其四年任期內，儘管遭到民主黨屢屢阻撓和破壞，川普仍完成了七百多公里的高牆。若他沒有被舞弊的民主黨人竊取二〇二〇年大選的勝利，成功連任一屆，他必定已完成全部邊境牆的修建。

川普的移民政策不止於修牆，他在一次演講中闡述說：

「我的移民政策其實很簡單。我們應該修法，讓對這個國家有幫助的人，可以更容易在這裡合法居留，然後完全阻止犯罪和其他人非法移民過來。我要世界各地的人都來美國，可是我要他們合法的留在這裡；我們可以加速申請移民的程序，可以獎勵傑出和有成就的人，可是我們必須遵守法律程序。然後那些利用系統漏洞非法移民過來的人，永遠不該享有美國居民或者美國公民的權益。所以，我反對讓無證移工還有其他非法入境居留的人成為公民，也反對讓他們成為公民的所有途徑。」

做為一名合法移民和新移民，我舉雙手贊同川普的移民政策。

川普是一個說到做到的人，不是慣於跳票的無良政客。二〇一七年一月二十五日，入主白宮第五天，他就簽署了一道行政命令，正式要求聯邦政府用現有資金去修牆，以遏制非法移民和毒品走私。他在推特上發文，表明自己沒有忘記競選中的核心承諾——在美國和墨西哥的邊界築牆，並稱這將是「國家安全的偉大的一天」。他還說：「我們的南部邊境正處於危機中：來自中美洲的非法移民數量增幅前所未有，令墨西哥和美國雙雙受到損害。從今天開始，美國要奪回對邊境的控制權，奪回邊境。」該法令還包括停止接受難民三個月，以及在此後三十天內，對多個來自穆斯林人口占多數的國家的來訪者不予發放入境簽證。

新版美墨邊境牆，是川普政府最核心和最具爭議性的政策之一。負責監督建造及維護邊境牆的國土安全部及海關和邊境保護局發布公告，制定邊境牆的設計要求：必須高——「牆高最好是九公尺，至少五點五公尺；在沒有梯子的情況下不可攀爬；難以使用普通和更複雜的攀爬輔助件」；必須牢——「牆壁必須能抵抗穿透或從其下方穿過，能成功承受諸如大錘、千斤頂、鑿子、衝擊鑽等各式工具的破壞行為，以防打洞穿過」；必須「美」——「邊境牆要有美學上令人愉快的顏色，融入或匹配美國周圍景觀」。「邊境牆」的堅定支持者、國土安全部部長凱利（John Kelly）認為，加強邊境管控能夠起到效果。數據顯示，在川普上任第一個月，從墨西哥偷渡邊境進入美國的非法移民數量，比前一個月減少四〇%。

二〇一八年初，在討論該財年政府預算時，川普強烈要求將五十七億美元的修牆費用編入政府預算，但遭到民主黨控制的參議院反對。為此，川普不惜擱置政府預算，讓美國聯邦政府關門三十五天。他進而宣布南部邊境進入緊急狀態，並且動用軍隊資金修建邊境牆。

在眾多反對修牆的聲音中，有一個聲音特別刺耳：德國首都柏林的市長米勒（Michael Mueller）向川普喊話：「總統先生，不要建這道牆。不要重走隔離的道路。」米勒說，曾是冷戰象徵物的柏林牆帶給柏林恥辱，如今的邊境牆也會造成「奴役和痛苦」、「摧毀數以百萬計的人的日常生活」。這個歐洲左派政客的說法完全引喻失義，因為兩者根本沒有可比性：修柏林牆，是東德當局阻止其民眾奔向自由，是為了維持其極權統治；而美墨邊境修牆，並非閉關鎖國，而是不讓非法移民侵入美國、破壞美國秩序，每一種秩序、政制和文明都有其疆界，只能提供給疆界內的公民。

「川規拜隨」：拜登也修牆，卻欠川普一個道歉

拜登在二〇二一年一月二十日入主白宮當天，即簽署了開放邊境的總統令。第二天，他又簽署命令，停止川普的邊境牆建設。由此，拜登大規模引進非法移民，美國成了世界上唯一沒有邊界的國家。據移民和海關執法局二〇二三會計年度報告顯示，進入美國未被拘留的非法移民人數：二〇二一會計年度達三百七十萬人，二〇二二會計年度近四百八十萬人，二〇二三會計年度增至六百二十萬人，三年共計一千四百七十萬人。若等到二〇二四會計年度的數據出爐，拜登執政四年湧入美國的非法移民當超過兩千萬！民主黨人只考慮為自己建立票倉，完全罔顧美國國家利益，堪稱賣國者集團。

惡政必然結出惡果。二〇二四年二月一日，紐約市警察局公布一群非法移民聯合攻擊毆打警察的監視器影片，震驚整個紐約市。被捕的大都是慣犯，隨後檢察官卻讓多數被捕者無保獲釋，還決定不將這些人驅逐出境，引發輿論大嘩，就連左派的紐約州州長霍楚（Kathy Hochul）都表示不認同如此處置。

一直以來，紐約州被視為是極左派的州，對於非法移民持非常開放的接納態度，甚至以所謂「去汙名化」的「無證移民」來替代「非法移民」的說法。然而，不計其數的非法移民湧入，讓左派自食其果、寢食難安。左派的紐約市長亞當斯（Eric Adams）除了要求聯邦政府給予財政支持，還不只一次抨擊拜登和其政府，將國家應承擔的責任都丟給地方承擔，無視他的求助，紐約市將會被非法移民給摧毀。事實上，不僅紐約市，全美有越來越多民眾對拜登當局放任大量非法移民進入美國忍無可忍。民調顯示，移民問題僅次於物價與通膨，被美國民眾認為是國家第二重大議題。

在與川普的辯論中，拜登若非老年失智，就是掩耳盜鈴，拒絕承認非法移民湧入對美國造成巨大社會問題。

非法移民在美國的犯罪情況確實相當嚴重。移民及海關執法局表示，在二〇二三會計年度，司法機關共逮捕了七萬三千八百二十二名有犯罪紀錄的非法移民，被捕者有二十九萬一百七十八項相關的起訴和定罪，平均每人四項。被起訴的罪行包括暴力攻擊、性騷擾和性侵、攜帶武器犯罪、謀殺、綁架等重罪。

紐約州「錫耶納學院研究所」一項民調顯示，越來越多紐約人覺得非法移民是嚴重問題。二〇二三年八月，有八二%的受訪者認為非法移民問題相當嚴重；二〇二四年一月，該數字上升到八五%。頗有諷刺意味的是，二〇二三年八月的民調，有七七%的民主黨支持者和六八%自認為左派的人，認為大量非法移民湧進紐約是嚴重問題；到了二〇二四年一月，數字雙雙上升，民主黨支持者有七九％、自認為左派的人為七二％。

二〇二三年十二月，「哈佛大學美國政治研究中心」與民調諮詢公司「哈里斯」所做的全國性民調顯示，八二％的美國民眾認為非法移民問題是嚴重問題，七〇％認為需要較嚴格的新移民政策來減緩非法移民進入美國的趨勢，超過半數的人（五七％）認為川普的移民政策比拜登的移民政策好。

拜登入主白宮不久，就將處理邊境問題的大權交給副總統哈里斯。被稱為「邊境沙皇」的哈里斯無所作為，對美國邊境造成致命破壞。川普痛斥她是歷史上最無能、最愚蠢的副總統。

民意等於選票，總能讓想連任的執政者改變政策。二〇二三年十二月，拜登表示願意在邊境政策上做「重大妥協」，打算採取嚴格的邊境政策——如果超過一個星期每天都有四千名非法越境的移民，國土安全部將以國會通過授予的緊急權力去關閉邊境。這個說法被反對者認為是笑話。

其實，早在此前兩個月的二〇二三年十月六日，國土安全部就在聯邦公報上表示，將在德州邊境增建圍牆及道路，並且強調，這是二〇一九年川普任內國會已經通過的專款。拜登說，「這筆撥款被指定用於建造邊境圍牆，我試圖讓他們重新撥款、重新分配這筆錢，但他們並沒有這麼做，也不會這麼做。」拜登表示，因為築牆經費必須專款專用，言下之意似乎迫於無奈。

儘管拜登百般狡辯，但邊境牆早已成為川普政府限縮移民政策的代名詞，所以拜登此舉有如對川普的政策棄甲曳兵，甚至證明川普當年堅持建邊境牆做法無誤。

川普透過社群平臺表示，他早說過數千年來只有兩樣東西一直有效，就是輪子跟牆，「喬・拜登會為拖這麼久才採取行動向我跟美國道歉嗎？……我等著他道歉！」

6 爲什麼川普支持擁槍權？

如果川普當選，「沒有人會對你們的槍枝動一根手指頭」

二〇二四年五月十八日，川普在德州達拉斯舉辦的全國步槍協會（National Rifle Association,NRA）年度領袖論壇發表演說。川普在九十分鐘的演說中承諾，一旦當選，「沒有人會對你們的槍枝動一根手指頭」。他表示，「在我的第二任期，將取消拜登對第二修正案的攻擊」，「拜登對槍枝擁有者和製造商的每一次攻擊，都將在我上任後的第一週甚或是第一天就被終止」。他重申承諾，一旦當選，將在上任首日，開除菸酒槍炮及爆裂物管理局局長。他指控這個聯邦政府機構對擁槍者嚴厲、並以毫無意義的理由撤銷公民的擁槍執照。

在總統大選中，全國步槍協會三度力挺川普，因為川普是堅定支持擁槍權的總統參選人，川普並非自誇的表示，「我是擁槍者在白宮最好的朋友」。早在二〇一五年，川普首次向該組織發表講話，在他的總統任期和競選過程中，與該組織一直保持密切聯繫。

共和黨人大致反對採行更嚴厲的槍枝管制法律，認同美國憲法《第二修正案》（*Second Amendment*）確立了美國人民有權「持有及攜帶武器」。川普在這個問題上態度明確。川普在其第一個任期內，任命了最高法院的三位保守派法官，還任命了兩百多名在擁槍權上有保守判決紀錄的聯邦法官。他在任內成功頂住了實施槍枝限制的壓力（每次有槍擊案發生，都會有歇斯底里的禁槍言論出現），「在我的四年任期內，什麼都沒有發生，我面臨著與槍枝有關的巨大壓力。但我們什麼都沒有做，我們沒有屈服」。即便在中國武漢肺炎病毒大流行期間，川普政府仍然認定槍枝商店、射擊場和武器製造商是「基本服務」，指定販售槍枝的商店是必要的商家，允許其持續營業。

全國步槍協會在一份文件中強調：「他們（政府）試圖剝奪我們擁槍的權利。……禁槍者就是不喜歡你。……他們不想讓你有槍。他們將不顧一切的不到迫使你把槍交給政府絕不罷休。……如果全國步槍協會不能恢復我們的《第二修正案》所規定的自由，那麼對宗教自由、言論自由、不受無理搜查的自由……的攻擊將接踵而至。」全國步槍協會聲稱他們擁有超過五百萬名活躍會員，有八名總統曾是其會員。

紐約州立大學政治科學教授、就槍枝議題出過五本書的斯皮策（Robert Spitzer）指出，NRA「非常擅於動員草根支持者，讓他們投身政治」。戴頓大學政治學助理教授達芬（Christopher Devine）也指出：「對共和黨籍參選人來說，能讓NRA站在你這邊，代表著你是一個可以信賴的保守派。」

在支持擁槍權這一點上，川普跟雷根很相似。

雷根是全國步槍協會的堅定支持者。他上任沒多久後就遇刺，刺客向他射出六槍，五發被保鑣擋掉，只有一發命中他的肺部，距離心臟僅二點五公分，可謂命懸一線。大多數新聞媒體都認為經此次事件，雷根肯定會一反先前的言論，轉而支持禁槍。沒想到，雷根接受記者提問時，平靜的回答：「槍不會殺人，只有人會殺人。」川普遇刺後，也沒有改變對美國公民擁槍權的支持。

根據 GunPolicy 統計，美國近半家庭擁有槍枝；屬於私人擁有的槍枝達二點七億至三點一億支，換算成人均擁槍率，每一百個美國成年人擁有的槍就高達一百零一枝。對於槍枝的態度，存在明顯的黨派分歧：八〇%的共和黨人士認為槍枝有利保護人民；中立選民則是六二%；民主黨人士只有三五%。

即便偏向左翼的歷史學家霍夫施塔特（Richard Hofstadter），也曾在〈美國是一種槍文化〉一文中指出，大部分美國公民接受並贊同擁有槍枝的權利是美國傳統的一部分，甚至是身分認同的中心特徵——因為西部拓荒時期，無論是對抗原住民或毒蛇猛獸，美國就是個用槍打出來的國家。

沒有槍，沒有擁槍權，沒有民兵，就沒有今天的美國

一七七五年，萊星頓的槍聲響起，美國獨立戰爭爆發。當時，北美殖民地連一支正規軍隊都沒有，奮起抵抗當時世界上最強大的英軍的是各路雜牌民兵。

自從一六〇七年首批移民在維吉尼亞站住腳跟以來，北美大陸各英屬殖民地就出現了由管理當局出資在當地組建的民兵部隊。這些冒險犯難來到新大陸的移民，帶來了以英國清教徒為主體的制度和傳統，他們的軍事體系即是其中的一部分。成年男性被組織起來保

衛新定居點，就是沿襲英格蘭的受訓團制度。

在北美，民兵團體的服役紀錄一直保持良好。在喬治國王的戰爭中，正是依靠由非職業軍官領導的民兵為主力，英國才能圍攻並奪取路易士堡。為了對付北美印第安人，堅韌不拔且善於獨立作戰的「遊騎兵」成立於十八世紀，其中一些成員演變為半正規軍，領取國王發的軍餉。

美國獨立戰爭戰鬥打響之後，大陸會議授權華盛頓組建大陸軍。初期的大陸軍主要由民兵組成。民兵穿著便服，使用自己的裝備和火器作戰。

民兵所持武器五花八門，史家考證，同一支部隊中可能出現英軍制式燧石槍、獵槍、來福槍，乃至任何其他可獲取的武器。彈藥的補給也困難重重。然而，正是這批烏合之眾，在華盛頓統帥下聚集起來，昇華為正規武裝力量，為新生的國家贏得了獨立。

民兵為獨立戰爭輸送了四十萬的兵源，促使這場革命成為真正的基層行動，幾乎每個村鎮都有士兵在華盛頓指揮的大陸軍中服役。

二〇〇三年，我應美國國務院邀請第一次訪美時，專程去萊星頓參觀「一分鐘人」紀念館。「一分鐘人」是成立於一七七四年的民兵快速反應部隊，其特點是在接到戰報的一分鐘內就能集合完畢，火速趕往戰鬥地點。一七七五年四月，一支英軍突襲萊星頓和康科德，正是在地的民兵連在萊星頓公共草坪上布陣迎擊英軍。他們發射出歷史性的「震驚世界的槍聲」，拉開了北美殖民地和母國之間的戰爭序幕。

美國建國後，美國人民普遍希望憲法中明文規定他們所擁有的權利。國父之一的喬治·梅森（George Mason）指出：「如果憲法不能保障公民的基本權利，我們就寧願不要憲法，也不要美利堅合眾國。」

第一屆國會集會後不久，詹姆斯·麥迪遜提出一項很長的《權利法案》，做為憲法修正案，他參考了此前喬治·梅森起草的維吉尼亞憲法和《權利宣言》。隨後，國會一共通過了十二條修正案，但只有十條為各州所批准，並於一七九一年十二月十五日正式成為憲法的一部分。

這些修正案被稱為《權利法案》。法案中大部分是對政府施加限制——規定聯邦政府所不能做的事。結果，在一般情形下，這項法案也被解釋為適用於州政府。因而，所有美國人在全國各處均享受此類《權利法案》的保護，不受任何地方、州與聯邦政府的侵犯。美國法學家伯納德·施瓦茨指出：「《美國權利法案》的通過，恰如其分的代表了這個偉大的制憲時代發展的頂峰。以此為標誌，美國法的形成時代開始了。」

《權利法案》第二條為：「紀律良好的民兵（militia）隊伍，對於一個自由國家的安全實屬必要；故人民持有和攜帶武器的權利，不得予以侵犯。」聯邦政府成立後，人們對有常備軍做後盾、強大的全國性政府仍存有疑慮。所以，民兵可以使州政府及其民眾不僅能夠抵禦外來襲擊，而且，如果反聯邦人士的最大擔心變成現實，它還可以用來抵禦腐敗且暴虐的聯邦政府。

在此意義上，美國憲法建立了聯邦政府，憲法修正案之第二條則確認，聯邦政府不得侵犯人民擁有和攜帶武器的權利，此權利更甚於言論自由或宗教信仰自由——因為言論自由或宗教信仰自由亦仰賴於公民自衛之武力。

擁槍權不是可以被政府肆意閹割的「次等權利」

進入當代，美軍發展成世界上最強大的軍隊，美國人不再如建國初期那樣需要民兵來保家衛國。有人因此指出，以民兵為核心的《第二修正案》已不合時宜。

然而，一九六〇年，法學家司徒爾特·海斯（Stuart Hays）首次提出，私人擁有槍枝是《第二修正案》保護的一個特權，法院以往的裁決把它與民兵相聯，是錯誤的。海斯斷言，《第二修正案》保護個人擁有槍枝的權利，可能主要是為了自衛，完全與民兵服役無關。他還提出，這條修正案建立了公民的「革命權利」（right of revolution），武裝起來的公民，可以向他們認為不公正的政府發起武裝起義。海斯的基本論點是：《第二修正案》的真正目的，是使今後世世代代人，繼續享有美國革命時期愛國前輩所行使的那種對暴君造反的權利。

進入二十一世紀，美國最高法院關於擁槍權的幾個判例，不斷夯實了海斯所闡釋的《第二修正案》的原旨——擁槍權既是憲法確立的公民的自衛權，也是公民的「革命權利」。

二〇〇八年，最高法院審理公民海爾訴華盛頓特區政府一案（District of Columbia v. Heller）。

華盛頓特區的法律對居民的擁槍權做出嚴格規定。海爾在國會擔任保安，工作時擁槍，但當他回家時，卻必須接受華盛頓特區嚴苛的槍枝管制，無法使用自己的槍枝來保護自己和家人。他向法院起訴特區政府，認為特區政府的法律規範違反了《第二修正案》。海爾屢戰屢敗，官司一直打到最高法院。最高法院做出裁決：《第二修正案》應該被理解為「保障個人擁有和攜帶武器的權利，以利隨時的防禦需求」。禁止使用手槍（一種通常用於保護目的的武器），並禁止槍枝在家庭（傳統上需要保護的區域）內保持功能正常一事，違反了《第二修正案》。

二〇一〇年，伊利諾伊州芝加哥市的禁槍令，再次被最高法院以五比四否決（McDonald v. Chicago）。多數意見依舊認為，自衛權是一項基本且根深柢固的權利，藉此保護個人免受侵害。

二〇二二年八月二十三日，最高法院裁定，美國人有權在公共場合攜帶槍枝做為自我防衛，這項裁決擴大了槍枝權利，預計將允許更多人合法攜帶槍枝。這是全國步槍協會與兩名被拒絕給予槍枝許可的紐約居民，對紐約提出訴訟後所得到的裁決。

最高法院以六比三的裁決推翻了紐約的槍枝管制法（六票中有三票是川普在任時任命的

大法官投下的，川普功不可沒）。紐約的槍枝管制法於一九一三年頒布，要求居民必須申請許可證才可在公共場合攜帶隱藏式手槍。最高法院認為，這項規定違反了《第二修正案》中個人持有和攜帶武器的權利。

該裁決由保守派大法官湯瑪斯（Clarence Thomas）撰寫，稱憲法保護「個人外出攜帶手槍以自衛的權利」，這項權利不是「次等權利」，「我們不認為有什麼憲法保障的權利，是個人需要向政府證明有特殊需求後方能行使」。

該判決公布後，全國步槍協會執行副總裁拉皮耶（Wayne LaPierre）在一份聲明中表示：「今天的裁定是個分水嶺，全美國善良的男男女女贏了，這是協會帶頭奮戰數十年的成果。」他說，「自衛權以及捍衛家人與摯愛的權利，不應被限制在家。」

擁槍權是美國公民自由的最後一道防線

二〇二〇年十一月，美國最大民兵組織「守誓者」（Oath Keepers）宣布，拒絕承認拜登為新的國家領導人。「守誓者」強調，該組織會像美國開國元勛反對英國國王那樣反抗拜登。

「守誓者」是一個有三萬五千名成員的保守派武裝組織，由現任和前任軍人、警察、急救人員組成。他們承諾，依據美國憲法第六條規定，履行所有軍人和警察的誓言：「捍衛憲法，抵禦一切外國和國內的敵人」。「守誓者」強調，他們不會服從偽政府的違憲命令，如解除美國人民的武裝、進行無證搜查，或將美國人作為「敵方戰鬥人員」拘留以及侵犯他們固有的陪審團審判權。

「守誓者」創立人羅茲（Stewart Rhodes）表示：「我認為這個國家大約有一半的人不會承認拜登是合法的總統。他們不會承認這次選舉。」他指出，這意味拜登嘴裡說出來的一切都將被視為沒有任何效力或作用，他簽署的任何法律都不會承認合法。羅茲不是左派嘲諷的「失敗者」或沒有受過教育的「紅脖子」，他畢業於耶魯大學法學院，曾擔任共和黨籍前眾議院議長萊恩（Paul Ryan）的幕僚。

如果我真要加入一個團體，我會首選「守誓者」。我從螻蟻不如的中國人，蛻變為堂堂正正的美國人，以我自身的慘痛經歷而言，擁槍權對於捍衛自身的自由與安全何其重要。華人文化通常反對槍枝，因為華人大都是奴才，無法理解自由人首先是擁有武器、能捍衛其自由的人。

我在三十九歲時逃離動物農莊般野蠻殘酷的中國。我是一名「我手寫我心」的作家，不是革命者與政治活動家，我對政治的態度跟歷史學家余英時一樣，只有「遙遠的興趣」而已。但是，我僅僅因為努力說真話，在中國九百六十萬平方公里的廣袤土地上，就找不到任何一處地方安放一張書桌。

我在北京購買了自己的房子，但我的房子不是「風能進，雨能進，國王不能進」的家，而是中共警察可以隨時破門而入、抄家抓人的處所。

在中共警察眼中，沒有任何私有財產和人身自由值得尊重，他們無需向法院申請搜索令就能侵門踏戶。我無法習慣和忍受這種沒有「免於恐懼的自由」的生活，於是選擇用腳投票，離開這片幽暗之地。

二〇一八年，我宣誓成為美國公民，實現了「今生不做中國人」的願望。同一天，妻子給我的禮物是一枝手槍。我在家門口貼上一張貼紙：「這一家的主人擁有槍枝，也有決心用槍來制止非法入侵者。」

有了槍，我終於有了安全的書房和穩如磐石的書桌。從此，再也沒有警察能非法侵入我的家並奪走我的手稿和資料了。在中國的時候，如果我能擁有一枝槍，我就不會「人為刀俎、我為魚肉」的被祕密警察非法綁架並遭受生不如死的酷刑折磨。我有槍，至少可以跟他們同歸於盡。若人人有槍，他們還能無法無天、為所欲為嗎？

我深知政府之惡，即便是民主政府也有滑向專制政府的本能。所以，公民的擁槍權並非公民諸多權利中可有可無的點綴，而是重中之重、核心的核心。沒有擁槍權，憲法可能淪為一紙空文——世界上有不少書寫得冠冕堂皇、義正詞嚴的憲法，但在面對武裝到牙齒的政府和手無寸鐵的公民的對峙時，憲法能做什麼呢？

我生活在維吉尼亞，我當然記得美國開國先父之一的帕特里克・亨利（Patrick Henry）一七八八年在維吉尼亞議會上的演說：「大目標是，人人武裝起來……每一有能力者皆可有一枝槍。」

我願意與川普一起捍衛公民的擁槍權。

7 美國疫情失控了嗎？川普防疫不力嗎？

美國疫情並不比大部分西方國家嚴重

截至二〇二〇年七月底，中國武漢肺炎病毒席捲美國，確診人數超過兩百五十萬，死亡人數據稱達到十二萬五千，這兩個數字都居全球榜首。很多人認為美國疫情已經失控，川普政府負有不可推卸的責任，美國的實力在此次疫情中受到嚴重打擊，中國將趁亂而起、取而代之，這些看法符合事實真相嗎？

我不是公共衛生專家，但我願意用一名生活在美國的普通人的觀察和思考，提供與主流媒體不一樣的看法。

疫情在美國爆發四個多月後，雖然還未來到疫情明顯下降乃至結束的轉捩點，甚至又有攀升之趨勢，但大部分美國人已恢復正常生活。我出門購物時發現，除了人們去超市購物被要求戴口罩之外，多數人的生活方式跟此前並無二致，餐廳中人滿為患，工地上熱火朝天。除了亞裔（尤其是華裔）群體相當謹慎之外，其他族裔並沒有太在意疫情。很多並未生活在美國的人對美國的染疫數字驚詫不已，大部分美國人卻安之若素——他們認為，病毒導致的死亡數字，跟去年流感造成的死亡數字差不多，大家該怎麼生活就怎麼生活，人不能被病毒掌控和主宰。很多年輕人認為，迄今為止死亡的人中，大部分是本身就有慢性疾病的高齡老人，年輕人即便被感染也多半無症狀，很快可痊癒，所以一切生活照常。

美國的疫情究竟有多麼嚴重？若單單看確診人數和死亡人數的兩個「第一」就做出判

斷，並不準確（何況很多數字是有水分的，有若干是誤診，有若干是其他病症導致死亡的也被一並計入）。美國疫情需要跟其他國家的疫情做詳細對比，需要與體量（尤其是人口數字）跟美國差不多的國家來對比，才有意義。而且，對比對象應當是政治經濟制度、文化傳統、民風民情、生活和醫療水平相似或相近的國家。比如，不能拿美國與中國、俄羅斯等非民主國家對比，因為後者的各項官方公布的數字完全靠不住。牛津大學和蘭德公司的研究表明，中國的確診和死亡數字應當是其公布數字的三十倍左右。美國也不能跟印度、巴西等發展中國家做對比，因為後者在篩檢能力、醫療水準及統計等各方面都相對落後，跟美國完全不具備可比性。

能與美國做對比的是部分歐盟國家和英國。美國總人口為三億三千萬，英國、西班牙、義大利、法國、德國、比利時、荷蘭等七國的人口總數與美國相近。經過對比即可發現，以二〇二〇年六月二十九日的官方公布數字而論，以上七國的確診人數為一百二十萬左右，只有美國的一半；但死亡人數為十一萬八千，跟美國相近。美國的確診病人死亡率為四·九%，在以上七國中，除了德國的四·六%略低於美國之外，其他國家都遠高於美國：英國為十四%，西班牙為十一·四%，義大利為十四·五%，法國為十四·九%，比利時為十五·九%，荷蘭為十二·二%（此六國的死亡率全都高於十%）。就每千萬人的死亡人數來看，美國為三千八百三十七人，英國為六千五百五十七人，西班牙為六千零六十五人，義大利為五千七百四十四人，法國為四千四百四十五人，德國為一千零八十一人，比利時為八千零二十人，荷蘭為三千五百五十三人，美國僅比德國、荷蘭稍高，卻遠低於其他五國。

由此看來，美國的疫情看似嚴重，但並不比大部分西方發達國家（特別是西方七國集團國家）更嚴重，其確診病人死亡率和千萬人死亡人數，比大部分歐洲大國低。

川普是最早下令與中國斷航的西方領袖

中國武漢肺炎病毒是人類共同面對的新挑戰，沒有哪個國家具備豐富、充足的經驗來對付它。每個國家都在摸索，經一事，長一智。很多反對川普的左派，將美國疫情嚴重的責任一股腦兒推到川普身上，完全無視川普是西方國家領導人中抗疫表現最佳的這個事實。

二〇二〇年一月三十一日，在世界衛生組織宣布疫情構成「國際關注的突發公共衛生事件」的第二天，川普即發布了第一個與該病毒有關的旅行限制，下令禁止此前兩週居住在中國的外國公民進入美國。該命令把美國公民、綠卡持有者及其非公民親屬排除在外——外界普遍認為，這是為了允許居民回家、防止家庭分離。白宮發言人霍根・吉德利（Hogan Gidley）稱，川普的旅行限制是「大膽果斷的行動，醫療專業人士說，它將被證明挽救了無數人的生命」。他說，該政策生效時，全球衛生界還「不了解傳播或無症狀傳播的程度」。

川普政府的官員表示，他們在實施這些限制時遭到強烈反對，即便在措施生效後也是如此。第一波反對，來自籠罩在中國陰影之下的世界衛生組織，總幹事譚德塞（Tedros）說，無需限制各國民眾的國際旅行。第二波反對，來自中國政府。中國聲稱美國的旅行禁令毫無必要，然而中國將武漢封城，卻縱容身上帶有病毒的中國人飛往世界各國，其用心之惡毒，令人髮指。第三波反對，來自美國國會和地方政府的民主黨人。民主黨籍國會議長裴洛西（Nancy Patricia Pelosi）說，這種限制可能會導致「種族歧視」——她身先士卒到唐人街大啖美食，以此反對川普的政策。後來，這些人從未向公眾道歉。

在疫情高峰期，川普親上火線，每天主持白宮新聞發布會，如實告訴國民真相，沒有第二個西方大國的領導人做到這一點。川普簽署了《國防生產法案》，迅速提升防疫和醫療物資的生產，並調配這些救命物資的分配。連民主黨的紐約州長、紐約市長也承認川普政府做得非常成功。

川普政府當然也有失誤。失誤之一是未對中國徹底斷航。斷航不允許大部分中國公民到美國，但在中國的美國公民、綠卡持有者及其直系親屬仍可飛往美國——按照美國的法律，美國政府無法拒絕美國公民和永久居民回國，但當他們回國之後，政府未能安排他們到特定地點隔離，他們四處走動，造成病毒蔓延。另外，川普政府未料到病毒從中國傳到歐洲並在歐洲引爆，未能及時對歐洲國家斷航——過去三十年的全球化，讓中國人遍布世界各地，防不勝防。

川普政府的第二個失誤是未能及早提醒民眾戴口罩防疫。但這個問題需從兩個方面分析討論。

其一，在西方世界，人們對口罩的看法與東方截然相反。西方人認為只有病人才需要戴口罩，戴口罩的目的是不讓自己體內的病菌傳染給他人，沒有生病的人不需要戴口罩。這跟東方文化中戴口罩是為保護自己的思路完全不同。這是一種文化分歧，在沒有新冠病毒的時代，這種分歧無所謂誰對誰錯。但在病毒肆虐的背景下，戴口罩確實比不戴口罩更安全。即便如此，長期形成的生活習慣和思維方式，不是三兩天就能改變過來的。

其二，病毒肆虐之初，美國陷入口罩荒，連一線醫護人員的口罩都不能確保，遑論普通民眾。政府如提倡全民戴口罩，民眾在商店買不到口罩，只能適得其反。三個多月後，口罩供應總算基本滿足民眾需要，但大部分口罩都是中國製造並出口的，美國一時無法做到「自給自足」。這是數十年全球化的惡果之一。

美國政府不可能像中國政府那樣實施封城政策

許多人對川普的指責是沒有道理的。如果此時當總統的不是川普，而是歐巴馬、希拉蕊、拜登，面對此一嚴峻挑戰，他們不會比川普做得更好。

美國染病的人數居高不下，主要不是總統的責任。總統擁有很大的權力，特別是處理外交和國防事務的權力，但在聯邦體制下，總統對國內事務並不能朝綱獨斷、令行禁止。在抗疫措施上，各州（更準確的翻譯是：自治共和國）比聯邦擁有更大的決定權。比如，川普曾建議紐約州提升抗疫力度，卻遭到紐約州州長和紐約市市長斷然拒絕，兩人在諸多防疫事務上頻頻跟川普唱反調，川普對他們無計可施。紐約疫情集中爆發，州長和市長所負的責任比川普更大。

在美國，普遍來看，民主黨執政的地方，實行相對嚴厲的管控措施，但疫情反倒比共和黨執政的地方更為嚴重。疫情爆發四個月的時候，美國疫情最嚴重的十個州，排在前三的紐約、加州、新澤西都是民主黨執政，緊跟著的伊利諾伊、麻薩諸塞也是民主黨執政，賓夕法尼亞、亞利桑那、喬治亞是搖擺州，只有佛羅里達、德克薩斯是紅州（共和黨執政）。德克薩斯確診人士超過十五萬，位居第四，但死亡人數只有兩千多（紐約是三萬一千多，加州是近六千，新澤西是一萬五千多）；確診病人死亡率為一．六％，遠低於紐約的七．九％點、加州的二．八％和新澤西的八．八％；治癒人數為八萬，超過確診人數的一半，而確診人數前三名的三個州的治癒人數，分別只有確診人數的四分之一、八分之一和四分之一。

後來美國確診人數上升，是因為快篩量大增。美國快篩人數接近三千萬，僅次於中國官方宣稱的八千萬——但中國的篩檢水準和數字均不可信，捷克、西班牙、芬蘭、巴西等進口國先後批評說，中國出口的試劑準確率只有兩成，基本無法使用。相比之下，美國的篩檢方式是世界上最先進的，美國在短短數月間已研製出幾代篩檢方式和儀器，最短在數分鐘內就可知道結果。

美國疫情反覆的另一個原因，是蔓延全國的「黑命貴」運動。很多民主黨政客利用「黑命貴」運動反對川普政府和左右總統大選。他們在拖延重啟經濟、限制公司重開和集體活動（包括將教會禮拜日聚會的人數限定在十人以下）的同時，卻縱容成千上萬的抗議者公開集會，對暴徒的打砸搶、占山為王行為亦百般包庇和美化。左派政客和崇尚共產主義的「黑命貴」運動領導者，在「政治正確」和「種族正確」的庇護下，肆意踐踏法治、破壞秩序且罔顧普通民眾的生命和財產安全。

美國的聯邦制和地方自治傳統，以及聯邦層面的三權分立，使得美國不可能像中央集權、一黨專制、一人獨裁的中國，隨意將上千萬人口的大城市封城。中國政府派遣的所謂志願者，用鐵板將居民區出口全部封死、任何人出門都要掃描健康碼——這種做法固然可能遏制病毒傳播，但有多少美國人願意像中國人一樣被封鎖在家，失去自由和基本人權呢？

疫情帶給美國的是皮肉傷，並未讓美國傷筋動骨。美國已經重新站起來。

8 你厭惡的媒體上的那個人，真的是川普嗎？

川普是獨裁者的朋友嗎？

美國主流媒體常常引述川普的原話——川普說他是習近平的好朋友，是普丁的好朋友，金正恩的好朋友……既然川普與這些劣跡斑斑的獨裁者是好朋友，那麼按照「物以類聚，人以群分」的原則來推論，川普本人也是一名有獨裁情結的政客（只是受制於美國憲法和美國政制而無法成為獨裁者）。事實真是如此嗎？

川普確實說過這些話，但川普不會真的將獨裁者們當做好朋友。媒體對川普的一系列說法掐頭去尾，脫離上下文及語境，完全違背了他的本意。

一方面，川普不是傳統中那種說每一句話都字斟句酌、確保討好每一個人的政客，他早年是脫口秀明星，常常會脫口而出一些未經謹慎思考的話——這些話並不一定代表他的政策。這確實是他的一個缺點。

另一方面，川普是美國總統，是美國外交政策的最高制定者，也是談判專家，他知道如何壓制獨裁者——若無法消滅獨裁者（準備不充分的情況下，輕率動用戰爭手段消滅獨裁者和推翻獨裁政權，會讓美國及該國付出沉重代價，此前已有若干沉痛教訓：在伊拉克消滅了海珊，在利比亞消滅了格達費，但隨後兩國陷入長期的動盪不安乃至內戰），至少讓獨裁者作惡程度大幅降低。在一個並不完美的世界上——用川普和龐培歐的說法，「這個世界卑鄙齷齪」，這是最不壞的選擇和做法。

川普對獨裁者和獨裁政權的態度從未自相矛盾。他是用商戰的方法來應對獨裁者的挑戰：時而用胡蘿蔔，時而用大棒；時而用恭維的方式讓其放鬆警惕，時而突然對其發出雷霆一擊……川普從來不會像愚蠢的歐巴馬那樣讓對方看清自己的底牌，而是經常欲擒故縱，讓對方掉進陷阱。

川普對付習近平的方式就是如此。川普當選後，中國認為川普可以像此前的美國總統那樣用糖衣砲彈來搞定，主動邀請他訪華，給予帝王般的接待，更表示要給他家族企業種種好處。川普似乎對這一切很受用，屢屢公開表示他跟習近平建立起友誼，甚至稱讚習近平是偉大人物。

二〇一七年四月七日，習近平來到川普位於佛州海湖莊園的家中作客，以為他已將川普玩弄於股掌之上。川普對其發出一擊精準的打擊。

當天晚上，主人和客人吃完晚餐，開始吃甜點，甜點是最棒的巧克力蛋糕，習近平很喜歡吃這種蛋糕。就在甜點時間，川普稍稍離席片刻，他獲悉位於地中海的美軍戰艦已各就各位，隨時可發射巡弋飛彈。他發出進攻指令——做為對敘利亞獨裁者巴夏爾・阿薩德（Bashar al-Assad）使用致命化學武器殺害婦孺的懲罰。然後，川普回到晚宴，對習近平說：「請允許我向您解釋一些事。就在我們吃甜點的時候，我們向敘利亞發射了五十九枚飛彈。」

驚魂未定的習近平，沉吟了十秒鐘，然後結結巴巴說：「對一個如此殘忍的使用毒氣傷害幼小孩童和嬰兒的人，這種做法是可以的。」習近平當然知道，川普以此向他施壓，要求中國用其槓桿來遏制另一個搗蛋政府北韓。川普再次警告說，如果中國不採取更多措施的話，美國會自行採取約束北韓獨裁者金正恩的行動。在川普眼中，習近平跟阿薩德是同一類獨裁者。

習近平回國後，中國官方媒體開始譴責川普對敘利亞的飛彈襲擊。新華社稱，襲擊是一個步履維艱的政客展示強人形象的做法；川普下令發動襲擊，是為了撇清與莫斯科的敘利亞支持者的關係，消除對他「親俄」的指責。《環球時報》評論說，「川普拿敘利亞開刀給自己『立威』」。而美國左派媒體和知識菁英也與中國官媒一個鼻孔出氣，《華爾街日報》引述麻州理工學院中國外交及安全事務專家 Fravel 的話說：「對中國而言，光是美國向敘利亞襲擊的景象，而且很可能就在晚宴時同時進行，將被視為對中國不夠尊重的訊號。明天，大家的話題都會放在敘利亞的空襲，而不是習近平的訪問，從而大大削弱了佛州莊園習近平得到禮遇招待的表面風光。」殊不知，這就是川普需要的效果。獨裁者膽戰心驚了，獨裁者知道他遇到跟此前的美國總統不一樣的對手了。

二〇二四年八月十二日晚，川普在社群媒體平臺 X 上接受特斯拉創辦人、也是該平臺的擁有者馬斯克訪談。在推特時代，川普曾被該平臺封鎖——左派宣稱，川普的言論自由不是言論自由，不受美國憲法的保護。如今，川普強勢回歸煥然一新的 X，這次訪談的觀看者近兩億，超過了此前川普與拜登電視辯論的觀眾。

川普表示，哈里斯比拜登還軟弱，怎麼能對付強大、聰明又自信的普丁、習近平和金正恩？言下之意就是，唯有更強悍的他能與三名獨裁者周旋和對抗。

川普強調，美國需要採取強勢的外交政策。他很了解俄羅斯總統普丁和朝鮮領導人金正恩，並表示「他們很聰明，但也很惡毒」。他說，他嚴厲警告過普丁不能入侵烏克蘭。他相信，如果有強而有力的美國領導人坐鎮白宮，就可避免俄烏戰爭以及帶來生命損失。他認為，中國、俄羅斯、伊朗和北韓等核武國家是現代「邪惡軸心」。核武器擴散和核戰爭的威脅，比所謂氣候問題更迫在眉睫。他特別點名中國，認為目前中共的核武器雖比美國少得多，但如果不採取行動，「他們會比人們想像的更快趕上我們」。

馬斯克回應說，從川普對槍擊案的反應，就知道他是一位堅強的人物，這對國家安全至關重要：「外頭有一些非常強悍的人物。如果他們認為美國總統不夠強悍，他們就會為所欲為。」

川普說普丁、習近平、金正恩處於權力巔峰，很強硬，很聰明，這是事實判斷；川普又說普丁、習近平、金正恩很惡毒，這是價值判斷。川普的兩種判斷都很準確。而主流媒體為了妖魔化川普，刻意去掉其談話的上下文，且只報導前者，不報導後者，然後譴責川普跟獨裁者稱兄道弟、沆瀣一氣。

左派喜歡用價值判斷取代事實判斷。然而，很多時候，邪惡的獨裁者都比人們估計的更加強大。必須正視這樣的事實，才能與暴君和暴政展開漫長而艱辛的戰鬥。

川普歧視女性、少數族裔和勞工嗎？

美國主流媒體將川普描述成厭女症患者、白人至上的種族主義者、仇視少數族裔、脫離勞工階層的億萬富豪。三人成虎，川普似乎真的成了老虎。川普真的是「當代希特勒」嗎？（就連川普挑選的副總統候選人范斯，此前受左派媒體誤導，也如此形容川普，可見左派媒體洗腦力量之強）。

川普歧視女性嗎？評價一個男人，最好的視角是看其妻子如何評價他。川普有過兩次離婚紀錄，但兩位前妻都對他予以正面評價，從不曾口出惡言。他與現任妻子梅蘭妮亞（Melania Trump）相當恩愛。川普遇刺後，梅蘭妮亞於次日發出一封公開信，信中寫道：

「槍手不把我丈夫看成一個人——人性是他生命的核心——而只把他視為一個政治機器。但唐納是一個在最好和最壞的時候，都與我同行的慷慨且關心別人的男人。……我們都是人類，互相幫助是我們的本能。美國政治只是一種可以提升民眾生活的工具。我們不能因此失去了愛、同情、仁慈和同理心。……在這個時候，請讓我們超越左派和右派，超越紅色和藍色，我們都一樣來自於渴望為更好的生活而奮鬥的家庭，塵世芸芸眾生，都與你我相同。……黎明將再次來臨……大家都期待一個尊重彼此、家庭優先、愛能超越一切的世界。」

看一個男人是否為稱職的父親，是否培養出品行端正的子女，也是一個重要指標。川普的兩個女兒都婚姻幸福、事業有成。相比之下，歐巴馬的長女長瑪利亞（Malia Obama）長期吸毒，還出現在拜登次子杭特的筆電資料中，兩人疑似一起吸毒，甚至可能有性行為。

川普經商期間，在企業裡大量任用女性高管。這些女性高管在其職位上大都有優異表現，她們異口同聲表示，川普並無物化女性或不尊重女性的言行。

川普在其上一個任期的第一年最突出的成就之一，就是賦予女性權能，使其成為女性出頭之年。《國會山莊報》刊登共和黨策士珍・柯恩斯（Jen Kerns）投書指出，川普上任後重用女性，內閣、聯邦各部會和白宮女性最高級主管多不勝數，歐巴馬、小布希和柯林頓等最近幾個總統都望塵莫及。川普任命的女性高級官員，包括駐聯合國大使妮基・海利、運輸部長趙小蘭、國土安全部長克絲汀・尼爾森、教育部長蓓西・狄弗斯。空軍部長、中小企業署長、聯邦醫療保險和醫療補助計畫署長等其他很多部會主管也是女性。柯恩斯說，如果當今自由派還有絲毫良知，他們應該承認川普對提拔女性樹立重要典範，並將惠及他們的女兒和孫女的了不起貢獻。

在三次選舉中，支持川普的女性不斷增加：二〇一六年為三九％，二〇二〇年為四四％。

川普歧視少數族裔嗎？左派故意將川普反對非法移民的立場扭曲為反對移民——這兩個概念有天壤之別。

民主黨經常把反對移民勞工自由流通歸咎於仇外心態，但這種觀點卻無法解釋為何在Axios新聞網站民調裡，絕大多數西語裔民眾支持對移民勞工訂定更嚴格的規範，有四二％的西語裔民眾支持川普在美墨邊境築牆，超過三分之一西語裔民眾贊成所有非法移民一律驅逐出境。

川普是近半個世紀以來獲得最多西語裔、非裔和亞裔等三大少數族裔選票的共和黨總統候選人。

據皮尤研究中心在二〇二四年八月初公布的民調，川普在西語裔中的支持率為三五％。保守派媒體《校園改革》的記者羅德里格斯（Pedro Rodriguez）指出，左翼政策傷害了美國年輕人。西班牙裔年輕人的財務不安全感是有史以來最嚴重的。大批年輕的拉丁裔會支持川普，因為川普支持工薪階層家庭、降低通貨膨脹，為美國更好的經濟和創業機會鋪平道路，而不是褻瀆美國的生活方式。

非裔的投票意向也有重大變化。在NBC於二〇二四年四月的民調中，三分之一的非裔受訪者表示，拜登領導下的經濟並未改善。大約五分之三的非裔表示，他們覺得自己的家庭收入落後於生活成本上漲。「川普總統對少數族裔選民的接觸很簡單：他出現，傾聽，並明確表示，如果他擔任總統，我們會過得更好，就像四年前一樣。」川普競選團隊非裔媒體總監賈尼亞·湯瑪斯（Janiyah Thomas）在一份聲明中說，「川普總統在非裔選民中的民調支持率，達到共和黨幾十年來從未見過的歷史新高。」

當然，必須承認，哈里斯取代拜登參選後，因哈里斯本人有一半非裔血統，七成以上的非裔選票還是會回到民主黨陣營。

川普也爭取到更多亞裔選民的支持，他在亞裔選民中的最新民調高達三九%。近四年來，亞裔美國人一直受到拜登、哈里斯政府激進政策的傷害，比如：高稅收、在教育和就業方面歧視亞裔的Woke（覺醒）、DEI（多元化）政策、將非法移民和罪犯安置在華裔社區等。而哈里斯的政見比拜登的政策更激進，更接近共產專制模式。很多亞裔美國人都逃離過共產主義政權，對馬克思主義正在接管美國感到恐懼。因此，亞裔美國人基層領袖成立了「亞裔讓美國再次偉大組織」（AsiansMAGA），這是一個全國性聯盟（獨立政治行動委員會），旨在動員全美亞裔美國人保守派和溫和派，包括多個族裔群體（華裔、印度裔、韓裔、越南裔和菲律賓裔等），為川普助選。AsiansMAGA主席麥克·趙（Mike Zhao）表示：「哈里斯、華茲團隊要把他們失敗的政策，從加州、明尼蘇達州擴及全國，進一步損害美國人的利益。我們呼籲所有亞裔美國人，十一月選舉，票投川普。這是讓美國再次偉大、讓所有美國人重拾美國夢的唯一途徑！」

川普歧視勞工嗎？二〇一六年選舉裡，川普創下了共和黨候選人近兩個世代以來的勞工工會家庭最高得票率。

在二〇二四年七月的共和黨全國代表大會上，川普向擁有一百三十萬會員的國際卡車司機兄弟會的主席肖恩·奧布萊恩（Sean O'Brien）敞開了大門——這在共和黨大會的歷史上極為罕見，通常共和黨與工會關係緊張。

奧布萊恩被安排在大會第一天晚上發表壓軸演講，他批評大公司壓制工人，過去四年工人的生活很辛苦。奧布萊恩宣稱工會「並不依附於任何政黨」，但同時讚揚了川普：「過去沒有其他共和黨提名人會邀請卡車司機兄弟會進入他們的領域。……川普是不怕聽到新的、響亮的、總是批評的候選人。」他更盛讚川普在遇刺時的表現：「他已經證明自己是一個強悍的傢伙。」

川普是謊話大王嗎？

二〇二四年六月二十七日，川普與拜登首場辯論。左派主流媒體不得不承認拜登慘敗，卻同時繼續譴責川普，說拜登雖言不及義，但川普「胡說八道」。左派媒體以模糊焦點的方式評論說：「由於主持人未能在辯論期間提供即時的事實查核，使得川普和拜登在移民、犯罪到經濟等多項議題上恣意發表具誤導性或不實的言論，但拜登的情況較輕。」川普真的是謊話大王嗎？

川普痛斥拜登為「滿大人候選人」，自有其典故。《滿洲候選人》（*The Manchurian Candidate*）是作家李察．康頓（Richard Condon）在一九五九年出版的一部政治驚悚小說。小說以韓戰為背景，故事主人公被綁架到滿洲，被共產中國洗腦後，回美國參選，企圖將美國變成共產國家。小說在一九六二年改編為電影，風靡一時。二〇〇四年翻拍，改以海灣戰爭為背景——大概此時此刻好萊塢編導發現，中國已是龐大的新興市場，不敢再將中國做為嘲諷對象。「滿洲候選人」在美國語境中意為「傀儡」、「受人操縱」、「被洗腦」的候選人。

僅以與中國的關係而論，誰才是謊話大王？拜登、哈里斯及其副總統候選人提姆．華茲（Tim Walz），都是某種程度上謊話連篇的「滿大人」——他們及其直系親屬，都與中國有著千絲萬縷的經濟聯繫，他們在中國獲得巨大利益，當然會影響他們作為美國政府最高決策者的對華政策，當然會對美國的國家利益造成嚴重的困擾和傷害。

哈里斯低調的丈夫道格拉斯．埃姆霍夫（Douglas Emhoff），是美國排名第三的知名律師事務所——歐華律師事務所（DLA Piper）智慧財產權和技術業務以及媒體、體育和娛樂部門的合夥人之一。這家美國的知名律師事務所在中國深耕三十年，不僅為中國共產黨所擁有的企業提供法律諮詢，為習近平企圖對全世界進行滲透和控制的「一帶一路」戰略出謀劃策，從中共那裡收取巨額金錢，而且還雇用了許多前中共官員擔任公司要職甚至是合夥人。例如，楊大明（Ernest Yang）是中國政協常委，現任歐華律師事務所訴訟與監管部主管及國際仲裁部聯席主管。趙菁（Jessica Zhao）是歐華的高級顧問，曾任中國國際經濟貿易仲裁委員會（這是一個促進中國貿易的政府機構）副祕書長。這些職位安排，是為了支撐歐華的中國業務。歐華稱，該業務需要「與中國的中央和地方政府保持聯絡」。

美國歐華律師事務所的律師屢屢代表中國政府工作。其顧問詹姆斯・菲力浦斯（James Phillips）稱自己曾為中國駐澳洲坎培拉大使館「提供諮詢」。歐華律師事務所參與了一系列商業交易，這些交易使他們在某種程度上成為中國共產黨的僱員——歐華自稱是中國東方航空和中國南方航空這兩家國有航空公司的顧問。歐華得到來自中國國務院「直接監督」的國有企業中國招商集團提供的數億美元諮詢費，而招商集團將自己定位為「一帶一路國家倡議的關鍵參與者和推動者」；歐華還為華融投資股份有限公司和中國黃金集團兩家中國重要的國企提供諮詢服務。

提姆・華茲跟中國的關係更是剪不斷、理還亂。儘管左派媒體秀出他譴責六四屠殺的言論、與達賴喇嘛及黃之鋒的合影，以及曾發起呼籲中共釋放劉曉波的議案，卻閉口不提他跟中共當局如膠似漆的「友誼」。

二〇二四年八月十六日，眾議院監督委員會宣布對華茲與中國的關係，包括他「與中國共產黨的實體組織以及與中共官員的長期聯繫」展開調查。

該委員會在 X 上公開發文說：「詹姆斯・柯默主席已對明尼蘇達州州長華茲展開調查，此前有報導詳細描述了華茲州長與中國共產黨以及與中共官員的長期聯繫。」華茲曾三十次訪問中國（在美國高官中大概僅次於季辛吉了），在一家效忠於中共的中國機構擔任研究員，並與一家中國組織的主席一起發表講話——該組織曾被美國國務院曝光為「努力影響、拉攏美國地方領導人」的中共機構。

在給聯邦調查局局長克里斯多弗・雷（Christopher Wray）的信中，柯默主席要求華茲提供他與中共實體組織及中共官員的相關資訊、文件和通信，這些實體組織包括孔子學院、美中人民友好協會、中華人民共和國駐美國大使館等。

華茲在擔任教師時期，幾乎每年都組織一批美國學生去中國遊學，他在中國受到優待，並從中賺取大筆費用，所以他說他在中國的感受「棒極了」。在他擔任明尼蘇達州州長期間，更是熱衷於推動該州與中國的貿易。

曾在川普政府擔任美國駐德國大使，並擔任過國家情報局代理局長的理查德・格雷內爾在 X 上寫道，中共對哈里斯選擇華茲作為競選搭檔「非常高興」。阿肯色州共和黨聯邦參議員柯頓（Tom Cotton）在社交媒體上發文稱，華茲「欠美國人民一個解釋」，他需要說明他與中國長達三十五年非比尋常的關係。佛羅里達州共和黨聯邦參議員盧比歐（Marco Rubio）則指責華茲是「北京精心培養未來美國領導人的一個例子」。

川普是憲法和法治的破壞者嗎？

左派媒體對川普妖魔化的一句口頭禪是，川普是憲法的破壞者，川普不尊重法治。例如，二〇二四年七月十二日，《紐約時報》以長篇社論重砲提出批判，強調川普並不具備擔任美國總統的特質，強調他是「令人膽戰心驚」的選項。《紐時》的社論，從道德良知、以原則為基礎的領導能力、人格特質、言行舉止以及對法治原則的尊重等面向，對川普進行批判。社論認為，在過去，川普表現出極度不尊重憲法、司法和人民的態度，其渴求政治權力，將政府視為達成個人利益的工具，滿足私慾並報復異己，都明確凸顯出川普「並不適任」。社論強調，川普在上個任期，已經將他的為人和領導樣貌，全盤展現在世人的眼前，因此「如果有人多項基本測驗未能過關，你不會把全世界最重要的工作交付給他」。

川普從來沒有破壞憲法，蔑視憲法的是民主黨左派。川普早就承諾：「我們任命的法官必須是遵守憲法，把立法留給立法機關去做的法官——而且不只是最高法院，整個司法體系都一樣。」川普任命的三位最高法院大法官都是尊重憲法的原旨主義者，他們的判決不是受所謂的進步主義驅動，也不是各憑己意、花樣翻新，而是小心翼翼的回到立憲者和國父們原初的思想那裡。憲法中沒有的意思，一個字也不能加；憲法中有的意思，一個字也不能減。反之，民主黨總統任命的最高法院大法官，通常都是「司法能動主義者」，即認為自己的智慧超過立憲者的智慧，可以按照自己的意願（進步主義意識形態）來判案。究竟誰是憲法的破壞者，不是昭然若揭嗎？

還有兩個例子可說明民主黨左派如何破壞法治。例子之一是，出於政治正確的考量，民主黨左派及其控制的媒體，也包括頂級大學法學院的法學教授們，認為「非法移民」是一種歧視性的說法，不允許在公開場合使用「非法移民」，而用所謂更客觀中立的「無證移民」取而代之。然而，違反移民法進入美國的偷渡客，或超過簽證日期居留在美國的外國人，其行為本來就是「非法」。「非法」一詞僅僅描述事實——這些人沒有通過法律程序來美國或逾期居留在美國，是鐵一般的事實。禁止說這類情況「非法」，才是對法治的巨大蔑視和破壞。更荒謬的是，他們反而攻擊堅持 law and order 的川普破壞憲法和法治，真是賊喊捉賊。

另一個例子是，美國近年來出現了一個新的犯罪名詞「零元購」（Zero-dollar Shopping），起源在於加州於二〇一四年立法通過第四十七號提案——《安全社區和學校法案》，這個法案將盜竊九百五十美元以下商品等罪行，從重罪降為輕罪，這是因為加州監獄人滿為患，如此重新定義重罪和輕罪，可釋放大量囚犯、降低監獄的壓力。然而，監獄過度壅擠的問題解決，卻又創造了一個更大的問題：犯罪氾濫、治安崩潰。許多人，尤其是執法者，批評這項政策是商店扒手的「免死金牌」，只要單次偷盜金額不超過九百五十美元上限，就可以算是輕罪而不被追捕，即使被逮也不會受到太大的懲罰。《舊金山紀事報》稱，第四十七號提案是一項「魯莽的實驗」，導致犯罪更加猖獗、甚至導向更嚴重的劫車事件。加州警察局長協會批評第四十七號提案，認為該提案是刑事司法改革的失敗實驗。而該法案正是民主黨總統候選人哈里斯於二〇一四年任加州總檢察長時推動通過的。

二〇二一年三月，加州民主黨又推出 SB–八二法案，人稱第四十七號提案的升級版，在維持九百五十美元財物損失門檻的同時，修改部分搶劫罪，讓過去原本最重可判處九年徒刑的搶劫罪，變成刑期不得超過一年的小偷罪，形同給罪犯開綠燈。經濟學家何清漣將此類法案形容為「自殺性立法」。

為了阻止川普參選，民主黨人將司法政治化、武器化，對川普展開司法追殺。幸虧美國還有三權分立的政制，最高法院在七月一日做出裁決，總統在任內執行公務時享有司法豁免權，駁回對川普的一系列訴訟。

七月十五日，佛羅里達州聯邦法官甘農（Aileen Cannon）亦裁定，司法部特別檢察官史密斯（Jack Smith）的任命「未經適當程序」，違反美國《憲法》的任命條款，因此無權就非法持有機密文件案起訴川普，駁回該案的起訴書。史密斯在二〇二二年獲得司法部長賈蘭德（Merrick Garland）的任命，擔任調查川普案件的特別檢察官。川普的律師認為，這項任命違反憲法，史密斯的辦公室非由國會設立，也未得到參議院的批准。史密斯擁有「主要官員」的權力，卻未經「主要官員的任命程序」。美國官員任命條款規定，官員須由總統提名並經參議院批准。甘農的裁決指出，這是「源於三權分立的重要憲法限制」，史密斯的任命「篡奪了這項重要立法權」，賈蘭德無權「任命聯邦官員」，讓史密斯握有特別檢察官的公權力來起訴川普。甘農寫道：「行政部門在近期越來越習慣任命『監管的』特別檢察官，一味遵循這種『臨時模式』，幾乎沒有經過應有的司法審查。」這是川普在司法領域的又一次勝利。但僅有這個阻止民主黨對川普的司法迫害的判決還不夠，還要轉而追究拜登和賈蘭德破壞憲法和法治的犯罪行徑。

我們不妨來聽聽民主黨和共和黨之外的第三者的說法。二〇二四年八月二十三日，美國總統大選獨立參選人、支持率排名第三的小羅勃．甘迺迪（Robert F. Kennedy Jr.）宣布，他會把自己的名字從十個可能決定選舉結果的戰場州選票中移除，但仍會在其他州繼續作為候選人。

作為前民主黨人的小羅勃．甘迺迪在演講中痛斥民主黨背棄傳統和價值，肆意破壞美國憲法和法治，乃至成為「反民主」的專制政黨。他說：「DNC（民主黨全國委員會）對川普總統和我祭以大量的法律戰爭。每次我們的志工將堆積如山的簽名遞交上去，爭取進入選票時，DNC都在各州把我們拖上法庭，抹去這些工作成果，顛覆那些簽署請願書的選民意願。它利用DNC的『盟友法官』將我和其他候選人踢出選票，並將川普總統扔進監獄。」

與民主黨淵源深厚、身為甘迺迪家族成員的小羅勃．甘迺迪，最初試圖在民主黨黨內與拜登競爭總統候選人資格，卻遭到民主黨大老惡意打壓。當他脫黨以獨立候選人資格參選後，拜登政府隨即對他展開了一場無所不用其極的政治和法律追殺。然而，螳螂捕蟬、黃雀在後，拜登自己也沒有想到，他很快就成為一場沒有硝煙的政變的犧牲品。小羅勃．甘迺迪指出：「他們進行了一場『假初選』，操縱結果，阻止任何對拜登總統的嚴肅挑戰。隨後，當一場可預見的辯論失敗引發了對拜登總統的『宮廷政變』時，這些神秘的DNC操盤手『沒有經過選舉』就任命了繼任的人選。他們安插了在選民中極其不受歡迎的候選人哈里斯，她在二〇二〇年第一個退出黨內初選，甚至沒有贏得任何一個代表名額。」

小羅勃．甘迺迪回顧自己家族的歷史，發現昔日的民主黨與今日的民主黨早已是天淵之別：「我的叔叔和父親都熱愛辯論。他們為自己能夠與任何對手在思想中抗衡感到自豪，如果他們知道副總統哈里斯，在三十五天內竟沒有接受任何一次採訪或與選民進行『無腳本交流』，他們肯定會感到震驚。這是極其不民主的。當人們不知道自己在選擇誰時，他們如何選擇？世界其他地方會如何看待美國？我的父親和叔叔一直意識到美國在國外的形象，因為我們國家是民主的典範，是民主過程的榜樣，是自由世界的領導者。」

在民主黨全國代表大會上，多名民主黨高官顯貴譴責川普利用司法武器對付政敵，甚至派聯邦調查局探員衝進別人家中——這些指責恰恰是拜登政府對付川普的方式。小羅勃．甘迺迪評論說：「他們把政府機構變成打擊政敵的武器來做到這一點。他們通過拋棄民主做到這一點。他們通過起訴反對派並剝奪美國選民的權利做到這一點。最令我感到震驚的不是民主黨如何處理其內部事務或選舉候選人。令我震驚的是他們『訴諸於審查和媒體控制，以及政府機構的武器化』。當美國總統與媒體公司串通或直接強迫它們審查政治言論時，這是一種對我們最神聖的權利——言論自由的攻擊，而言論自由是所有其他憲法權利所依賴的基礎。」

小羅勃．甘迺迪對比拜登政府跟普丁政府的很多做法，如出一轍：「拜登總統嘲笑普丁在俄羅斯選舉中獲得八八％的壓倒性勝利，觀察到普丁及其政黨控制了俄羅斯媒體，並且普丁阻止重要對手出現在選票上。而在美國，DNC也阻止對手出現在選票上。我們的電視網在這一年多的競選活動中，暴露出它們成為民主黨工具的事實。在我的民調數字有時達到二〇％以上的情況下，DNC聯盟的主流媒體網路在這十個月的競選中，對我實施了近乎全面的採訪禁令。在一九九二年，獨立候選人佩羅（Ross Perot）在主流媒體上接受了三十四次採訪。相比之下，自我宣布參選以來的十六個月內，ABC、NBC、CBS、MSNBC和CNN加起來只給我做過兩次現場採訪。那些媒體還不斷播放不確實的、常常是惡毒的貶義詞和誹謗的抹黑報導。其中一些媒體還與DNC勾結，將我排除在辯論舞臺之外。這些媒體的代表現在就在這個房間裡，我想請你們花一點時間思考一下你們的機構所棄守的神聖責任：即自由媒體保護民主並始終挑戰執政黨的責任。」

小羅勃．甘迺迪指出，民主黨對社交媒體的審查，甚至更加赤裸裸地表現了行政權力的濫用。他提及，聯邦法官特里．多蒂（Terry Doughty）近日支持他對拜登總統侵犯民主的訴訟，稱白宮的審查項目是「美國歷史上對第一修正案最嚴重的侵犯」。一百五十五頁的裁決詳細說明了拜登在宣誓就職後僅三十七小時，發誓保護憲法後，白宮就召集CIA、FBI和CISA（網路安全局）的高級官員開會，制定一套讓反對者閉嘴的政策。

小羅勃．甘迺迪譴責說：「主流媒體曾經是第一修正案和民主原則的守護者，現在卻加入了這種『系統性的攻擊民主』的行列。媒體以打擊錯誤信息為理由，為其審查辯護，但政府和壓迫者並不審查謊言，他們不害怕謊言。他們害怕真相，而這就是他們審查的原因。……美國民主的整個基礎是信息的自由傳播。我們知道，一個能夠壓制反對者的政府，就意味著可以實施任何形式的暴行。你能想到在歷史上任何時候，那些實施審查的人有一個是好人嗎？他們全部都是壞蛋！」

小羅勃．甘迺迪的反戈一擊，能否喚醒那些繼續支持民主黨的沉睡的選民呢？

9

美國硬漢克林・伊斯威特為何與川普惺惺相惜？

永遠不會退休的荒野大鏢客

高齡九十三歲的資深導演、演員克林．伊斯威特老當益壯，早前被媒體直擊在喬治亞州執導新片《第二號陪審員》，這部電影是克林．伊斯威特影藝職業生涯中第四十六部執導的作品，也可能是他的畢業代表作。美國電影學會把終身成就獎頒給他，已經是二十三年前的事了。那些在他四十歲時懷疑過他的人，要麼退休了，要麼去世了，他淘汰了所有人。

七十五歲的阿諾．史瓦辛格（Arnold Schwarzenegger）在五月三十一日克林伊斯威特歡慶九十三歲生日當天，在Instagram釋出兩人往日一同滑雪的照片，並寫道：「生日快樂，克林！你激勵我、指導我，你是一個非常棒的朋友。」阿諾接著寫道：「在九十三歲這一年，你親身證明了，英雄不會退休；英雄會重新整裝出發，你簡直是個傳奇人物。」

在接受《君子》雜誌採訪時，伊斯威特談論起高齡仍在工作的心態，「我從不回頭看，總是向前看。我從來沒有讓『老』進入過我的思想。」

晚年的伊斯威特，越來越像晚年的摩西，或晚年的李登輝，有一種不怒自威的氣度，對於自己一生信奉的人生法則、觀念秩序，確信無疑，並且在電影中用更為堅定的立場，斬釘截鐵的表現出來、宣揚出來，對抗好萊塢鋪天蓋地的左派意識形態。

一九三〇年，伊斯威特在大蕭條中出生，他的父親屢屢失業，家庭顛沛流離。這種不穩定的生活和不幸福的童年，導致了他後來電影中常常出現的游離感，人物不知從何時出現，最後也消失於虛無。青少年時代他喜歡遊蕩在洛杉磯的各種俱樂部，他說自己對於「酷」的理解來自於那時聽的爵士：有些冷漠，對於生活只有部分滿足感，對於他人永遠有所保留。

一九五〇年代，伊斯威特從好萊塢跑龍套的無名小卒做起。一九五五年，他在科幻恐怖片《怪物復仇記》客串演出而出道，一路從小角色、配角演到男主角。一九六四年，他主演西部片《荒野大鏢客》揚名國際，其牛仔與硬漢形象深植美國人心。他第一部擔任導演執導的電影，是一九七一年的驚悚犯罪劇情片《迷霧追魂》，此後導演功力蒸蒸日上。他執導的西部動作片《殺無赦》，贏得奧斯卡最佳影片獎和最佳導演獎。一九九五年，他獲頒旨在「表揚製作多部高品質電影之傑出製片人」的奧斯卡「艾文托柏紀念獎」。

伊斯威特從影六十九年，演出七十二部電影，導演四十五部電影。其中，膾炙人口的作品包括：《火線狙擊》、《神祕河流》、《硫磺島的英雄們》、《來自硫磺島的信》、《美國狙擊手》、《李察朱威爾事件》等，不勝枚舉。他在電影中塑造了許多彰顯美國精神的美國硬漢，在一個後英雄主義或去英雄主義的時代，他向英雄致敬，呼喚更多的英雄站出來拯救這個世積亂離、風衰俗怨的時代。

不要溫和地走進那個良夜，暮年也應當燃燒咆哮

午後美國南方的高速公路、萬里晴空的藍天、大片的綠田、黑色的皮卡、懷舊的音樂，一位九十歲的老人開著車，不疾不徐的駛向遠方。他總是隨機選擇路線，偶爾停下車，買個三明治裹腹，再繼續上路。

在被緝毒局的探員攔下之前，沒人能想到，老人的車裡常年有超過兩百磅的海洛因，而當時底特律警方平均一個月只能繳獲五公斤毒品。在毒品行業的黑話裡，這種專為販毒集團長期運貨的司機被稱為「騾子」（The Mule）。因為警察幾乎不會懷疑一位年近九十的老人，他深受毒販重用，已為他們工作了十年之久。

隨著老人被捕，更多背景故事被披露出來。這位老人名叫里奧・夏普（Leo Sharp），外號「塔塔」，曾是二戰老兵，獲得過銅星勳章。戰爭結束後，他投身於花藝行業，專注於培育美麗的花朵，還得過不少獎項。他幽默風趣、熱愛生活、辛勤耕耘，卻因為全球化和網購風潮而入不敷出，花園被迫倒閉。最終，在一個墨西哥花農介紹下，他獲得了「騾子」的工作。

伊斯威特看上了這個故事，決定親自主演。老戲骨將這個如同海明威的《老人與海》中永遠不承認被生活擊敗的人物演得入木三分——在《老人與海》中，年邁、窮困潦倒的漁夫聖地牙哥，憑藉著堅韌與勇氣出海捕魚，在大海中與鯊魚搏鬥，雖然最後只帶回一副

魚骨架，卻堅信：「一個人並不是生來要給打敗的，你盡可以把他消滅掉，可就是打不敗他。」

《紐約客》評價說，「騾子」是伊斯威特對自己一生的回望，裡面充斥著浪漫、悠揚的遺憾。早在二〇〇八年的《老爺車》後，伊斯威特就宣布息影，只拍不演，十年後「反悔」，親自上陣——或許是在電影主角厄爾的身上看見了自己的影子，或許是想通過厄爾來傳達自己對家庭和美國社會的看法。他討厭「綠皮書」般的政治正確，透過「騾子」大膽觸碰某些種族禁忌：厄爾用「吃豆子的人」來稱呼墨西哥人，在公路上遇到兩位爆胎的黑人時，他若無其事的稱對方為「negro」，完全不知道在當今時代，這個詞彙早已是大忌。但仔細想來，若是真的種族歧視，誰會在高速上停下車來，主動幫助黑人換車胎呢？伊斯威特只是不喜歡那些強行給人施加枷鎖的、刻意的「政治正確」。

二流的電影寫故事，一流的電影寫人物。厄爾這個沉淪的「壞人」，在影片中維繫著人性的光芒和尊嚴，不是讓人同情，而是讓人敬重。伊斯威特專門為這個角色選擇了一種「本命花」——萱草，又名金針花、忘憂草，代表他終身奉獻的志業，這種花的花期僅有一天，開了就謝，與主角的年邁、長壽形成鮮明對照。有影評人寫道：「伊斯威特臉上的皺紋，比阿特拉斯山脈的地圖還多，他是電影中地質上的人類奇蹟。他應該被放在國家自然公園供遊客們參觀。他在『騾子』中所做的一切都是滑稽的、古怪的、隨意的、神話般的、權威的。」

在一個「娘娘腔」走紅的時代，挺身對抗「政治正確」

在左派當道的好萊塢，伊斯威特是極少數公開支持川普的電影人，由此他也遭到攻擊、誹謗、孤立、封殺，他對此不屑一顧。

好萊塢是全球化最大的受益者之一，也是政治正確的「宣傳部」。而不上網、不網購、反全球化的伊斯威特，痛罵互聯網和沉迷其中的年輕一代，痛恨政治正確，渾身上下散發著「哪怕是身無分文也要靠雙手勞作，絕不領政府救濟糧」的氣息。

二〇一六年八月三日，伊斯威特在一篇專訪中，盛讚川普「會有番作為」，「至少川普在做一些事情，人們早就厭倦了政治正確，只是不敢說出來而已。我們正在被暴動的一代包圍，每個人都走在蛋殼上，每個人都在被指控種族主義」，「川普只說心裡話，那些話有時不那麼中聽，有時中聽」。記者問伊斯威特，他會選川普還是民主黨總統候選人希拉蕊，他毫不猶豫的脫口而出：「我必須選擇川普，你們知道的，因為希拉蕊宣示她會追隨歐巴馬的腳步。」他對歐巴馬的蔑視和厭惡溢於言表。

對伊斯威特來說，懲惡揚善、開拓冒險、個人主義、經驗主義、家庭秩序、男性氣概、職業倫理……都是人生在世最重要的價值和信條，無論世情如何滄海桑田、黑白顛倒，都永不放棄。堅守，憤怒的堅守，是美利堅合眾國的立國精神，也是美國人身上獨有的牛仔性格。有趣的是，當被問及川普演說時的憤怒表情是不是從他的電影裡學來時，伊斯威特表示：「有這可能，他的憤怒有道理，因為現如今這社會，私底下其實每個人都已對政治正確感到厭倦，大家都不想再跪舔（kiss-ass）了。可我們目前就生活在一個跪舔的時代，一個只剩下娘娘腔（pussy）的時代之中。現如今人人自危，動不動就會有人譴責你是種族主義者或是別的什麼。可在我小時候，沒人管這些事叫種族主義。想當初我拍攝《老爺車》前，連我的同事都說，『劇本是個好劇本，可惜政治上不正確』。可我還是連夜看了劇本，第二天就拍板決定立刻開拍。」

記者繼續問何為「娘娘腔的時代」，伊斯威特回答說：「所謂娘娘腔的時代，就是人人都在告訴你，『哦，這樣的事你不能做，那樣的事也不能做；還有這種話可不能說，那種話也不能說』。而川普就是怎麼想就怎麼說的人。這樣的人，有時候他會說錯話，但我很理解他為什麼會那麼說。」

年輕時，伊斯威特曾經跟川普一樣「跨行從政」——他在二十二歲時正式登記加入共和黨，還曾當選市長。川普確實也是伊斯威特的影迷，伊斯威特主演、義大利大師塞吉歐．李昂尼（Sergio Leone）執導的西部片《黃金三鏢客》就是川普的心頭大愛之一。川普曾對記者說：「克林．伊斯威特是史上最偉大的電影明星。在李昂尼那些西部片裡，角色塑造得都很豐滿，總能讓我想起我這麼多年在商界打過交道的人，但沒有一個角色比伊斯威特更酷。」

在這個講求「政治正確」的時代，美國還剩下多少伊斯威特和川普所張揚的「男子漢氣概」呢？在所謂的「性別多元化」潮流之下，「男子漢氣概」已然成為嚴重的「政治不正確」。二〇二一年十月三十一日，在佛羅里達州奧蘭多的保守派行動大會上，密蘇里州共和黨參議員喬西．霍利（Josh Hawley）發表了一篇題為〈美國男性的未來〉的演講。霍利指出，美國的左派們正在建立一個「排除男性」的世界，他們正通過種族批判理論、經濟社會主義和徹底摒棄性別概念等努力來解構美國。「左派想要把傳統的男子氣概定義為有毒的。他們想要把那些傳統的男子漢美德——比如勇氣、獨立、果斷，定義為社會的危害。」他表示，社會輿論多年來指責美國男性有問題，指責他們的男性氣質有問題，這使得越來越多的美國男性逃避退縮，熱衷於無所事事、看色情影片或打電動遊戲。他呼籲保守主義者奮起反抗，推動「強壯而健康的男子氣概在美國復興」。

一點也不讓人意外，左派對這番言論大肆攻擊，辱罵霍利有「厭女症」，鼓吹侵略性、支配性的「男權中心主義」，甚至搬出一套奇特的邏輯來：反對看色情片的人就是喜歡看色情片的人。

其實，伊斯威特、川普和霍利否定「娘娘腔」，不是對女性的羞辱，而是主張男性就是男性的樣子，女性就是女性的樣子。不把男性當男性，也不把女性當女性，是左派企圖摧毀人性和人類文明的陰謀。作為演員，伊斯威特塑造的銀幕上的英雄，激勵無數美國人為信仰和信念而戰鬥；作為總統的川普，以他的男子漢氣概壓倒娘娘腔的反美菁英，帶領美國重新以牛仔精神迎接暴風驟雨。

10 川普會像雅典政治家伯里克利那樣遭到人民背棄嗎？

伯里克利打造了雅典民主的黃金時代

二戰前後，曾出任美國外交關係委員會主席和世界銀行總裁的「外交賢人」之一的麥克洛伊（John Jay McCloy）喜歡談論古希臘的「伯里克利（Pericles）時代」，他和同仁們的願景是創造美國的「伯里克利時代」。

伯里克利是雅典黃金時代的代言人，正是在他精心籌畫下，雅典由一個小型城邦，躍升為舉世無雙的海上帝國，成為希臘政治、經濟、文化中心，史稱「伯里克利時代」。他連續十五年當選為雅典十將軍委員會首席將軍，掌握雅典實權。在長達四十年時間裡，他一直處在雅典政治事務、海軍事務、戲劇創作、科學與宗教之爭、外交、城市規畫及神廟建造等的最前線。他眾望所歸的領導使雅典的政策穩定而一貫，他對公共事務管理的天賦遍及每一個領域，他是雅典主要的政治家、演說家、海軍統帥、行政管理者及藝術與知識的推動者。

伯里克利所依靠的四個強大支柱分別是：民主、海軍、帝國的財富以及理性的統治。他出生貴族，卻是熱心誠摯的民主主義者。在其執政期間，通過一系列立法活動，推進國家制度民主化，擴充軍事和經濟勢力，推動繁榮學術文化。他不斷擴大公民大會的影響力，逐步降低戰神山議事會在權力上的獨斷，使公民大會成為處理雅典事務的最高權力機構，同時也加強五百人議事會以及陪審法庭的合法性，與公民大會形成三足鼎立的政治局面。

伯里克利營造了濃郁的公民社會的氛圍：

「在我們這裡，每個人所關心的，不僅是他自己的事務，而且關心國家的事務：就是那些最忙於自己事務的人，對於一般政治也很熟悉。」

他強調，雅典的憲法不是為保持某一階級的特權而設，而是讓所有公民在法庭上和國家管理方面有平等的權利。在雅典公民身上，智慧與行動、深思與勇毅、私人利益與公共責任是和諧一致的。這些是伯里克利引導同胞目光所向的理想。

伯里克利指出，勇敢是取得自由和達到幸福的必要條件，勇敢真正的思想基礎是關心城邦的整體利益。只有敢於冒險，才能保衛國家獨立而免受外國奴役。他說：「要勇敢，才能有自由。……如果被迫而選擇——若非屈服而馬上變為奴隸，就是冒著危險以求生存的希望——的話，那麼，我寧願做那個勇敢的冒著危難的人，而不願做那個逃避危難的人。」

他在悼念西元前四三一年與斯巴達人作戰而倒下的英雄的演說中，自豪的宣稱：「我們的政體的確可以稱之為民主政體，因為行政權不是掌握在少數人手中，而是掌握在多數人手中。當法律對所有人都一視同仁、公正的調解人們的私人爭端時，民主政體的優越性也就得到確認。」

他說出了雅典成功的祕訣：從個人和社會的自由中，才能滋長真正的幸福、獨立和勇毅。一個自由的社會，能自制而又自覺。在雅典公民身上，智慧與行動、深思與勇毅、私人利益與公共責任是和諧一致的，正是從這種豐富性中誕生出雅典文明豐富多彩的成果。這些就是伯里克利引導他的同胞目光所向的理想。

在西元前四三一年時，伯里克利站在了人民擁戴的極頂。歷史學家哈門德（N. G. L. Hammond）在《希臘史》一書中評論說：

「伯里克利極孚眾望的領導，使雅典人的政策穩定一貫。他在他們勝利時戒其驕躁，在逆境時鼓其意志。他對自己的地位充滿信心，敢於遏制他們的任性和控制他們的激情，行事決策唯靠自己的愛國心、正義感和意志力而獨立自恃。他的威信如此之高，以至於危機之時他實際統治著城邦。他的統治達到這種程度，似乎『民主』——這個多數人當家做主的政治也形同虛設了。……伯里克利所以能保持領導這麼多年之久，實有賴於他個人的品德和雅典人民的堅定。」

雅典民主毀於戰爭與瘟疫，更毀於人心的敗壞

伯里克利溫和且理性的統治，卻毀於一場戰爭和一場前所未有的大瘟疫。

西元前四三一年，以雅典為首的提洛同盟，與以軍事強國斯巴達為首的伯羅奔尼撒聯盟，彼此之間爆發了伯羅奔尼撒戰爭。雅典與斯巴達這兩個此前並肩對抗波斯帝國的盟友，因社會制度的差異及國家利益的分歧，很快轉向對立。

這場嚴酷的戰爭持續了二十七年，最終以斯巴達人的勝利告終。這場戰爭結束了雅典和雅典式民主的古典時代，並永久改變了希臘文明。幾乎當時所有的希臘城邦都參與其中，戰鬥幾乎遍及整個希臘文化圈。

伯里克利未能阻止戰爭的爆發。但他採取了現實主義的戰略：承認雅典在陸軍方面的劣勢和在海軍方面的優勢，因此避免在陸地上決戰，而在海上封鎖對手。他放棄了鄉村，固守城市，但占公民總數一半以上的人卻因為失去在鄉間的財產而不滿，激進的年輕一代政治家呼籲變防守為進攻。伯里克利只能憑籍自己的威望勉強說服動盪的人心。

西元前四三〇年，雅典爆發了一場嚴重的瘟疫，染病者通常在七八天之後不治而亡，死人如麻，屍體堆積如山。雅典的重甲步兵中有三分之一在瘟疫中喪生，在瘟疫中喪生的其他類型人群大約也是相同比例。

瘟疫破壞了伯里克利的宏圖偉業。他無法預見也無法阻止這場瘟疫。他的許多親戚朋友，包括他的姐妹和兩個孩子都相繼病死。在給小兒子的屍體上戴上花環時，他在葬禮上泣不成聲。他一生中只失態過這麼一次。

雅典城人心騷動，怨聲四起，無助而又充滿憤怒的人們將這一切歸咎於伯里克利。索福克勒斯（Sophokles）著名的戲劇《伊底帕斯王》似乎成為後人了解伯里克利及雅典的悲劇命運的一面鏡子。雅典人用民主投票的方式（這恰恰是伯里克利帶給他們的權利），剝奪其首席將軍的職務。伯里克利的好友遭到指控和流放，他也被判罰款。

雅典派遣使者到斯巴達求和，卻被斯巴達峻拒。那個黑暗時刻，雅典人不再奢望成功，只求存活。

直到斯巴達兵臨城下，雅典人不得不再次選舉伯里克利為軍事指揮官。伯里克利號召人民將效忠國家置於個人苦難之上。他告訴人民，雅典的偉大不僅屬於它的過去和現在，而且屬於將來。它的精神將再一次戰勝危難和禍患，它的未受損傷的海軍將征服全世界。

然而，西元前四二九年，瘟疫奪去了伯里克利的生命。僅他一人的死亡對國家的損害可能比這兩年間瘟疫造成的人口損失還要巨大，因為他有能力使人民堅定採用他謹慎而精明的戰略。在歷史學家修昔底德筆下，伯里克利是唯一一位能夠勸服民眾去以違背他們偏見與經驗的方式戰鬥的雅典政治家。

之後，戰局每況愈下，戰爭敗壞了人心和道德，雙方都犯下了難以原諒的戰爭罪行。歷史學家色諾芬以嘲諷的語氣描繪描述雅典的陷落：「在少女長笛音樂的伴隨下，人們開始熱情澎湃的拆除城牆，他們滿懷著這就是希臘人自由之開端的想法。」

誰是盜賊：川普當總統後財富大大縮水，歐巴馬當總統後躍升億萬富豪

早在美國建國之初，國父們便謙卑的從希臘的政治和文化中汲取智慧，伯里克利是他們效仿的榜樣之一。

經歷二戰洗禮的美國，與當初的雅典一樣，冉冉升起為世界的霸主和文明的中心，那一代美國的掌舵者們，繼續研讀歷史，尋找讓美國維持其偉大的經驗。然而，很難說二戰前後的兩位美國總統小羅斯福與杜魯門締造了「伯里克利時代」，當代配得上這個稱號的美國總統只有雷根和川普。

雷根比川普幸運，他生正逢時，經歷了二十年動盪的美國人心回歸，借勢創造了一番偉大的成就。而川普幾乎是逆流而上，艱難的與前後左右的敵人「横戰」。在成敗交錯、榮辱交織的意義上，川普的命運與伯里克利如出一轍。伯里克利的故事沒有結束，歷史總是以讓人意料不到的方式重演。

與身為貴族卻為平民的權利奮鬥的伯里克利一樣，身為億萬富翁的川普，是美國平民乃至「故土的陌生人」、「沉默的大多數」的代言者——他是平民主義者，善於操縱民粹主義的左派卻給他扣上「民粹主義」的帽子。川普本來可以繼續過著他億萬富翁瀟灑快樂的生活，幾乎所有人都喜歡他；但他看到美國被一群無能之輩弄得千瘡百孔，決心跳出來清洗「華盛頓的沼澤」，結果得罪了龐大的既得利益者群體，落得個「世人皆欲殺」的下

場。

川普在二〇一六年勝選，是一個奇蹟，儘管他事後說，他一開始就有一種「確信」，但一路荊棘，萬分艱辛。競選期間，幾乎所有主流媒體都辱罵他，幾乎所有跨國公司和華爾街金融巨頭都反對他，幾乎所有一流大學的師生都嘲笑他，幾乎所有民調都說他不可能勝出，但他勝利了。

川普當選的意義，與三十多年前雷根當選一樣重大。這一事件不單單是一個政治事件，更有深遠的屬靈意義，美國很多教會領袖未必參透這一層屬靈意義，更不用說敵視川普的左翼知識分子。川普的當選，是美國回歸清教徒觀念秩序和精神、心靈秩序的轉折點。此一事件表明美國的觀念秩序有神奇的自我修復能力。美國的觀念秩序可能遭到來自外部和內部的破壞、踐踏、玷污，但它如鷹展翅，在每一次跌落之後飛升，在每一次頓挫之後崛起。

與雷根一樣，川普的各項政策不再像柯林頓、歐巴馬以及布希父子那樣自相矛盾、支離破碎，而具有一種基於保守主義觀念秩序的一致性和完整性。川普相信，美國不需要光說不做的政客，美國需要有經商頭腦、會管理事業的聰明人——美國的國父們大都如此，華盛頓和同伴們都有管理大型農莊的智慧和能力，才能成功管理國家。

川普締造了雷根以來最健康和最有活力的經濟，號召美國人用美國貨，讓過去三十年來流失的數百萬工作機會回到美國本土。他打破華盛頓盤根錯節的既得利益集團，喚醒選民樸素而真誠的愛國熱情，讓慣於製造謊言的主流媒體和學院菁英被民眾唾棄，讓美國在國際社會重新贏得盟友的敬畏和敵人的畏懼。二〇二四年八月三十日，傳記電影《雷根》隆重上映之際，政治評論家丹尼爾．麥卡錫（Daniel McCarthy）撰文指出，儘管川普好鬥的個性看上去與溫文爾雅的雷根不同，但川普確實是雷根原則的捍衛者，全面延續了雷根的遺產。

川普讓美國重新回歸偉大，他自己卻付出了沉重的代價。他本人被妖魔化，他的財產也大大縮水：二〇二一年，根據《福布斯》年度億萬富豪排行榜，川普在白宮的四年時間裡，淨資產縮水近三分之一，價值超過十億美元。這個數據驗證了川普此前多次的聲明：做總統並沒有給他帶來更多財富。

反之，歐巴馬讓美國走向衰落，但他做了八年總統之後，個人財富卻增加了數百倍。歐巴馬當選總統前，他是失敗的律師，他與妻子的淨資產僅有一百三十萬美元，也就是普通美國中產階級的水平。他卸任之後不久，財富已增長到上億美元。他聲稱他站在美國九九%的窮人那邊，自己卻是美國最有錢的那一%。單單回憶錄的預付款，就有六千萬美元，是白宮有史以來最昂貴的回憶錄版權。他卸任後平均一場演講是二十萬美元，最高可以達四十萬美元。他跑到中國跟電商握手拍照，五秒鐘就賺進二十萬人民幣。

川普忍辱負重的離開白宮，但從未承認敗選

從二〇二〇年一月開始，中國武漢肺炎病毒重創美國和西方。與當年雅典發生的無名瘟疫相比，這一次的病毒是中國對自由世界發起的「超限戰」。

民主黨及美國左派不去追討中國的罪孽與責任，反倒見獵心喜，從病毒擴散的危機中，發現詆毀川普並在即將到來的大選中舞弊的機會。當年在越戰中為北越宣傳的女星珍方達（Jane Fonda），如今已白髮蒼蒼，仍恬不知恥的說：「病毒是上天賜予左派的最好的禮物！」可見，人一左，腦就殘，心亦黑。左派知識菁英和主流媒體、社交媒體一致封殺對病毒來源的調查，還禁止使用「中國病毒」這一名詞——那麼，改稱「左派病毒」好不好？

二〇二一年九月，《華盛頓郵報》副主編伍華德（Bob Woodward）和政治記者柯斯塔（Robert Costa）合著的新書《危險》中披露，美軍參謀首長聯席會議主席密利（Mark Milley）認為川普要對中國發動攻擊，在未經總統授權的情況下，在大選前四天，祕密致電解放軍總參謀長李作成，「李將軍，如果我們要發動攻擊，我會事先通知你，不會事出突然」。二〇二一年一月八日，密利第二次致電李作成，再度向中國保證，「我們百分之百穩定，一切都很好，只是民主有時很混亂」。密利儼然是中國安插在美國的高級間諜，他背叛了總統和祖國。

與此同時，眾議院議長裴洛西致電密利，她認為川普敗選後失去理智，密利認同裴洛西的看法，兩人討論如何預防川普發動戰爭。密利在五角大廈召開高階軍事官員祕密會議，要求將領如果接獲總統的命令，必須確保密利參與其中才能執行，如果沒有其參與，即便是總統的命令，也要拒絕執行。

密利和裴洛西的所作所為不僅違憲，還涉嫌叛國。左派媒體卻將他們描述成阻止「戰爭狂人」川普的冒險、拯救美國的英雄。實際上，川普是數十年來唯一沒有發動對外戰爭的總統，川普才是具備墨家式「非攻」理念的和平使者。而且，川普做為三軍總司令的權柄，是美國選民賦予他的。非法、用陰謀手段剝奪其權柄，就是踐踏所有選民的公民權。

川普忍辱負重的離開白宮，但從未承認敗選——他獲得七千四百萬張選票，每一張都是真選票（包括我和妻子投出的選票），他是美國歷史上得票最多的爭取連任的總統。他的離開只是因為愛國，不忍看到美國陷入一場流血內戰，他像聖經中所羅門王裁斷兩個婦人中誰是孩子母親那個故事中的親生母親，做出痛苦選擇：寧願孩子被騙子搶走，也不願孩子被分成兩半。

民主黨和左派勢力對離開白宮的川普及其追隨者展開追殺——企圖用第二次彈劾來終結川普的政治生命和剝奪川普的政治權利。隨後，又將司法做為政治武器來阻止川普再度參選。他們比當年對伯里克利忘恩負義的雅典人更窮凶極惡。

美國不是淪陷前的雅典。美國還有超過半數人口的愛國者和清醒者。離開白宮後，身為一介平民的川普，出現在公開場合，都贏得民眾雷鳴般的掌聲和出自內心的愛戴；與之相反，竊據最高權力的拜登入主白宮後，白宮網站的讀者數量一落千丈。歷史總是公正的，歷史記載了伯里克利的榮耀，千年之後無人知道試圖毀掉其聲譽的政敵名字；歷史也將記載川普「讓美國再次偉大」的功勳，以毀壞美國為己任的民主黨和左派終將被釘在恥辱柱上。

11

站在川普對立面的露絲・金斯伯格大法官值得尊重嗎？

死者並不為大，死後仍需接受世人的批評和上帝的審判

二〇二〇年九月十八日，美國最高法院極左派大法官露絲・金斯伯格（Joan Ruth Bader Ginsburg）死了。我在臉書上發表意見說：「有人死了，本來不應當高興。但這個人死掉了，我不禁仰天長笑。因為她是美國最凶惡的敵人，卻占據最高法院大法官座椅數十年之久。她參與的若干判例，給美國帶來長久的傷害。左膠活著是左膠，死掉也是左膠。她的死是好事，川普可以任命第三位最高法院大法官了，美國的核心價值未來能持守數十年了。」

一石激起千層浪，有人將我的這段批評轉發到推特上。推特中文圈於是出現對我鋪天蓋地的辱罵。更有人轉到中國微信圈，微信審查者破天荒放行，大概中共當局認為可以將我的「失言」廣而告之、凌遲示眾。

我罵幾句如耶洗別般邪惡的金斯伯格，華文世界裡不計其數的左膠、大中華膠、儒家膠、岳不群膠們就炸了鍋。我是美國公民，我罵美國的大法官，跟你們這些奴在心者的中國人有何關係？

有些人不是中國人，卻勝似道貌岸然、溫柔敦厚的中國人，接受不了我對死者的批評，因為我批評的對象不僅是那一個死者，也是他們自身的投射。他們肆無忌憚的詛咒川普總統趕快死掉，期盼有人暗殺川普總統，卻為我批判已死的金斯伯格而碎成一地玻璃心。

我的觀念秩序來自聖經，聖經中反覆強調「人人都有一死，死後且有審判」的觀念，

惡人滅亡後，更該追討他的罪惡，以免後世效法他為惡。

聖經的觀念跟中國文化截然對立，我不接受中國文化中「死者為大」、死人從此無是非對錯的糊塗觀念。為什麼不能批評死者呢？作惡的人並不因為其死了，所幹的壞事、所產生的惡劣影響就全都結束了。在我看來，老而不死是為賊（如一些親共、投共的臺灣高官們），老而死亦為賊（如金斯伯格）。

儒家文化培養口是心非的偽君子，這倒跟當代西方左派的「政治正確」接軌。偽君子個個都以文質彬彬、禮數周到的模樣出現在公共領域，贏得人們的好感和讚美，溫家寶、馬英九、歐巴馬就是其典型代表。我一向就是對這類人物「打假」的先鋒。

更何況，中國文化傳統並不完全遵循「死者為大」的觀念。比如，皇帝死後，若是暴君，後世會加給他「戾」、「厲」、「幽」、「煬」等不堪的謚號，甚至鞭屍復仇（伍子胥鞭屍楚平王）。那麼，我為什麼就不能真實表達我對金斯伯格這個美國立國精神敵人之死的欣然之情呢？

川普身為總統，需要對金斯伯格的死亡表達基本的禮貌，美國政府以降半旗、靈柩陳列在國會大廳等隆重禮節待之。我不是政府高官或公務員，我是普通公民，自可暢所欲言。金斯伯格是最高法院大法官，她拿的薪水是包括我在內的納稅人的稅金，身為公民和納稅人，我有權批評她，即便我使用某些人看來「惡毒」的語言，這也是美國憲法所保障的言論自由。我對金斯伯格的批判，是對她做為最高法院大法官的職務行為的批評，我不是她的私敵，而是她的公敵，更準確的說，我是她觀念秩序上的敵人。若因為罵左膠的聖母而傷害了左膠的感情，我不會感到抱歉。

我相信聖經中所說：是，就說是；非，就說非。我向來愛憎分明，誠實說出心中所思所想，有時必然招人憎恨。共產黨的酷刑和同性戀者的暴力毆打，都不能讓我保持沉默。金斯伯格對美國的傷害，大於歐巴馬和柯林頓。我對此人之死鼓盆而歌，是我的自然反應。

有的人死後像鑽石一樣發光，成為他人的祝福，如「民主先生」李登輝；有的人死了卻像陰溝的污水繼續發出腐臭，如金斯伯格。死亡不能減少人的高貴，也不能遮蓋人的邪惡。

金斯伯格的七宗罪

金斯伯格是沒有猶太教信仰、不遵守猶太律法的猶太人。近代以來，有一群擁抱極左意識形態的猶太人物，給人類帶來海嘯般的浩劫——馬克思（Karl Marx）、托洛斯基（Leon Trotsky）、季辛吉（Henry Alfred Kissinger）、索羅斯（George Soros）……金斯伯格亦是其中之一。這群極左派猶太人，在觀念上是反猶主義者（尤其反對作為國家的以色列）。反對以色列與反對支持以色列的美國，是一枚硬幣之兩面，左派的標配。

一九九二年，柯林頓提名金斯伯格為大法官。金斯伯格進入最高法院後，成為破壞美國憲法、破壞美國國父們的立國原則與美國基督教傳統價值觀的領軍人物。她犯有七宗罪過。

一、金斯伯格隨心所欲的踐踏、篡改美國憲法。她參與的多項判例，及起草的少數派異見，無不顯示出她對美國憲法和制憲者缺乏基本尊重。她是意識形態先行，不惜用既有意識形態扭曲憲法原意。若不是幾位保守派大法官的制衡，最高法院早已淪為破壞憲法的元凶。最高法院的大法官應當尊重和捍衛憲法，正如川普總統對其提名的、接替金斯伯格職位的艾米．康尼．巴瑞特（Amy Coney Barrett）的評價：「巴瑞特會按照憲法的文本來判決每一個案件。艾米曾經說過，做為法官，你不應該按照自己個人的喜好來執行法律，而是要嚴格跟從法律的要求。這就是巴瑞特法官在進入最高法院後將會遵行的原則。」

二、金斯伯格利用其職權大力推動激進女權主義。男女平等是文明進步的標誌，但激進女權運動漠視男女在生理和心理機能上的差異，及各自分擔的不同社會和家庭角色，追求絕對意義上的性別平等，乃至期望達成逆向的性別特權。激進女權主義成功的與左派的種族和階級理論合流，塑造出唯我獨尊的氛圍，最具代表性的事件是——二〇〇六年，哈佛大學校長薩默斯（Lawrence Henry Summers）在一次演講中說：「男女之間的先天性差別，可能是導致女性在數理領域鮮有建樹的原因。」這番言論遭到激進女權主義者猛烈攻擊，薩默斯被迫辭職。金斯伯格在維吉尼亞軍事學院案件中的判詞，反過來成了對她和她領導的激進女權運動的審判——「女性看似是被捧在高臺上細心呵護，但細看之下卻是被關在了偽裝成高臺的牢籠之中」，「任何看起來是對女性的特別優待，最終都會反過來限制她們」。

三、金斯伯格強推同性婚姻合法化，破壞傳統的婚姻和家庭倫理。金斯伯格是竭力推動同婚合法化的大法官，也是第一位主持同性婚禮的大法官——二〇一三年八月三十一日，她主持甘迺迪中心總裁邁克爾・凱澤和政府經濟學家約翰・羅伯茨的婚禮。同婚合法化的達成，絕非意味著異性婚姻與同性婚姻「大路朝天，各走一邊」，它破壞了聖經中對婚姻的神聖定義，並將進一步剝奪反對同婚人群的言論自由、宗教信仰自由及基本人權。二〇一五年，最高法院通過同婚合法的裁決後，科羅拉多一名基督徒的蛋糕店小業主菲力普斯，因著恪守信仰，婉拒製作表現慶祝同性結婚的蛋糕，遭到同婚團體起訴。該案件在最高法院審理期間，菲力普斯受到金斯伯格公開的人格羞辱。二〇一八年，最高法院以七比二票數（金斯伯格是少數派的二票之一），裁定菲力普斯勝訴，理由是美國憲法《第一修正案》賦予人民享有宗教自由的權利。

四、金斯伯格倡導無限制墮胎權和墮胎合法化。一九七三年，最高法院通過墮胎合法化的羅伊訴韋德案（Roe v. Wade），遠遠早於金斯伯格進入最高法院。但金斯伯格在任期間繼續強化該法案，比如致力於讓政府支付的健康保險涵蓋女性墮胎費用，讓墮胎更「便捷」。她一方面強調說，有關墮胎問題的根本，是政府無權替一個女人做出選擇；另一方面，卻又要讓政府為女人墮胎提供經濟和政策上的支持，這完全自相矛盾。二〇一八年，全球墮胎人次近四千兩百萬，被墮胎的胎兒人數多過其他因素死亡的人數。一九七三年以來，美國墮胎盛行，有六千萬個胎兒被墮胎，是美國人主要死因之一。領頭的金斯伯格，跟中共計畫生育委員會主管是同一等級的兇手。對於這樣殘忍卻不必親眼看到血和屍體的人，為什麼不能發聲譴責呢？

五、金斯伯格推行毒品合法化，造成毒品更加氾濫和吸毒者死亡率攀升。民主黨政客大都曾經乃至長期吸食大麻等毒品。歐巴馬在接受《紐約客》雜誌專訪時坦承，年輕時曾有吸食大麻的過往：「眾所周知，我年少時曾吸食大麻。……我不認為它比酒精危險。甚至就對個體消費者的影響而言，大麻的危險性比酒精更小。」金斯伯格早年是否吸食大麻等毒品不得而知，但她利用青年人的無知，提倡吸毒合法化，給美國社會帶來深刻危機。對此，國會議員巴爾指出，美國正面臨毒品戰爭，正遭受毒品支持者的進攻，「而這些人企圖用毒品來麻醉人民」，他建議修改法律，將販毒定位為「顛覆性的犯罪行為」，卻被金斯伯格等人所阻止。

六、金斯伯格推動未成年人性交易合法化、除罪化（滿十二歲從事性交易即可合法化、除罪化）。金斯伯格的這一設想在最高法院層面未能實現，但經過其幕後策畫，在很多民主黨執政的州，該法案成功闖關通過。例如，從二〇一七年一月一日開始，加州的少兒從事性交易被抓，將不會有刑責。兒童賣淫除罪化，只會增加未成年少兒遭受的性剝削，執法部門無法干涉從事賣淫活動的未成年人，間接使得皮條客利用更多受害者為他們賺取更多金錢。很難想像一位聲稱重視女權（她本人也有女兒）的大法官，同時又漠視對未成年少女基本權益、身心健康的保護。這種做法，忽視了經驗法則、常識等現實面，特別是人性的黑暗面。這種做法，讓那些變態的、專門挑選未成年女性完成性交易的嫖客為所欲為——在此類罪惡滔天的犯罪分子中，有紐約富豪艾普斯坦（Jeffrey Epstein）及其親密朋友柯林頓等人。難道金斯伯格想讓當初提名自己為大法官的柯林頓逍遙法外？

七、金斯伯格強行實施男女同廁政策，後患無窮。在其支持下，歐巴馬執政期間重新詮釋禁止學校性別歧視的〈教育修正案第九條〉（*Title IX Act*），將「性別自我認同」的內容納入其中。歐巴馬政府發送了一份指導文件給全美各級公立學校，允許跨性別學生使用與其自我性別認同（心理認同即可，無需醫學評估）一致的廁所，不然就要面臨訴訟官司威脅，不遵守的州也可能會喪失聯邦補助的教育經費。金斯伯格大力讚揚歐巴馬的做法。對此，評論人士指出：「當政府通過這項法令，尤其是在成人部分，也就是說任何男子只要自己覺得是跨性別人士，覺得自己是女性，就可以進女廁，他們不必女裝打扮，穿男裝也行，這樣等於是給性犯罪者一個大漏洞。」該法案通過之後，女性學生在廁所和更衣室等處遭遇性侵的案件直線上升，金斯伯格難辭其咎。

貪戀權位，破壞三權分立的「司法能動主義者」

金斯伯格在二〇二〇年總統大選前一個多月的特殊時刻死去，使川普得到任命新的大法官的天賜之機。

金斯伯格臨終前留給女兒的遺言是，說服共和黨政府不要任命與之理念不同的繼任者。這是「政治遺囑」而非「法律遺囑」，顯示出她是一名法盲大法官。且不說她對大選的結果如何並沒有未卜先知的能力（二〇一六年，金斯伯格犯過同樣的錯誤，認為希拉蕊必定當選，拒絕歐巴馬讓她退休的建議），她也無權剝奪憲法和選民賦予總統和參議院的大法官提名權與確認權。大法官的職位不是世襲，金斯伯格不是北韓金家王朝成員，此「金」非彼「金」也。

金斯伯格罹患癌症，健康狀況長期不佳，在最高法院全體大法官出現在公眾場合時，多次被媒體拍到當眾打瞌睡。但她貪戀權位，不願辭職。川普任命保守派的巴瑞特接續其職位，不啻是其自食其果，連左派陣營也對她頗有微詞。

二〇一三年，歐巴馬邀請金斯伯格到他的私人客廳共進午餐。為避免行政干預司法的嫌疑，這個聚餐刻意保持低調。歐巴馬沒有直接建議金斯伯格退位，而是提到二〇一四年中期選舉民主黨可能輸掉參議院。彼時金斯伯格已八十歲，且兩次罹患癌症。歐巴馬的暗示很明顯，就是讓她宣布退休，由他提名一位年輕的自由派大法官，趁著參議院還是民主黨占優勢的機會，通過提名。

然而，金斯伯格的回應很明確：她將繼續擔任大法官。金斯伯格不是首次拒絕退休，早在歐巴馬擔任總統不久，時任參議院司法委員會主席的民主黨參議員利希，就提出希望金斯伯格主動退休，卻遭拒絕。就這樣，民主黨失去了提名並確認更年輕的自由派大法官的契機。

反觀保守派大法官，通常在退休議題上非常坦然。二〇一八年六月二十七日，八十二歲的大法官安東尼．甘迺迪（Anthony McLeod Kennedy）宣布退休，川普提名五十三歲的卡瓦諾（Brett Kavanaugh）接任。安東尼．甘迺迪「揮一揮手，不帶走一片雲彩」，跟金斯伯格的戀棧形成鮮明對比。

金斯伯格是美國歷史上最貪戀權力且不斷突破三權分立原則的大法官。

在二〇一六年總統選舉期間，她公開支持希拉蕊，說川普是「騙子」、「他的當選將是災難」，甚至說若川普當選她將移民國外。川普當選後，她當然食言了，仍行禮如儀的參加川普的就職典禮。一個大法官在選舉過程中，對候選人發表如此露骨的貶斥言論，既違背其宣稱不介入政治（其實頻頻介入政治）的原則，也違背了職業倫理。她的言行褻瀆了大法官職位。

金斯伯格也是在任內「大有作為」的大法官，因其「大有作為」而「臭名昭彰」。訴諸美國歷史，一位大法官想要「有所作為」，從來不是美國人民的福音而是災難。正如已故的憲法原旨主義者安東寧・史卡利亞（Antonin Gregory Scalia）大法官所說：「法治而非人治，意味著立法者未表達的意圖，不能對公民產生約束力。法官無權探尋法律中過於寬泛的立法目的，更無權創制新的法律。試圖使憲法在任何時代都無所不能的企圖，會導致憲法一事無成。」

有法學家指出，美國法治精神不斷墮落，原因之一就是野心勃勃的大法官不斷對憲法擴大化解釋。像金斯伯格這樣的司法能動主義者，打著「進步」的旗號（「進步」是被其獨家壟斷的價值，凡是符合其立場就是「進步」，凡是跟他們不一致就是「反動」，這種思維方式，跟共產黨如出一轍），卻以工程師和計畫者的面目出現，試圖塑造一個符合他們意願的烏托邦。

以自由立國、崇尚奮鬥和冒險精神的美國建國理想一步步幻滅，基督教文明的根基不斷遭受腐蝕和撼動，最高法院遵循「能動主義」的大法官們「厥功至偉」。他們忘記了美國立國的原則，也忘記了國父湯瑪斯・傑弗遜（Thomas Jefferson）的諄諄教導：

「最高法院法官應是『技術性』的。賦予法官造法的權力既違反民主原則，又將巨大的專斷權力賦予幾位品格學識既不比普通人高也不比普通人低的大法官，這足以摧毀我們的共和制度。」

在金斯伯格及支持她的「黑命貴運動」暴徒眼中，國父們個個都是罪惡滔天的奴隸主，國父們的塑像都應當統統被推倒。他們夢想中的美國，是文革時期肆意打砸搶的中國。

12 美國最高法院爲什麼不受理選舉舞弊案？

——兼論最高法院對美國政制之形塑

「最高法院讓人失望，沒有智慧，也沒有勇氣」

二〇二〇年的美國總統大選，因民主黨及其利益共同體（包括若干共和黨建制派）大規模、系統性、全國性的舞弊，讓美國陷入一場憲政危機。

二〇二〇年十二月三日，選舉日之後一個月，川普總統發布了一段長達四十六分鐘的演說（主流媒體完全不予報導），形容這可能是「我所發表的最重要演說」。川普強調，他的所作所為是為了確保美國人對今年和未來所有選舉都能抱持信心：「身為總統，我的最高職責是捍衛美國的法律和憲法，這也是我之所以下定決心保護我們的選舉系統，這個系統現在正面臨系統性的攻擊與圍困。」他說他的競選團隊已掌握大量證據，但媒體和法官都不願承認。他警告說：「如果不消除二〇二〇年的大選舞弊，那我們就沒有國家了。」

經過德州共和黨聯邦參議員克魯茲（Ted Cruz）推動，德州總檢察長帕克思通（Ken Paxton）直接向聯邦最高法院起訴，指責賓夕法尼亞、密西根、威斯康辛、喬治亞等四州，利用中國武漢肺炎病毒大流行，未經州議會批准，擅自修改有關核實郵寄選票的選舉條例，此舉存在違憲。他代表德州政府，要求最高法院介入此事，推遲選舉人投票、乃至廢除這四州的選票。在川普陣營努力下，共有二十個州的總檢察長以「法庭之友」的方式附議，請求高院介入大選爭議。川普本人和一百二十七名共和黨國會議員也表示支持這項訴訟。

十二月十一日，最高法院經過閉門電話會議後，以簡單的兩行字駁回訴訟：「對於其他州的選舉事務，德州沒有提出司法上可受理的利害關係。」

最高法院對「國家級作弊」隔岸觀火、袖手旁觀，駁回德州訴訟的理由，連沒有受過專業法律訓練的普通人都能用常識駁斥：德州有權對作弊州提起聯邦訴訟，這次選舉不是德州或其他州的州層級選舉，而是美利堅合眾國總統大選——總統是所有州的總統，總統的政策對每個州都有重大影響。若是州層級選舉，各州當然互不隸屬、自行其是；但若是聯邦層級選舉，結果必然影響各州選民的憲法權利。

川普在得知最高法院駁回訴訟之後，痛斥最高法院「背叛憲法和人民」。他還說：「最高法院讓人失望，沒有智慧，也沒有勇氣。」白宮發言人麥肯納尼（Kayleigh McErany）亦表示：「除了說他們逃避責任之外沒有別的說法。他們逃避了責任，躲在所謂的程序問題後面，拒絕行使他們執行憲法的職權。」

最高法院未透露大法官們對此案的投票數字。但發表異議聲明、認為法庭應該受理案件的大法官僅有克拉倫斯．湯瑪斯和塞繆爾．阿利托（Samuel Alito）兩人。可見，川普提名的三名大法官——戈蘇奇（Neil Gorsuch）、卡瓦諾和巴瑞特，均未與湯瑪斯和阿利托站在一起；如果他們與湯瑪斯與阿利托站在一起，就能形成多數派意見，最高法院就會受理這起大選訴訟。

戈蘇奇、卡瓦諾、巴瑞特三位大法官，或是刻意避嫌——他們大概害怕外界批評說，他們是川普提名的，是川普的傀儡，所以要特別與川普相關案件保持距離；或是在左派的威脅下退卻了——他們看到湯瑪斯和阿利托受到鋪天蓋地的攻擊，乃至人身威脅，遂不敢再往前踏出一步（卡瓦諾的家附近曾出現攜帶武器的左派人士）；或是在觀念秩序上還不夠保守——是否受理選舉舞弊案，是判斷大法官是否為真正的保守派的重要標尺。

川普在提名三名大法官時，美國社會的總體氛圍已向左移動了許多，川普很難找到像湯瑪斯和阿利托那樣「純粹的保守派」，只能「矮子當中選將軍」，提名比較「溫和」的人選。另一方面，共和黨在參議院只是微弱多數，黨內存有嚴重分歧，為了確保任命得到通過，川普只能選擇較為溫和、能被最大多數黨內同僚接受的人選。

總體而言，最高法院近年來的重要判例還算讓人滿意，比如，二〇二二年六月二十四日，最高法院做出裁決，推翻近半個世紀前有關女性墮胎合憲權的「羅伊訴韋德案」，裁定女性墮胎並非憲法賦予的權利，將裁定墮胎權是否合法的權利歸還給各州。二〇二三年六月二十九日，最高法院裁定，憲法禁止大學在招生過程中考慮申請人的種族因素，這一裁決具有里程碑式的意義，顛覆了美國幾十年來實踐的「平權法案」（該法案已形成對亞裔嚴重的反向種族歧視）。

不過，從最高法院拒絕受理選舉舞弊案來看，最高法院未能充當憲法的守護者。正如學者史蒂芬森（Grier Stephenson）所說：「從某種角度來看，最高法院自己也正接受審判。」最高法院的左傾並非始於今日，當美國社會整體性左傾之際，最高法院不可能是置身事外的諾亞方舟，不可能天然具備免受左派思想毒害的免疫力。

最高法院的大法官們大部分來自下級法院或司法部，大都是常春藤名校等一流大學法學院的優等畢業生——而這些名校的法學院，與其他人文社會科學系一樣，早已淪為左派的大本營。有什麼樣的大學，就有什麼樣的法學院；有什麼樣的法學院，就有什麼樣的大法官。

川普在二〇一六年勝選時，名校校園裡鬼哭狼嚎的聲音也不是第一次出現。早在一九八〇年，雷根擊敗卡特時，耶魯法學院就陷入悲慟氣氛中。法學教授取消正常授課，與大家討論國內政局。一名教授請課堂上九十名一年級學生以舉手方式表態，看看到底有多少人投票給卡特，又有多少人投票給雷根。結果，只有史蒂文・卡拉布雷西（Steve G. Calabresi）和另一名學生投票給雷根。這一非正式投票的過程，正好揭示了當時各大法學院普遍左傾的狀態。教授和學生絕大多數都是左派，這個事實反映出整個法律職業群體已在這些年發生了很大變化。沃倫（Earl Warren）和伯格（Warren Earl Burger）法院的一系列左傾判決，漸漸成為高校內的正統學說。

當時，卡拉布雷西和一幫志同道合的朋友受此刺激，成立了名為「聯邦黨人協會」的保守派組織，致力於在大學法學院、律師和法官群體中推廣保守主義理念。他們的首位學術顧問是芝加哥大學法學教授史卡利亞——後來這位教授成為最高法院百年一遇的、最堅定、最雄辯、擁有最深刻法哲學思想的保守派大法官。川普提名的巴瑞特大法官年輕時代做過史卡利亞的助理，但她在保守主義上遠沒有導師那麼堅定。史卡利亞在最高法院一直是少數派，湯瑪斯和阿利托亦如此。

最高法院拒絕介入二〇二〇年的選舉爭議，似乎以此保持其對現實政治的超然地位。然而，當初小布希與高爾的選舉之爭，最高法院卻介入並做出裁決，將小布希送入白宮。一進一退，顯示出最高法院形塑美國政制的能力日漸削弱。

既然最高法院退縮了，作弊集團就更肆無忌憚了。二〇二一年二月五日，《時代週刊》發表了一篇題為〈拯救二〇二〇年大選的影子競選祕史〉的長文，明目張膽的為一場竊國行動擺設慶功宴，公開承認這選舉舞弊是「進步派、自由主義者甚至一些保守派（實際指共和黨建制派）共同組織的一次大計畫」。作為擁有最長久的公民投票選舉國家元首歷史的民主國家，美國的大選成了醜聞和笑話，美國自己毀掉了「信任帝國」的榮譽。

二〇二三年十二月十二日，久負盛名的公共政策智庫哈特蘭研究所公布了〈拉斯穆森報告〉。這份建立在有公信力的民調基礎上的報告顯示，二〇二〇年大選中選民舞弊的程度令人擔憂，這也恰好佐證了川普長期以來的說法，即在郵寄選票激增的情況下，加上各州一級法院的舉措使舞弊變得更加容易，本來屬於他的勝利被盜走。

新的調查顯示，二〇二〇年有超過四三%的選票是通過郵寄方式投出的，這是美國歷史上最高比例。其中，十七%的郵寄選票選民承認在他們已不再是永久居民的州投票；二一%的選民為他人填寫選票；十七%的選民在未經家庭成員同意的情況下代替他們在選票上簽字；八%的選民報告說他們的投票得到了「報酬」或者「獎勵」。不僅如此，在對一千零八十五名選民進行的代表性抽樣調查中，有十%的受訪者表示，他們認識的朋友、家人、同事或其他熟人承認曾以欺詐方式投了郵寄選票。

該報告的主要作者賈斯汀・哈斯金斯（Justin Haskins）在一份聲明中說，民調結果「簡直令人震驚」，「過去三年來，美國人一再被告知，二〇二〇年的選舉是歷史上最安全的，然而，如果這次民調的結果反映了現實，那麼證明事實恰恰相反；而這一結論並非基於陰謀論或可疑證據，而是直接來自選民的反映。」

川普也發布了一份二〇二〇選舉搖擺州選舉舞弊的總結報告。據上百個公民社團和學術機構在搖擺州進行的調查顯示，在二〇二〇年的總統選舉中，數十萬張選票被篡改或非法投出。

在二〇二〇年十一月三日的選舉之夜，川普在眾多戰場上以壓倒性優勢走向連任。在喬治亞州，截至晚上十點十七分，當五六%的選票已計算完成時，川普領先十二個百分點。在威斯康辛州，截至晚上十二點十二分，川普領先五個百分點，福斯新聞主播布雷特・拜爾（Bret Baier）指出，這「不是一個小差距」。在賓夕法尼亞州，截至十二點三十八分，川普足足領先十五個百分點。在密歇根州，川普以十個百分點領先。

然而，幾個小時之後，選舉結果出現了逆轉。其間，很多地方出現持續幾個小時停止計票，據說是投票機出現了故障。當計票重新開始時，很多地方統計的新一批選票，全都是投給拜登的，幾乎沒有投給川普的，這種情況完全不合常識和常理。

在最後幾個小時，喬治亞州的總票數從四百七十萬張增加到近五百萬張——這比選舉官員聲稱的有效選票數多出了三十萬張。拜登在全州比川普「多」得一萬多票，但僅富爾頓郡就發現數十萬張提前投票資訊不全、未經查驗，這批選票中川普的得票只有個位數。加州大學柏克萊分校研究選舉的教授菲利浦・斯塔克（Philip Stark）表示，該郡「缺乏基本的會計控制，因此無法確定誰在二〇二〇年的大選中真正獲勝」。

內華達州以防疫為名，搶著通過一項關於普遍使用郵寄投票的立法。這項立法缺乏確認選民身分的措施，在執行時並未清理選民名冊中的已故選民、已遷移的選民，或已喪失投票權的選民。律師傑西・本納爾（Jesse Binnall）於十二月十六日在參議院國土安全委員會作證說，他有近九萬例選民欺詐或不當投票的證據。

在威斯康辛州，拜登僅僅比川普「多」兩萬多票，但該州的「問題選票」超過二十萬張。其中包括大量信封信息不完全的郵寄選票，這些選票本來應當被視為廢票，某些選舉人員卻違法為這些信封填寫缺失的信息。

在密西根州，一名擔任監票員的志工作證說，他經歷了底特律十七點二萬張郵寄選票中三萬張選票的計票監票工作，約占十七%的選票量。其中，約有兩百二十九張選票來自死人選民，兩千六百六十張選票來自無效地址。

人們還發現，在許多州，非美國公民投票、非當地居民和登記選民投票、已死亡的人投票、來源不明的電子選票和郵寄選票、大量合法選票遭丟棄等情形不計其數。

法國思想家托克維爾羨慕的美式憲政民主共和模式，是近兩百年來人類社會運作最優的政制，也經受住一戰、二戰、冷戰和反恐戰爭四場攸關人類文明生死存亡的鬥爭和考驗，且正在經歷與極權專制的中國及中國模式（北京共識）之間的一場終極之戰。要打贏這場戰爭，美國必須首先夯實本身的民主根基。

美式民主的標誌就是公民一人一票的選舉。沒有選舉，或者公平透明的選舉制度被破壞，則美式民主危在旦夕。二〇二〇年美國大選陷入全國性舞弊，顯示美國民主制已瀕臨懸崖邊緣。唯有公民才能投票、當場驗證公民身分且以人工機票、當天宣布選舉結果，這些在日本、印度、南韓、臺灣等比美國更晚才有全國大選的國家，已是毋庸置疑的常識，但在今天的美國卻成了很大的問題。

二〇二四年八月七日，維吉尼亞州長楊金（Glenn Youngkin）簽署行政命令，指示選舉部門從選民名單中刪除六千三百名非公民、七萬九千八百六十七名已故選民，確認所有已遷出該州的選民名單（據了解，上次選舉中，鄰縣的勞登縣後來查出超過一萬張問題選票）。同時，該命令廢除可能被遠端操控的電子投票機，規定使用紙質選票，並用不連接互聯網的計票機計票；對郵寄選票加強管理，僅對書面提出合理申請的選民寄出郵寄選票，且必須核對身分。此外，該命令還對計票機的測試和使用、投票箱的監控、選票監管鏈的完整等保障選舉誠信的事項做出詳盡規定。如此，投票才是投票，民主才是民主。

川普在社交媒體上對此予以高度評價：美麗的維吉尼亞州在州長楊金的出色領導下，正在保護每一張合法的選票，不讓非法外國人投票。所有的選票都將以紙質選票的形式進行，並且安全、公平地計算，而不是通過連接到互聯網的機器——這是一個很大的安全風險。每個州都應該效仿維吉尼亞的做法，確保選舉公平和安全！維吉尼亞先行一步，讓投票成為投票。身為維吉尼亞人，我倍感驕傲。

然而，四年前最高法院不願面對滿坑滿谷的證據，如同躲進硬殼中的蝸牛。湯瑪斯和阿利托之外的七個大法官，都有瀆職嫌疑。政治評論家約翰．格林（John Green）指出，在二〇二〇年的大選中，正因為最高法院對憲政危機坐視不管，才導致「真正的憲政危機已經來臨」：眾多選舉官員宣布他們打算違反適用法律進行選舉。最高法院本來有機會說「不」。但是，它卻讓非法選舉暢通無阻。選舉結束後，由於存在大量違規行為，最高法院再次有機會確保選舉的完整性——通過對證據的公開聽證和對其影響的公正裁決。然而，最高法院再次讓不法選舉得到了通行證。在這樣做時，大法官們公然宣稱他們沒有興趣捍衛公民的公平選舉權——憲法監護人選擇不維護公民的憲法權利。

從「最小危險的部門」到「最大危險的部門」

最高法院在美國的三權分立中，規模和權力都最小。亞歷山大．漢密爾頓在《聯邦黨人文集》第七十八篇〈法官是憲法的守護者〉中寫道：「大凡專注地考察權力的不同部門者必會察覺，在權力彼此分立的政府中，司法部門就其職能的性質而言，對於憲法中所規定之政治權力，總是危險最小的；因為它干擾和危害它們的能力肯定是最小的。……司法部門不論對於刀劍還是對於錢袋，均無影響力；也不能管理社會的力量或者財富。確實可以說它既無武力也無意志，而只有判斷；而即使它的判斷的執行，最終也有賴於行政部門力量之協助。」人們約定俗成地認為：對於美國憲法賦予的美國公民的基本權利而言，最高法院是一個「最小危險的部門」。這個說法在美國建國的第一個百年大致是成立的。

隨著制憲者一代人逝去、遁入歷史，最高法院變得越來越重要：它擁有闡釋憲法的權力，因為無人能讓制憲者們起死回生，直接詢問他們憲法的原意是什麼。對於一個憲政國家來說，擁有解釋憲法的權力的機關至關重要。美國憲法學者羅伯特．麥克洛斯基（Robert G. Mccloskey）在《美國最高法院》一書中指出，美國思想中具有一種特殊的二元論：一方面由像國會和總統這樣的「政治」機構來代表，另一方面由最高法院和憲法作為象徵。美國在開展其歷史時，擁有一個提出的問題要比解決的問題還多的憲法，一個捉摸不定的最高法院。美國人對基本法的熱忱，賦予憲法崇高的聲譽，通過賦予政府不同部門各自的價值，致力避免矛盾，讓最高法院披上神聖的衣缽。

建國之初，最高法院未受太多重視，辦公場所被安排在國會大廈地下室及一樓的偏僻角落，那裡空氣不暢、空間狹小，大法官們經常只能在家辦公。直到一九三五年最高法院大樓落成，大法官們這才有了堂皇的安身之所。建築師卡斯·吉爾伯特（Cass Gilbert）模仿一座古希臘神廟的樣式設計了最高法院大樓，這棟大樓的長和寬都超過一個足球場，這是一棟配得上「世上最偉大的法院」的建築，「只有梵蒂岡宮廷和巴黎歌劇院能與之媲美」。吉爾伯特透過高大的柱廊和氣勢恢宏的臺階，寓意「美國躍向正義國度的艱難長征」，並將最高法院與外面的日常世界分割開來，賦予其神聖的地位。

當最高法院遷入新大廈時，面對入口處十六根巨大的羅馬式圓柱，一位大法官略帶諷刺的說：「我們應該怎麼做呢，騎著九頭大象進去嗎？」大法官休斯（Charles Evans Hughes）評論說，最高法院的建築是「一座宏偉的廟宇，這不僅為祭司們帶來了方便，也為那些獻上供奉、提出訴求的人們帶來了方便」。

最高法院首次開庭時，大法官的穿著是一個頗有爭議的問題。毫不意外，漢彌爾頓贊成英國式的假髮和長袍，傑弗遜對這兩者都表示反對。華盛頓任命的首屆大法官之一的威廉·庫欣（William Cushing）穿戴殖民地時代的假髮和長袍去法庭，結果身後跟了一群看熱鬧的小孩。他一怒之下回家取掉假髮，卻保留了長袍。從此，黑紅相間的長袍成為大法官的「標配」。人們認為，最高法院大法官是「身穿黑袍的神祇」，他們是如此遙不可及，在宣告判決時措辭莊重而嚴謹，出現在公眾面前時永遠帶著冷峻而嚴肅的表情，甚至被譽為「正義的化身」。

但實際上，最高法院從來不是凌駕於現實政治之上的聖殿，大法官從來不是不食人間煙火的神仙。最高法院一開始就捲入激烈的政治鬥爭，身為詩人之子的大法官霍姆斯（Oliver Wendell Holmes, Jr.）用詩意的語言形容說，最高法院是美國政治爭議的「風暴眼」。

有的人將最高法院大法官當做神來崇拜，認為大法官是超越於政治之上的祭司，臻於無欲則剛的境界。實際上，他們在成為大法官之前，要麼是政府高官或國會議員，要麼是律師、法學教授或下級法院的法官，常年在政治圈中打滾，未必沒有做過虧心事。他們在成為大法官之後，所做出的判決、所起草的意見書，對美國憲法、美國社會和公眾而言，帶來的未必全都是正面影響。

大法官們大都是在行政和立法部門浸淫多年的老練政客，身上也有政客的軟肋。法律史家鮑勃．伍華德（Bob Woodward）、斯科特．阿姆斯特朗（Scott Armstong）在《最高法院的兄弟們：美國聯邦最高法院要案審理紀實》一書中記載，歷史上共有四十七位聯邦法官進入彈劾程序，但只有十四人受到審判，七人被定罪。

比如，詹森（Lyndon Baines Johnson）任命的大法官方特斯（Abraham Abe Fortas）因捲入受賄醜聞而被迫辭職，否則他將面臨彈劾。此案如同最高法院版的水門事件，在美國歷史上受到的關注卻遠比水門事件低。方特斯曾是執業律師及詹森的密友，收入豐厚，生活奢華，當了大法官之後，收入減少九成，又不想改變以前的生活形態，便另開拓財源。他收受來自工業巨子路易斯．沃爾夫森的兩萬美元賄賂，允諾在證券交易調查中給予後者幫助。後來，沃爾夫森被起訴並被判有罪，方特斯祕密將贓款退還。即便如此，紙包不住火，

《生活》雜誌以〈最高法院的方特斯：一個倫理問題〉為題做了長篇報導。方特斯被迫辭職，以換取將腐敗案件證據封存。「身為一個在新政時期進入華府的聰明人，方特斯立下了許多後人必須遵守的規則，但他從沒想過有一天，這些規則會套用在他身上。」

在最高法院任職時間最長的左派大法官道格拉斯（William Orville Douglas）遭遇過兩次彈劾：一九五三年，他因為暫停對共產黨間諜羅森堡夫婦行刑而受到彈劾指控；一九七〇年，他又因為擔任提帕爾文基金會顧問、每年收取一萬兩千美元而受到彈劾指控。最終他都安然過關。他的極左派的司法哲學和前衛的生活方式，在最高法院讓人側目。他頗為貪財，尋覓各種灰色收入。眾議院共和黨領袖傑拉爾德．福特（Gerald Ford）譴責說：「在過去十年內，道格拉斯的眾多非司法性收入與活動，已經損害了他的大法官智能，玷污了他對最高法院的貢獻。」其個人生活亦聲色犬馬：他先後有過四次婚姻，後兩次婚姻都是在年近七旬時發生的，先後娶的兩名妻子都只有二十妙齡。他在判例中主張第一修正案保護範圍延伸至外表淫穢的出版物，而不考慮這些色情出版品對孩童的毒害。

從喀爾文神學「人是全然敗壞的罪人」的觀念來看，總統靠不住，大法官也靠不住，所有人都是「罪人」。大法官們未必個個秉公守法，有不少大法官對憲法和法律一知半解。研究最高法院的專家奧布萊恩在考察了一百零八位大法官的履歷之後發現，他們的專業化程度並不高：至少有八十四人此前在聯邦與州法院的司法經歷不到十年，六位首席大法官和數十位大法官此前沒有司法經驗。

另一方面，大法官不是民選的，且終身任職（二十世紀以來，大法官的平均任職時間長達十五年左右，遠遠長於總統兩屆、八年的任期限制），無需討好民意。他們有了獨立判案的自由，也因此比總統和國會議員更少受民眾和輿論監督。一九六八年九月四日，伯格擔任巡回上訴法院法官時，在對俄亥俄州司法會議發表的一場演講中質疑最高法院的超然地位：「一個有權做出最終決定且不受審查的法院，比任何其他法院需要我們更仔細的監督。不受審查的權力，可能使我們縱容自己，而不致力於冷靜的自我分析……像我國這樣的國家，沒有任何政府機構或機構成員，可以不受公民監督。」九個月後，他進入最高法院，卻從此安享大法官的超然地位。若回顧當初主張監督最高法院的演講，該作何感想？

進入二十世紀，最高法院做為「超級立法者」一言九鼎的地位日漸凸顯。大法官法蘭克福特（Felix Frankfurter）承認：「最高法院行使的權力，天生就是寡頭性的，不因其自詡服務於高尚的目的，就可以免於成為寡頭。」最高法院承襲了一種幫助指導這個國家的責任，特別是在涉及到那些長期的「價值問題」時，這些問題對維持一個公正的政治秩序至關重要。如阿奇博爾德．考克斯（Archibald Cox）在《法院與憲法》一書中所說：「最高法院的判決經常形塑我們國家的歷史進程。」毫不誇張的說，「一個帝王般的司法機構」與「司法機構統治」已然呼之欲出。

一七八七年的美國憲法，是一部非常保守的憲法。這部憲法看重的是共和而非民主，是秩序而非變革，是財產而非權利。但另一方面，美國憲法本身卻是革命性的：如同上帝用話語創造了世界，制憲者們也試圖「通過語詞創立一個新國家」，這是一種無比自信、極其英勇的行為。這些語詞並不是寫給外國君主或遠方強國的，而是寫給語詞自身正在創造的那個統一體的；它們是寫給制憲者想要組建的政府，以及將來運作這個政府的後代公民。

聰明的制憲者們深知，一部憲法，決不能「像法典那麼冗長」，那樣就會出錯，人民也就搞不懂，而他們本來希望全身心投注於其中，從它那裡找到團結感與共同的目的，找到過去與未來。假如一部憲法試圖詳盡解決任何時代看起來屬於政治磨盤中大多數問題，它必然要麼被拋棄，要麼被頻繁修正。修正頻繁會導致人們對這份文件的輕蔑，使之無法發揮象徵性功能。

若憲法試圖解決太多問題，立即就成為並始終是政治紛爭的焦點，它只能維持一個動蕩的時期，然後就被放棄，並迫使「政制」與它一起消失。一個著名且具悲劇性的例子，就是一九三一年的西班牙共和國憲法，這部憲法引發了內戰並夭折了。

美國憲法「長壽」的一個重要原因，就是制憲者深諳「留白」的藝術，留下巨大的「空白」地帶。最高法院被賦予「解釋憲法」的大權。那麼，最高法院該如何解釋憲法呢？

政治立場和觀念秩序上的左右之爭，在司法系統和最高法院體現為：原旨主義法學與能動主義法學之爭，亦即司法克制主義與司法擴張主義之爭。或更直白的說，究竟是是忠於憲法（立憲者之願意）還是自己創制憲法——用中國國學的概念來類比就是：究竟是我注六經，還是六經注我？而用法學家、聯邦法官羅伯特．博克（Robert H. Bork）的話來說，在同一棟大樓中工作的大法官們，所從事的是兩種迥然不同的事業：一種是試圖「洞察制憲者的價值——這些價值為他們所知的那個世界的語境所限定——是如何應用於我們所知的世界」的事業，另一種是「創造新的憲法權利」的事業。

前者是一種「消極的美德」，即在一項裁決對國家而言不夠謹慎時，就不做裁決的技巧。持這一立場的大法官們相信，憲法上的一字一句，都代表憲法起草者們的所思所想，如博克所說：「制憲者對自由的追求，應當是憲法文本分析的唯一合法前提。」也如英國思想家、保守主義之父埃德蒙．伯克（Edmund Burke）所說，對於憲法制度的態度，「我們應根據我們的標準來理解，在當前無法理解之處保持敬畏」。如此，就能確保最高法院成為「最小危險的部門」。

後者則是一種「積極的冒險」。比如，首席大法官休斯說過：「法官說憲法是什麼，憲法實際上就是什麼。」這種狂妄讓人不寒而慄。又比如，身為進步主義代表的沃倫，將法官的權威發展到極致，他會毫不猶豫的將其公平正義觀念轉化為國家法律。沃倫法院的主要判決，都在具有歷史性的司法判決中取得顯著地位，它們對社會整個生活方式的影響，只有通過政治革命或軍事衝突造成的影響才比得上。由此，最高法院悄然膨脹成一個制憲者最不願看到的「最大危險的部門」。

羅斯福新政之後，再無保守主義的最高法院

雷根當選總統以降四十多年，共和黨執政的時間比民主黨長，共和黨總統任命的最高法院大法官人數多於民主黨總統任命的。

在這四十多年裡，民主黨的柯林頓任命了露絲・金斯伯格和布雷耶（Stephen Gerald Breyer）兩名自由派大法官；歐巴馬任命了索尼婭・索托瑪約（Sonia Sotomayor）和艾蕾娜・卡根（Elena Kagan）兩位女性自由派大法官，使得女性大法官空前增加到三人之多；拜登則任命了非裔女性自由派大法官凱坦吉・布朗・傑克森（Ketanji Brown Jackson）接替退休的布雷耶（布雷耶退休，或許是汲取了金斯伯格拒不退休、去世後其繼任者的任命權卻落到川普手上的教訓）。

在同一時間段內，共和黨的雷根任命了歐康納（Sandra Day O' Connor）、史卡利亞、安東尼・甘迺迪三位大法官；老布希任命了蘇特（David Hackett Souter）和湯瑪斯兩位大法官；小布希任命了小約翰・羅伯茨（John Glover Roberts, Jr.）和阿利托兩位大法官；川普任命了戈蘇奇、卡瓦諾和巴瑞特三位大法官。

看起來，共和黨總統任命了十位大法官，比民主黨總統任命五名大法官占有絕對優勢。但民主黨總統任命的大法官全都是鐵桿左派，共和黨總統任命的大法官則分三類：真正的保守派；溫和派、中間派或騎牆派；以及偽裝成保守派的左派。

真正的保守派，只有史卡利亞、湯瑪斯和阿利托三位；溫和派有歐康納、甘迺迪、羅伯茨、戈蘇奇、卡瓦諾和巴瑞特；蘇特則如同艾森豪任命的沃倫，是「偽裝成保守派的左派」。一九九〇年，蘇特獲得提名時，左派的「全國婦女組織」認為他將推翻羅伊訴韋德案，於是廣為散發傳單，上面寫著「阻止蘇特，否則婦女同胞們末日來臨」；但蘇特出任大法官後，卻致力於維護羅伊案的判決——左派真是大水沖了龍王廟。

雷根八年任期，任命了三名大法官，還將原來的大法官倫奎斯特（William Hubbs Rehnquist）提升為首席大法官。其中，只有史卡利亞一人是真正的保守派。老布希四年任期，任命了兩名大法官，其中只有湯瑪斯一人是真正的保守派。小布希八年任期，任命了兩名大法官（其中羅伯茨為首席大法官），只有阿利托一人是真正的保守派。川普四年任期，任命了三名大法官，遺憾的是，或許沒有一個是真正的保守派——這是川普的政治遺產中的一個缺口。

實際上，自從羅斯福新政之後，美國再沒有保守派完全占上風的最高法院。

若以首席大法官的任期（他們要麼因年老體衰自願退休，要麼在任上去世）而論，羅斯福新政之後的最高法院，大致可分為以下幾個階段：

＊**休斯法院**（一九三〇年至一九四一年）。休斯是胡佛（Herbert Clark Hoover）任命的大法官，傾向保守立場，其任期涵蓋胡佛及小羅斯福的大部分總統任期。在其前期，休斯法院勇敢的與小羅斯福抗衡，捍衛憲法中對公民自由和權利的保障；但在其後期，隨著小羅

斯福壓力的增加以及其任命的大法官人數越來越多，休斯法院向羅斯福政府掛出白旗，成為其新政工具之一。

＊斯通（Harlan Fiske Stone）**法院**（一九四一年至一九四六年）**和文森**（Frederick Moore Vinson）**法院**（一九四六年至一九五三年）。休斯退休後，小羅斯福任命斯通為其繼任者。斯通於一九四六年去世，只比小羅斯福多活了兩年，他在任僅五年，是二十世紀擔任首席大法官時間最短的。杜魯門（Harry S. Truman）繼而任命文森為首席大法官，文森在任七年後去世。斯通和文森在任時間均不長，且小羅斯福任命的大法官占這兩個法院的絕大多數，其判決大致傾向左派，所以可將兩個法院合在一起討論。

斯通法院最惡名昭彰的判例是：在伊光訴合眾國案中，維持對日裔美國人的「疏散」政策。羅斯福政府在一九四二年發布一系列平民驅逐令，將「所有具有日本血統的人，不論是本國人還是外國人」集中關押在「重新安置中心」，共有超過十一萬兩千名具有日本血統的公民或居民被關押在集中營直至戰爭結束。

＊沃倫法院（一九五三年至一九六九年）。艾森豪（Dwight David Eisenhower）在一九五三年任命沃倫為首席法法官，沃倫職掌最高法院長達十六年，橫跨艾森豪、甘迺迪、詹森和尼克森的任期。艾森豪極力提名沃倫，他「堅信在過去的幾年裡，最高法院已受到嚴重傷害，要恢復其尊嚴，唯一的途徑就是，任命全國性聲望、忠誠正直、既熟悉法律、又具有政治才能的人進入最高法院」。他將沃倫看成保守主義者，認為沃倫並不「持有極端的法

律或哲學觀念」，「持論中庸平和」。他立下誓言，「如果全體共和黨都不贊成」該提名，「我將脫離共和黨，組織一批真才實幹的獨立人士，成立新黨，不論這個黨有多小」。結果，艾森豪犯下致命錯誤。後來證明，沃倫是最高法院歷史上立場最傾向左派和激進主義的首席大法官。安東尼・劉易斯評論說：「這真是絕妙的諷刺，將消極行動上升為政府原則的一位總統……居然會任命一位認為行動就是一切的首席大法官。」詹森的副總統休伯特・漢弗萊（Hubert Horatio Humphrey, Jr.）諷刺說，如果艾森豪「除了任命沃倫首席大法官之外別無成就，那麼他也將會在美國歷史上占據一個非常重要的地位」。艾森豪後來承認：「這是我一生中所犯的最愚蠢的錯誤。」

沃倫之所以被誤認為是保守派，是因為他宣稱「對我們現在嘲弄的事情具有一種樸素的信念：母性、婚姻、家庭、國旗以及諸如此類的事物」，這讓他跟此後更激進、更反傳統的左派拉開了距離。在今天，他肯定是被左派打倒的對象。

沃倫一就任，就宣稱站在變化一方，以引導憲法「適應社會的迅速變化」——憲法成了他手中任意拿捏的麵團。他自以為對公共利益有敏銳的「直覺」，其實是逢迎「主流民意」。他不是普通法傳統的代言人，而是那種「結果導向」法官的典型，在最高法院審理的案件中，竭力運用其權力實現他認為「正確」的結果。

在沃倫看來，「法律必須從生活中而不是從先例中汲取生命力」，所以「本法院或任何法院都應當將其職位中的功能發揮至極限」。既然「原則比先例重要」，他不惜推翻此前的判決。這是左派的自相矛盾之處——後來，當保守派試圖推翻羅伊案時，他們攻擊保守派不尊重先例，但當他們要推翻不喜歡的先例時，卻從不猶豫和手軟。

＊伯格法院（一九六九年至一九八六年）。沃倫退休後，尼克森任命伯格為首席大法官，伯格擔任此職長達十七年，橫跨尼克森、福特和雷根的任期。伯格在一九五六年出任華盛頓特區聯邦上訴法院法官，在那裡獲得保守主義的名聲。他在維護「法律與秩序」上持強硬立場，曾以輕蔑的態度評論沃倫法院的若干判決。

但是，伯格就任後發現，自己在最高法院是少數派，試圖推動保守主義議程卻動彈不得。五個所謂中間偏左的大法官牢牢控制了局面，即布萊克蒙（Harry Andrew Blackmun）所說的「我們五個人」——除了他之外還有斯圖爾特（Potter Stewart）、懷特（Byron White）、鮑威爾（Lewis Franklin Powell, Jr.）、史蒂文斯（John Paul Stevens）。另外兩人——布倫南（William Joseph Brennan）和馬歇爾（Thurgood Marshall）都是左派，尤其是布倫南以沃倫遺產的守護神自居（不是憲法的守護神）。伯格在初期幾乎是孤軍奮戰，後來倫奎斯特加入，才有了唯一的支持者。

伯格法院的整個紀錄「就是能動主義的紀錄」。大法官們「在進行判決的時候，並沒有非常自覺的關注這是否是最高法院的適當角色。現在大家都是能動主義者」。伯格無力改變沃倫時代留下的巨大慣性，「伯格法院的石蕊顯示出來的顏色，與其前任顯示出來的幾乎一樣」。

＊倫奎斯特法院（一九八六年至二〇〇五年）。伯格退休後，雷根任命倫奎斯特為首席大法官。倫奎斯特擔任此職長達十九年，是二十世紀任職最長的首席大法官之一，其任期橫跨雷根、老布希、柯林頓、小布希之任期。就首席法法官來說，他是保守派，但他在最高法院從未擁有穩定多數之地位。

倫奎斯特長期以來在最高法院孑然而立，他曾收到法律助理送的獨行騎兵玩具，助理們形容老闆是「孤獨的異議者」。他成為首席大法官後，將「叫停沃倫法院時代確立的籠統的原則」視為自己的使命，而且不僅是叫停，還要翻轉沃倫法院的大部分法律哲學。

例如，對於刑事犯罪，倫奎斯特一向主張予以嚴懲。鮑威爾則認為，只要不是暴力犯罪就要輕判，如此才是合憲的。倫奎斯特在備忘錄中反駁，「暴力」與否不應當是量刑的唯一標準：「凱撒死於布魯特斯以及其同謀之手毫無疑問是暴力的；而哈姆雷特的父親被其兄長克勞迪亞毒死就不是暴力的。然而很少有哪個州對用毒藥謀殺的懲罰，不如對用戳刺謀殺那麼嚴厲。高高在上的執法機關貪污了巨款，所犯下的罪行完全不同於一個人用槍指著銀行職員搶走更小數額的錢。然而理性的人們對哪一項罪行應當進行更嚴厲的懲罰可以存在分歧。」

一九九一年十月十五日，湯瑪斯進入最高法院，表面上看，共和黨總統已任命了八個大法官。懷特是最高法院內唯一的民主黨人——事實上，懷特也日趨保守，相比其他保守派同僚，反而更不贊同羅伊案。因此在羅伊案之後十九年來，如果真有一個推翻羅伊案的最佳時機，無疑是一九九二年春天。但做為推翻羅伊案前奏曲的凱西案，保守派失敗了。

根本原因在於，保守主義的多數相當脆弱，經常會出現成員變節。保守派大法官聯盟分為兩個派別——由首席大法官和史卡利亞、湯瑪斯三人組成堅定的保守派，忠實履行首席大法官矯正沃倫和伯格法院「過度行為」的議程表，特別是致力於推翻羅伊案的判決；另一派由歐康納、甘迺迪和蘇特（愈來愈左傾）組成，他們是「溫和的核心」，認為「尊重最高法院就是尊重先例」，拒絕遵照倫奎斯特一派投票否決羅伊案時所採用的進路。

＊羅伯茨法院（二〇〇五年至今）。倫奎斯特去世後，小布希任命小約翰．羅伯茨為首席大法官。在川普總統任命三名「溫和保守派」大法官之前，左派在羅伯茨法院占上風，同性婚姻合法化的判決就在此期間通過。川普任命了三名新的傾向保守主義的大法官，但此三人的立場不同程度的搖擺，未來情勢仍不容樂觀。

為什麼符合聖經和憲法的觀點成為少數派的異議？

十九世紀晚期，進步主義成為「鍍金時代」的潮流，法學家伯納德．施瓦茨（Bernard Schwartz）發現，那些手握解釋憲法大權的大法官成長的時期，正是史賓塞（Herbert Spencer）的社會進化論成為公認的福音的時候。他們發現，不通過史賓塞的眼睛閱讀憲法本身是很困難的。社會達爾文主義成了支配性的法哲學，通過各種理論被絕對化。有關自由和正義的抽象概念被奉為憲法的教義。第十四修正案被看成是適者生存定律在法律上的認可。施瓦茨稱之為「法律達爾文主義」。一八八二年史賓塞訪問美國，受到意料之外的熱烈歡迎。他在歐洲影響並不大，卻在美國聲名遠揚。

進入二十世紀後半葉，世俗主義者們利用最高法院發動了一場聲勢浩大、攻勢凌厲且持續至今的「驅逐上帝」的運動：一九六二年，最高法院在判決中禁止公立學校禱告；一九六三年年，禁止公立學校讀聖經；一九八〇年，禁止在政府建築中懸掛聖經十誡；一九九七年，支持公立學校教授無神論課程，與此同時，宗教課程被禁止。

一九六三年，最高法院受理阿賓頓學區訴謝默案。謝默是一名叛逆少年，為抗議學校每天在上課之前讀十節聖經的規定，將《古蘭經》帶到教室並當眾閱讀，遭到阿賓頓學區起訴。該案上訴至最高法院，最高法院做出支持謝默的判決。

起草多數意見書的是大法官克拉克（Thomas Campbell Clark）。克拉克曾任杜魯門政府的司法部長，成為大法官之後，與杜魯門的關係破裂，杜魯門咒罵說：「任命克拉克是我犯下的最大錯誤。這一點毫無疑問。他還尚未達到一個壞蛋的程度。恰當的說他是一個狗娘養的笨蛋。他可能是我遇到過的最傻的一個人。」他在法律意見中寫道，政府應當對宗教採取一種健康的「中立」態度，公立學校要求學生在每天上課之前讀聖經，違背了憲法第一修正案中政府不設立國教（不扶持宗教）的條款。但實際上，這個說法是對該修正案的誤解：該修正案的原文是「國會不得制定確立國教的法律」，其目的是防止國會設立某宗教或教派為國教，而非干涉各州選擇什麼樣的政教關係體系。一七九一年通過的第一修正案，允許各州採取類似於學校讀經、禱告的措施來扶持各州的宗教，如果各州願意的話。

在最高法院的很多判決中，符合憲法、符合真理的論述，往往不存在於多數意見（正式判決）之中，反倒存在於未能成為正式判決的異議書中。在此案中，艾森豪總統任命的大法官斯圖爾特起草了異議書。他的立場中間偏右，當被問及是自由主義者還是保守主義者時，他的回答是：「我是一位法律工作者。」即便如此，左翼的道格拉斯還是將其稱為「新保守主義的核心」。後來，斯圖爾特在羅伊訴韋德案中投下支持墮胎權的一票，顯示他轉向中間偏左。

斯圖爾特在異議中寫道，憲法第一修正案規定，「國會不得制定確立國教或者禁止宗教信仰自由的法律」，如果認為這兩款規定確立了「政教分離」（「政教分離」這一說法並未出現在憲法中，斯圖爾特認為它是「非憲法詞句」）的單一憲法標準，可以機械性的適用於一切案件，並描繪出政府與宗教之間的必要界限，這就會犯過分簡單化的錯誤。首先，由於歷史原因以及美國這個自由社會的要求，宗教與政府肯定會以無窮無盡的方式糾纏在一起。其次，在很多情形下，政府不扶持宗教條款與宗教信仰自由條款之間是相輔相成的，若教條式理解政府不扶持宗教的條款，將會導致它與宗教信仰自由條款之間不可調和的衝突。

對此，斯圖爾特簡單舉出一個例子加以說明：有人認為，用聯邦資金給軍隊聘請隨軍牧師，違反了政府不扶持宗教條款。然而，在某個邊遠前哨駐紮的單兵完全有理由抱怨，政府沒有為他提供牧師輔導的機會，肯定是限制了他的宗教信仰自由。這類問題可以歸結為：貧乏的比喻無法正確反映第一修正案中的兩個相關條款，注定只會扭曲而非啟發具體案件中的相關問題。

斯圖爾特接著分析了制憲者的原意：從歷史上看，通過憲法第一修正案，完全是為了限制新建立的聯邦政府。政府不扶持宗教的條款，主要是試圖保證，國會既無權建立全國性宗教，也不能干預現存各州政府的官方教會。每個州都能自行其是，實行自己的宗教政策。從一開始，維吉尼亞實行的就是政教分離政策，而麻薩諸塞與之相反，直到十九世紀仍保留著州立官方教會。

斯圖爾特認為，最高法院的判決不允許公立學校讀經、禱告，嚴重違背憲法對宗教信仰自由的保護。義務性的州教育體制與孩子的生活密切相關，如果不允許在學校進行宗教活動，宗教將被置於一種不利地位。

然而，左翼在此案中大獲全勝。左派沒有因此而滿足——他們永遠不會滿足，直至建立起一個他們想要的烏托邦的、極權主義的社會。他們從公立學校、政府機關驅逐上帝之後，左派又試圖限制私人領域中基督信仰的表達，而且，矛頭只針對基督教這一特定宗教。

對此，比斯圖爾特更保守的史卡利亞大法官在另一個相關案件的異議書中寫道：

「宗教言論與其他言論一樣，都應該受憲法第一修正案的同等保護：根據先例，私人宗教言論並非脫離第一修正案的孤兒，也沒有被隔離於私人表達之外，它應當受到言論自由條款的保護。事實上，在英美歷史上，政府對言論自由的壓制很大程度上正是針對宗教言論的，如果言論自由不包括宗教言論自由，就像哈姆雷特沒有了王子的頭銜。……既然政府允許民主黨人和共和黨人在公共廣場發表言論，就應當允許基督徒、猶太人在那裡設置任何宗教標誌。禁止確立宗教條款針對的是政府言行，它從來不是針對私人的宗教言論，最高法院也永遠不能做此解讀。」

二〇〇三年，最高法院受理了勞倫斯訴德克薩斯案（Lawrence v. Texas）。休斯頓的檢察官根據本州反雞姦法起訴勞倫斯的同性戀行為，勞倫斯被判有罪。官司打到最高法院，最高法院推翻了德州法院的判決，認為德州的反雞姦法違反憲法，勞倫斯被判無罪。該案是同性戀除罪化的關鍵一步，它開啟了同婚合法化的大門。

甘迺迪大法官撰寫了法院多數意見書。他從國際人權法如何對待同性戀權利寫起——這是典型的自由派的思維方式，自由派認為國際人權法高於美國憲法。他又認為，被德克薩斯認定的非法行為是「個人結合的一種形式，悠遠持久」——這一論據經不起推敲，亂倫和強暴也是「悠遠持久」的性行為模式，難道「悠遠持久」就能保證其合法嗎？他在結尾處的文字華美而絢爛：制憲者們「知道，時間會蒙蔽我們對某些真相的認識，後代人會發現，曾經被認為必要與恰當的法律，實際上只起著壓迫作用。只要憲法存續，每一代人都能援引憲法原則，為自己找尋更廣闊的自由」。這段論述看似美妙，卻是對憲法的架空乃至顛覆，將憲法和真理相對化，使之成為任人打扮的小姑娘。

在此案中，大法官史卡利亞起草了異議書，首席大法官倫奎斯特和大法官湯瑪斯加入。在異見書中，史卡利亞批評說，最高法院立場偏頗，背離了自己所承擔的中立觀察者角色。很多美國人不願與公開從事同性戀活動者共事，不願這些人做自己子女的童子軍領隊，擔任子女學校的教師，或是在其家中寄宿。他們認為這是在保護自身與家人，遠離他們眼中不道德的生活方式。他們的顧慮是可以理解的。最高法院卻認為這是一種「歧視」，應該發揮法院的判決功能加以制止。由於深受法律職業界反歧視同性戀文化的影響，最高法院似乎沒有意識到這種文化態度明顯不是「社會主流」。在美國大多數州，最高法院所指的對同性戀行為者的「歧視」完全合法。有些時候，聯邦法律還強制要求採取這種「歧視」。在有些情形下，這類「歧視」是一種憲法權利。

史卡利亞澄清說，他並不反對同性戀者或其他團體通過正常的民主管道推進自己的議程。每個團體都有權利說服同胞相信自己對該問題的看法是最優的。但是，說服同胞相信是一回事，不顧多數意志而將其主張強加於他人，則是另外一回事。他強調：「我既不要求州政府將同性戀行為入罪，也不願禁止州政府這麼做」。德州政府所選擇的做法，仍在傳統的民主活動範圍之內，其權力不應被一個缺乏耐心的最高法院發明的新「憲法權利」

所終止。改變法律的決定應該出自人民之手，而非由某個自以為是的統治階級（最高法院是其代言人）強加。

最後，史卡利亞敏銳的意識到，最高法院的司法意見，侵蝕了美國以理性為基礎進行判決的司法理念的基礎。在多數意見書的末尾，最高法院認為，目前的案子「並不涉及政府是否必須正式承認同性戀尋求認可的某種關係」。對此，史卡利亞用一句大白話加以反駁：「不要相信這種話。」下一步，同性戀者必然會努力讓最高法院確立同性婚姻也能適用「憲法保護的自由權」。果然，短短幾年之後，這一切就施施然發生了。

史卡利亞敏銳的指出，這不是一個單一的案件，而是一場「需要各方遵守民主規則的文化戰爭」——這場文化戰爭場域廣泛，涉及墮胎、同性戀、安樂死、移民政策、死刑、持槍權、宗教信仰自由、稅收、福利制度及聯邦政府權力等議題，最高法院在很多時候都將充當決戰的戰場。而他堅持的原則是：「憲法保障的目的……正是防止法律反映出原始價值觀的某些變化，對採納該憲法的社會而言，這些變化是根本不可取的。」

沒有川普，就沒有羅伊訴韋德案的推翻

在最高法院的歷史上，最惡劣的判決是被左派譽為「自由主義的王冠」的羅伊訴韋德案。羅伊是一名德州女子使用的匿名。她在訴狀中認為，懷孕使她找工作或保住工作變得

十分困難，她「幾乎已經入不敷出」，她「因為懷孕所蒙受的經濟困難與非婚生子女在社會中所承受的社會恥辱，希望終止懷孕」。而德州的法律禁止墮胎。羅伊要求最高法院判定德州的法律違憲，從而撤銷她從事自由選擇墮胎的憲法權利的障礙。

一九七三年，最高法院以七比二判定羅伊勝訴。七位大法官認為，墮胎是母親受憲法保護的自由與權利。

憲法第十四修正案中的「自由」是否包括進行墮胎的特定自由？沒有任何證據可以證明，制憲者們在一七九一年相信，胎動期之前的墮胎屬於憲法第五修正案正當程序條款所保障的自由。在第十四修正案得到批准的一八六九年，許多州還在制定將墮胎規定為犯罪的法律。持異議的兩名大法官懷特和倫奎斯特均認為，憲法起草者對女性墮胎的權利「完全一無所知」。

在該案中，多數派大法官認為沒有必要去決定「生命」何時開始。然而，對生命尊嚴的尊重是西方文明的核心所在。即便傾向自由派的法學家考克斯也指出，無論人們如何狹窄化定義生命本身，保護邊緣式的生命、「準生命」或「生命之形成」，都會促進這一核心的公共目的。這些大法官既無法確認也無法否認此一命題：如何將保護「準生命」或「生命之形成」和婦女的選擇自由價值相權衡，這種目的是否為一種「緊迫的公共目的」？婦女是否具有一種凌駕在反墮胎法所促進的利益至上的選擇自由的絕對權利？

其次，最高法院採取「隱私權」的判斷邏輯，在此案中將隱私權擴展到包括「一個婦女享有決定是否終止妊娠的權利」。但所謂的「隱私權」，並未真實存在於憲法中，更多出於虛構而非解釋。左派的道格拉斯大法官使用文學化的形容詞「眩暈」（penumbras）和「發散」（emanations）來自行創製隱私權。一九六五年，他在撰寫多數法官意見時，發現無法在憲法中找到一項普遍的隱私權，但他沒有被難倒，而用拉丁語 paene umbra（意思是：幾乎是一個陰影）來描述憲法中沒有的東西，這種東西還能如射線般發散出去，進而形成廣泛的隱私權。然而，即便存在隱私權，將其擴展到墮胎權，無論從邏輯上還是道德上，都是胡亂推斷，沒有合理的前提。

批評者認為，該判決嚴重偏離「忠實文本」的憲法原則。博克評論說，對憲法中並未明確說明的權利進行保護是不合理的。此判決創立了「一種即便是權利法案沒有規定也會適用的籠統的隱私權」。按照這種進路，「權利法案被擴展到超越了眾所周知的制憲者意圖的程度。憲法文本或者憲法史沒有對該權利予以界定。」。一旦偏離憲法文本，如史卡利亞追問的那樣：「我們在哪裡才會停下來？」博克的一句格言，足以描述左派大法官的僭越：「實際情況是，超越有歷史記載的憲法之外的法官，總是看到他自己的內心而不是其他什麼地方。」

放寬歷史視野更可發現，此一判決悖逆了人類維持數個世紀的道德規範，在一天之內解除了數十個州的墮胎禁令。它在傳統的法律淵源中缺乏有意義的支持，也成為最高法院歷史上最具爭議的判決之一。但是對於左派來說，這是一次里程碑式的勝利，此案做為先例的約束力，成為此後每一位大法官在通過參議院審查時的必答題之一。至今，該案仍是美國政治中最危險的一根導火索。

一九八七年，雷根總統提名博克接任退休的鮑威爾大法官，博克堅持憲法之「原旨主義」，認為法官必須忠誠於對憲法的原始理解，不能任憑己意創制憲法，「最初的意圖是憲法裁決的唯一合法依據」。博克的這一理論影響了史卡利亞和倫奎斯特的若干司法判決。史卡利亞稱許博克為「過去五十年內最有影響力的司法學者之一」、「一位優秀的人和一位忠實的公民」。

博克在著述和判決中展示了鮮明的個性和立場，比如批評最高法院利用憲法條文中不存在的隱私權去維護女性墮胎權、明確表示要推翻羅伊案，使他成為左派眼中的大敵。極左派的民主黨參議員愛德華·甘迺迪（Edward M. Kennedy）為博克的人格定了性：「在羅伯特·博克的美國，婦女被迫到小巷子裡尋求墮胎，黑人坐在餐廳的隔離區裡吃飯，流氓警察會在深夜破門衝進公民的家中搜查，老師不能教授孩子進化論，作家和藝術家要接受政府無理的審查。」這些誹謗大都是無中生有。

在媒體強烈的聚光燈下，對博克的提名之戰，淪為一場政治驚悚事件，留下一筆改變日後提名處理模式的慘痛教訓。參議院以五十八票對四十二票否決了博克的提名，這是自實行大法官提名制度以來，參議院否決票數最多的一次。此後，博克的名字成了保守派常用的政治術語（動詞），特指為了黨派利益而盡顯誣衊之能事（To Bork）。

博克的提名被粗暴否決，表明最高法院大法官的提名通過程序已成為「優敗劣勝」。這是一場無法抑制的衝突，左派挑選的大法官不再是憲法忠心耿耿的捍衛者，而憲法淪為這群狼吞虎嚥者毫不在乎的加以肢解、切割的一道大餐。

提名失敗之後第二年，博克從聯邦巡迴法院辭職，轉往智庫與大學任職，成為一名極具影響力的作家。二〇〇五年，他在一本新書中引用史卡利亞的一頁文字，用以解釋法官為何要對當前的社會道德困境負有重大責任——「如今的大法官們破壞了家庭、學校、教會以及美國的傳統制度。」。因為對最高法院和美國現實的失望，他給新書命名為《陌生的國度：對美國價值的法律攻擊》。

多年之後，法律哲學最為清晰、最為棱角分明的史卡利亞，如此評論羅伊訴韋德案的判決意見：它是「活著的憲法」的最惡劣體現，判決體現的是「某些令人無法容忍的法律觀點」、「它們顯然脫離了基本人性」。他指出：「女性墮胎的權利究竟是不是一項受美國憲法保護的『自由』？答案當然是否定的。……我之所以這麼認為，理由與重婚行為不受法律保護相同，都是基於如下兩個簡單的事實：第一，憲法根本沒有這方面的內容；第二，美國社會長久以來的傳統允許合法地禁止這類行為。」在他看來，該案不僅僅是法律問題，而事關文明的興衰：

「羅伊案與凱西案都沒有被寫入憲法。它們並沒有提到所有應被充分考慮的適當利益。害怕整個社會對殺嬰行為麻木不仁，這種擔憂難道不是一州的適當利益嗎？在包括古希臘在內的許多擁有高級文明的社會裡，誰會允許殺嬰行為的存在？誰會說父母之權也包括殺死一個他們不想要的小孩子的權利，尤其是還未成形的孩子？因此，為了防止我們的社會墮落到麻木不仁的地步，許多州推出了相關法律。我並不認為這這是一項醫療事務，我認為，這是出於恐懼，害怕看到一個人類的生命在子宮外被肢解。」

基督教思想家薛華（Francis Schaeffer）嚴厲譴責最高法院的裁決：「凡未出生的嬰兒在法律上不算作人，在醫學上簡直是國度獨斷。」德州理工大學法學教授韋德司潘（Joseph Witherspoon）指出：「一九七三年法院這次裁定，未出生的嬰兒不包括在第十四條修正案中關於『人』的定義內，因此不受該條款的保障。這樣就剝奪了所有未出生嬰兒在憲法上的生存、自由和擁有的權利。」

雷根政府是最堅定致力於推翻羅伊訴韋德案的共和黨政府。雷根的勇氣使他與媒體和學界的菁英分子疏離。但這顯示出他真誠堅信，人類的生命應當獲得最高程度的尊重。

一九八六年，雷根的第二任總檢察長、哈佛法學院教授查爾斯·弗里德（Charles Fried），以超越前任的膽識，認為最高法院應當推翻羅伊訴韋德案判決。他支持賓州州長理查德·索恩伯勒訴諸聯邦巡迴法院，要求法院推翻該州的有限墮胎法。弗里德提交了一份不尋常的「法庭之友」辯訴狀，大膽宣稱，「羅伊訴韋德案的文字、原則與歷史基礎都大錯特錯了……造成了法律的不穩定性，最高法院應該考慮該判決，並著手拋棄它。」然而，其努力最終功敗垂成。

羅伊訴韋德案判決之後半個世紀，在美國有超過三千萬嬰孩被墮胎，來自北卡羅萊納州的國會議員考索恩在推特上寫道：「因為川普，『羅訴韋德案』將被推翻。」事實上，川普在任期內已一直有推翻「羅訴韋德案」的念頭。他曾誓言要換上能夠否決「羅訴韋德案」的大法官，也確實做到了。

得益於川普在最高法院任命了三名傾向保守主義的大法官，使得最高院終於以六比三判決密西西比州政府對懷孕十五週以上婦女禁止墮胎法律的「多布斯案」合憲有效，並進一步以五比四推翻了羅伊訴韋德案。川普任命的三位大法官，雖然比不上湯瑪斯和阿利托那麼保守，但至少不會像蘇特、奧康納那樣「形右實左」，讓任命他們的共和黨總統大失所望。

代表判決多數派主筆意見書的保守派大法官阿利托如此寫道：

「羅伊案的判決，打從一開始就錯得離譜。其論述推理薄弱異常，做出的判決更帶來傷害性的後果。相較於替墮胎議題找到全國性的解方，過去羅伊訴韋德案與凱西案的大法官決定，反而進一步煽動爭辯，並更加劇了社會的裂痕。」

阿利托認為，最高法院在一九七三年對羅伊案的判決，刻意忽略「憲法文字與過往傳統裡，從來沒有『保障墮胎權』的內容存在」。支持此案者無法證明墮胎權是「根源自美國國家的歷史與傳統」；相反地，美國司法歷史裡，反而留下大量對「反墮胎」與「保障胎兒生命」的前例。

「羅伊訴韋德案與凱西案全都『必須被推翻』。」阿利托主張，憲法內容裡根本沒有針對墮胎權的有效解答，最高法院的「錯判」反而「僭越」了立法的權力，讓民主過程陷入短路。因此，現在的最高法院有責任「撥亂反正」，透過推翻羅伊案來糾正此一歷史錯誤。

川普任命的大法官之一的卡瓦諾，於協同意見書中以相對溫和的語氣強調，本回的判決推翻了羅伊訴韋德案，卻不代表最高法院有意把墮胎打成「違法」：

「講白了說，本庭今日的決定，並沒有讓全美國的墮胎行為變成非法；相反的，最高法院現在的決定，正把決定墮胎權地位的問題，恰如其分的還給美國人民與其選出的民意代表，以藉著民主過程來重新立法決定。」

卡瓦諾主張：美國聯邦最高法院是「純然中立」的，憲法現存本質並沒有、也不應該在墮胎議題中選邊站——最高法院必須嚴格遵照憲法原則中的司法中立，一九七三年的羅伊案之所以做出卡瓦諾認為的「謬誤決定」，就是當時的大法官們錯誤的立場先行。

支持推翻羅伊案的保守派大法官湯瑪斯，更透過協同意見書公開表示：最高法院未來也該重新考慮格里斯沃爾德訴康乃狄克州案（此案是廢除政府的避孕禁令）、勞倫斯訴德克薩斯州案（此案為廢除政府的同性性行為禁令）、奧貝格費爾訴霍奇斯案（此案支持同性婚姻合法化）的「合憲性」，因為這三案的判決論述皆與羅伊訴韋德案一樣，涉嫌錯用憲法第十四條修正來背書。因此在羅伊案被推翻後。湯瑪斯更公開主張要對這過往三案擴大糾錯：「因為對於之前的判決，我們身為大法官，有『改正錯誤』的責任。」

川普在最高法院最堅定的支持者是湯瑪斯和阿利托

當今的最高法院，真正堅如磐石的保守派大法官，是湯瑪斯和阿利托。在二〇二〇年總統大選的訴訟中，最高法院駁回德州對四個作弊州的訴訟。湯瑪斯和阿利托兩位大法官隨即發表一份異議的意見書：「我們認為，在我們管轄範圍內的案件中，我們無權否決提出的申訴。」時窮節乃見，一一垂丹青。

湯瑪斯是老布希任命的大法官——這或許是老布希最有價值的政治遺產，足以抵消他任命蘇特這個「形右實左」的大法官的錯誤。

湯瑪斯出身於喬治亞州一個普通非裔家庭，是自我奮鬥成材的典範，從耶魯法學院得到博士學位後，先後當過律師和法官。一九八一年，雷根當選總統後，他被任命為教育部負責民權事務的助理部長。自一九八二年起擔任公平就業委員會主席，一直做到老布希任內。此後轉入司法系統，直到一九九一年出任最高法院大法官，成為馬歇爾後的第二位非裔大法官。

湯瑪斯是憲法「原旨主義」者，堅信大法官的憲法角色是解釋憲法，而非創造憲法。憲法中沒有明確規定的，不能自以為是的畫蛇添足。在法庭辯論期間，湯瑪斯幾乎不說話，一度保持十年不提問的最長紀錄。在他擔任大法官後，最高法院有近兩千四百起辯論，他只在其中的三十三場辯論中有過發言。由此可見其信念之堅定，心中早有決斷。有人批評他不敬業，他精采的回應說：

「相關結果早就寫在憲法中，不需要聽取那些聒噪的辯論，憲法寫了就按憲法來，憲法沒寫就不要去異想天開。」

湯瑪斯的膚色與堅定的保守派立場，使他被左派當著眼中釘。在湯瑪斯的提名聽證會上，因為一位名叫安妮塔．希爾的前女助理莫須有的性騷擾指控，湯瑪斯在全國媒體面前遭受巨大羞辱。國會和聯邦調查局的調查，未能確認性騷擾的事實。湯瑪斯在聽證會上自我辯護並反擊說：「這不是在私下裡或者封閉環境裡討論重要事務的機會，這是馬戲團，是對美國的恥辱。做為一名非裔，從我的立場來看，這是對那些不服從的非裔人士的高科技私刑，這些非裔美國人有自己的想法，做自己的事，有不一樣的認知。這些行為傳達出一種信息：即如果你不屈從於舊秩序，你就將面臨迫害。你會被參議院的司法委員會行私刑、摧毀、被羞辱。」多年後，類似的羞辱在川普提名的卡瓦諾的國會聽證會上再次上演。這成了民主黨人的拿手好戲。

左派無法攻擊湯瑪斯是白人種族主義者，只好向他扣上「叛徒」的罪名。左派媒體評論說：「他經常被忽視，因為他被認為是一個沒有什麼成就的人，是一個出賣了自己種族的人，是一個機會主義的非裔保守派成員，以此加入共和黨最終被共和黨嘉獎，得到了進入最高法院的提名。」這種話被標榜種族平等的民主黨人說出來，頗有諷刺味道。類似的荒謬表述還有：二〇二〇年的總統大選中，拜登說：「如果一個非裔不投給我，這個人就不算是非裔。」

湯瑪斯敢於在敏感的種族問題上發表看法，他在任職公平就業委員會主席期間，提倡非裔美國人自力更生，而不是依靠福利。一九八四年，他公開批評某些非裔領袖「正在看著非裔種族的毀滅」，不願做任何努力來減少非裔青少年的懷孕問題，以及去緩解非裔群體的低就業率和高文盲率問題。在最高法院大法官任上，他在諸多判例中主張實行一部「色盲憲法」，也就是說，既然憲法禁止給予任何種族特別優惠，那麼，任何類型的種族平權措施，包括對非裔的特殊優惠，都必須被禁止。湯瑪斯覺得自己繼承了布克・T・華盛頓（Booker Taliaferro Washington）的民權思想——後者致力於激發非裔的個人創造力，培養其自食其力的能力，而非一味推動政府扶持他們。正如非裔保守主義經濟學家湯瑪斯・索維爾（Thomas Sowell）所說：「儘管左派的高頻詞是『同情』，不過，他們的主要議程卻是製造『依附』。吃政府救濟的人越多，左派得到的選票就越多，也就能進一步擴大福利國家。」

湯瑪斯在若干判例中，不遺餘力的保護宗教信仰自由，以及公民在公共場所對其宗教信仰的表達。在二〇〇五年的范・奧登訴培瑞案中，德州奧斯汀居民奧登起訴州議會大廈周圍的十誡紀念碑違憲，要求拆除。湯瑪斯在多數判決的附議意見中表明：毫無疑問，根據憲法第一修正案的初衷，此處的十誡紀念碑是符合憲法的。德克薩斯州絕對不會強迫請願人奧登做任何事情。他受到的唯一「傷害」是，當他在前往德克薩斯州最高法院圖書館的途中，看到這座紀念碑時，他會生氣。他不必停下來閱讀甚至看它一眼，更不用說表達對它的支持，或接受誡命做為他一生的指南。紀念碑僅僅存在於他行經的路上，對他沒有任何強制性，因此沒有違反第一修正案。

湯瑪斯給外界的印象嚴肅而拘謹，常常對記者怒目而視，還直接回擊民意：「最高法院才不是一被霸凌，就任憑外界於取予求的機關！」但在最高法院內部，他卻最平易近人。他的同僚、法官助理、法警、餐廳侍者、看門人——都能被他性格中流露出的溫和寬厚所感染。他的爽朗笑聲經常打破法院走廊上的寧靜。他的孩子們成年後，他將六歲的侄孫馬丁接到家中同住——這個孩子的父親因販毒而鋃鐺入獄，其母親無法獨自撫養四個孩子，這又是一個典型的非裔美國人家庭的悲劇。湯瑪斯自己也是在這個年紀被外祖父收養，並從惡劣的生活環境中解脫。在年屆五十之際，重拾為人之父的體驗，使湯瑪斯的生活中注入許多樂趣。

湯瑪斯很討厭母校耶魯法學院——那裡盛產「菁英」，而他從來不是其中一員。他的辦公室的壁爐架上放著一張寫有「耶魯真噁心」的汽車保險杠標語條。他說過：「我想我要把學位退給耶魯，而且我也這麼做了。」他在接受聖瑪利亞法學院的榮譽學位時，語帶諷刺的說：「與母校決裂後，我確實需要一個法學院學位。」他在很多大學法學院的畢業典禮上發表過演講，但從未回到耶魯，他形容自己的原則是「遠離常春藤盟校」。

在最高法院，阿利托的保守立場僅次於湯瑪斯。阿利托於一九八一年加入雷根政府的首席律師團隊，並迅速成為其中的得力幹將，被提升為主管法律顧問辦公室的副助理司法部長。在雷根時代，法律顧問辦公室是白宮意識形態的指揮中心。阿利托在一份自我簡介中說：「我從過去到現在一直都是一名保守派。」他從不掩飾此一立場。

何為真正的保守派，如何對待羅伊訴韋德案是一個重要標尺。首席大法官小約翰・羅伯茨不是真正的保守派——他的「保守派」前面加有「溫和」的定語。羅伯茨曾在小布希的法律團隊工作過，在此職位上起草過呼籲推翻羅伊訴韋德案判決的意見書。在參議院聽證會上，羅伯茨曾被問及對此案的看法，他巧妙迴避了這一質詢，他說自己當時是代理客戶發表意見的律師，客戶是公開反對羅伊案的小布希總統，但客戶的意見並不代表律師本人的意見。他在意見書中的觀點，並沒有反映自己對此案的個人看法，至於其個人看法是什麼，他拒絕透露。

相反，阿利托在一九八五年的一封信中，明確指出：「能在雷根總統手下的首席政府律師辦公室工作，並協助推廣本人堅決擁護的司法理念，將是本人的無上榮耀與滿足。在最高法院最近的幾起案件中，政府要求廢止對少數族裔的定額錄取政策，否認憲法對墮胎權的保護，本人在其中亦盡到綿薄之力，並為此深感榮幸。」

在雷根的第二個任期，共和黨失去對參議院的控制，雷根提名的、敢於對羅伊案判決說不的博克未能通過參議院確認程序。但在小布希提名阿利托之時，由於共和黨在國會的優勢地位，同樣對羅伊案說不的阿利托的提名獲得通過——聽證會的過程仍無比艱困，阿利托的妻子瑪莎．安一度因為丈夫所受到的刁難泣不成聲，從會場奪門而出。

自由派法學家米歇爾曾呼籲，希望阿利托牢記其個人經歷——其父母是二十世紀初來自義大利的貧苦移民，曾在美國備受歧視（在美國歷史上相當長一段時間裡，義大利移民的境遇僅稍稍好於非裔和亞裔，一些私營的高級商場、俱樂部和醫院禁止義大利裔進入）；其本人也感受到在普林斯頓大學等享有聲望的大學中工人階級子弟的孤立體驗。米歇爾建議，這些經歷或許能讓阿利托將保守的司法哲學軟化，如最高法院第一位女性大法官歐康納一樣——其保守司法哲學始終由其多元化、反歧視和機會均等的自由個人價值觀所平衡（歐康納後來轉向了自由派）。阿利托不會接受這種建議，他本人奮鬥成材的經歷，如同漢彌爾頓（還有川普的副手范斯），本身就是對身分政治的徹底否定。

在史卡利亞大法官還在世時，阿利托、湯瑪斯與之形成保守派「三劍客聯盟」，堪比羅斯福執政初期最高法院預言羅斯福新政會毀掉資本主義和民主的「四大黑暗騎士」。當史卡利亞於二〇一六年去世後，就只剩下阿利托與湯瑪斯並肩作戰了。

阿利托贊同對惡性犯罪分子執行死刑，這使他站在廢除死刑運動的對立面。

二〇〇八年，最高法院審理了派翠克．甘迺迪訴路易斯安那州一案。四十三歲的新奧爾良居民派翠克．甘迺迪被控多次強姦八歲的繼女，路易斯安那州地方法院陪審團一致判處其死刑。他在上訴中聲稱，根據最高法院一九七七年在「科克爾訴佐治亞州」一案中的判決，「強姦雖是一種嚴重犯罪，但畢竟不同於非法剝奪他人生命的謀殺」，所以，「對強姦犯判處死刑是極為過分和過度的刑罰，屬於憲法第八修正案禁止的『殘忍與異常刑罰』」。

二〇〇八年年六月二十五日，最高法院以五票對四票判定，路州關於姦淫幼童可判死刑的法律因違憲而無效。這個判決引發民意強烈反彈，當時的共和黨總統候選人麥凱恩說：「姦淫幼童是最卑鄙無恥、令人髮指的犯罪，如果有法官認為這樣的犯罪都不應判處極刑，實在是令人不安！」民主黨總統候選人歐巴馬是自由派，也表態說：「我曾反覆表示，死刑只對罪大惡極者適用……但是，對一個六歲或八歲的孩子施暴，就是罪大惡極的行為。如果某個州認為在特定情況下可以對這類罪犯處以極刑，不算違反憲法。」

在阿利托起草的代表他本人和史卡利亞、湯瑪斯及羅伯特四名法官的少數意見書中指出，若按照多數方大法官的判決，以後無論一個小女孩有多大、被強姦多少次，無論罪犯強姦了多少個小女孩，其犯罪紀錄多麼令人髮指，無論這些小女孩受到多嚴重的身心傷害，最後都不能判罪犯死刑，這個判決顯然是錯誤的。多數意見認為，強姦兒童永不可判處死刑是已經確定的「全國共識」，以及死刑判決「不符合成熟社會的進步的、不斷發展的禮儀標準」都是不成立的。

阿利托在判決中支持公民的擁槍權。有人認為第二修正案的擁槍權是一種「次等權利」。當最高法院考慮接受一件美國公民訴紐約市政府限制其擁槍權的案件，紐約市政府通過各種方式向最高法院施加壓力，要求不要再審理這個案子，甚至通過參議員攻擊最高法院是一個糟糕的機構，如果最高法院的立場不改變的話，他們將要「重組最高法院」（小羅斯福曾嘗試這樣做，拜登也企圖這樣做）。

阿利托毫不畏懼，奮起迎戰，他和其他大法官推翻了芝加哥市政府對公民持槍權的限制。他全力支持此一憲法保障的權利，認為政府只有在一些特殊情況下才能對擁槍權做出限制——諸如「禁止重罪犯和精神病患者擁有槍枝」、「禁止在學校和政府大樓等敏感場所攜帶槍枝」等措施通常「被認為是憲法允許的」。

二〇二〇年十一月十四日，阿利托在「聯邦黨人協會」年度大會上致詞，直言不諱指出，政府部門利用中國武漢肺炎病毒禁止教會舉行禮拜聚會，卻放任賭場和夜總會開門迎客，這是對宗教信仰自由的侵犯：「我痛心的說，改變特別明顯的是宗教信仰自由。現在在很多場合宗教自由成為了一種被眾人輕視的自由。」

阿利托發現，如今的美國社會對於反對觀點的容忍已鳳毛麟角：

「今天你不能再說婚姻是一男一女的結合。但這是直到不久之前還被大多數美國人認同的觀點，而現在這就被當成是歧視者。」

一種可怕的自我審查的氛圍在社會各界彌漫，人們戴著「微侵犯」的顯微鏡看世界——「微侵犯」指對有色人種（及其他人）的羞辱和輕視。研究高等教育中的言論自由和第一修正案議題的學者葛瑞格．路加諾夫認為，政治正確已經造成了校園言論審查和美國辯論的終結，使大學無法完成教育和研究的使命。阿利托強調，最高法院所面臨的一個挑戰就是如何保障言論的自由，最高法院的責任是保證言論自由不會變成「次等的自由」。

暴政的威脅並未遠離美國，美國的民主和法治並未穩如磐石。阿利托舉例說：「哈佛大學的一位左派法學教授，給我們國家畫出一個不同的前景。他寫道，文化戰爭已經結束，我們贏了，他們輸了，現在的問題是要怎麼處置輸家。……現在還沒天黑，但是已經快了。」

美國沒有變成南非、沒有變成委內瑞拉，不是美國人比南非人和委內瑞拉人聰明，而是美國有一部歷久彌新的憲法。阿利托談到，一位曾在不以法律為依據的國家的最高法院任職的法官告訴他，在他們審理一件對於當權者非常重要的案例時，一度看到窗外有一輛坦克，坦克的炮對準最高法院——坦克表達的是粗暴的恐嚇的訊息。在美國，坦克暫時不會開到最高法院門口，但歐巴馬、希拉蕊和拜登們從未停止拆除憲法的做法。阿利托誓言：「法官有一個職責，他們不能就原則妥協，也不能為他們背離原則所做的事情找任何藉口。」他也不憚於站在所謂的主流民意的對立面，他誓言：「司法機關的正當性，絕不是來自於公眾輿論，而是鑑於我們所做出的最佳判決。」

百年來，左禍在美國愈演愈烈。如果喪失了信仰，喪失了核心的觀念秩序，最高法院大樓的建築無論怎麼宏大壯麗，仍然不能免於變成斷壁殘垣。耶路撒冷的聖殿安在？雅典和羅馬帝國的那些偉大的建築安在？帝國的崩潰，始於內在的裂痕，始於精神信仰的潰敗。羅斯福新政以來，尤其是歐巴馬亂政以來，最高法院的大理石巨柱上，已出現無數看不見的裂痕，看不見的裂痕比看得見的裂痕更危險、更致命。

川普出生於一九四六年，湯瑪斯出生於一九四八年，阿利托出生於一九五〇年，他們是同代人。他們擁有高度相似的保守主義價值觀，攜手迎戰左派反美意識形態，捍衛美國憲法和美國價值。川普任命的三名大法官也會在此氛圍之下向右偏移，共同將最高法院打造成防止赤潮氾濫的最後一道堤壩。

輯二

美國之外的戰鬥

13 川普是孤立主義者嗎？

川普不是狂人，川普知道謙卑地使用美國的霸權

美國的國際地位及相應的外交政策，經歷了四個不斷演化、蛻變的階段。

美國建國之初的半個多世紀，由於自身實力較弱，且歐洲戰火連連，便採取孤立主義外交政策。一七九六年，國父喬治．華盛頓在告別演說中對孤立主義政策做了最經典的表述：「歐洲本身有一系列的重大利益，這些利益對於我們卻完全沒有或者只有很少的關係。歐洲必然陷入經常發生的糾紛中，那些糾紛在實質上同我們毫不相干。在他們的變化沉浮的政治中，假如我們人為的與他們聯繫在一起，那一定是不明智的。我國的地理位置遠離歐洲，這就促使我們去追求另一種途徑。」這種孤立主義讓美國遠離「春秋無義戰」的歐洲各國爭霸戰，贏得了埋頭發展的時間與機遇。

十九世紀早期，美國逐漸成為美洲強權，開始將美洲視為其勢力範圍。一八二三年十二月二日，時任總統的門羅（James Monroe）在給國會的國情咨文中，提出美國外交的信念及政策方針，後來被稱為「門羅主義」（Monroe Doctrine），其核心思想為：任何歐洲強權想要打壓或控制西半球任何一個國家的企圖，將被視為對美國的敵對行為。一八七〇年，格蘭特總統（Ulysses S. Grant）提出對「門羅主義」的「格蘭特推論」（the Grant Corollary），強調「此後這片大陸上的任何領土都不能被轉讓給歐洲國家」。一九〇四年，西奧多．羅斯福總統在「門羅主義」中加入「羅斯福推論」（Roosevelt Corollary）——如果區域的文明

社會紐帶因為好戰國家的為非作歹，以及有能力國家的懦弱無能而接近崩解時，「為了恪守門羅主義，美國不得不勉強施行國際警察力量」。這預示著對「門羅主義」的突破：進入新世紀的美國實力大增，開始承擔「國際警察」的使命。

一戰尤其是二戰之後，美國取代英國，成為政治、經濟、軍事實力世界第一的超級強權。為應對納粹主義、軍國主義、共產主義的挑戰，美國越來越深的捲入國際事務，並成為自由世界當之無愧的領袖。一九四七年三月十二日，哈瑞·杜魯門總統在國會發表國情咨文，指出：「極權政制通過直接或間接的侵略自由民族，破壞了國際和平的基礎，因而也破壞了美國的安全，這是顯而易見的。……除非我們願意幫助各自由民族維護他們的自由制度和國家完整，對抗把極權政制強加於他們的那些侵略行動，否則我們將無從實現我們的各項目標。」

美國支持自由國家抵禦極權政體的觀念，成為一直延續至今的美國外交政策的重要基點。蘇聯解體後，美國成為全球唯一的超級大國。福山式的樂觀情緒帶來舉國上下的傲慢，美國領導人對外使用美國的霸權時變得毫不節制——曾在柯林頓政府任國務卿的馬德琳·歐布萊特（Madeleine Albright）揚言說：「如果我們必須使用武力，那是因為我們是美國；我們是不可或缺的國家。我們站得高，比其他國家看得遠。」正是這種自以為是，導致冷戰之後近三十年來多屆政府在外交上屢屢犯下重大錯誤，既沒有維持冷戰之後的和平，更讓美國國力嚴重受損。正如喬治·肯楠（George Frost Kennan）批評的那樣：「在那些歲月裡，我們就像一個比較無知的少年一樣，行為飄忽不定，雖然意識到自己的實力，也想使用實力，但缺少妥善使用實力的成熟。」身為看到了美國在冷戰中取勝的「冷戰之父」，喬治・肯楠並沒有欣喜若狂，反而陷入更大的憂慮。歷史的發展果不出其所料——歐巴馬政府一開始躊躇滿志、雄心萬丈，但很快就落得進退維艱、左支右絀，讓美國的國際威望跌至冷戰後的最低點。

於是，川普和「川普主義」應運而生。川普被左派媒體妖魔化為「狂人」，或許川普身上確實有「狂人」特質，但川普的政策，特別是外交政策，卻是對喬治・肯楠呼籲的正面回應：「讓我們記住我們國家能力的局限，以及為了我們的自由不得不付出的代價。讓我們認識到，這個世界上有些問題我們無法解決，我們投入這個深淵是沒有幫助的，或無效的。這並不是在訴諸徹頭徹尾的孤立主義。」

左派媒體迅速將川普塑造成一意孤行、得罪所有盟友的孤立主義者——全然不顧顯而易見的事實：一個人不可能既是「狂人」又是謹慎的孤立主義者。川普從未說過美國要閉關鎖國、美國要對國際事務袖手旁觀，他只是採納了喬治・肯楠的建議：「我們的國家應當更為謙遜、更為現實的意識到我們做為一個政治實體的局限性。」美國不是上帝，美國需要自我設限。川普的國務卿龐培歐（Mike Pompeo）正是遵循這樣的原則處理外交事務：

「在川普的執政團隊裡，我們決定以求實、尊重和節制的態度來行使美國的力量。我們實事求是的看待世界的真實面貌，而不是以我們所期望的方式看待它。我們的工作以尊重我們的首要原則（美國優先）為基礎。同時，我們對於承諾投入所費不貲的軍事行動，保持克制。」

「川普尤其反對採取武力推翻政權的想法。儘管我們總是在應變計畫中模擬政權更迭的情況，但川普政府從不曾把它當成首選或次選的本能反應。」

重構北約，讓每個盟友都有自衛的意願與能力

「我們保護德國，我們保護日本，我們保護南韓。這些都是富強的國家，可是他們連一毛錢也不給我們。……我們花了好幾兆美元當別國的保鑣——我們掏腰包買來替別人打仗的殊榮。這到底是什麼邏輯啊。真的，是時候讓世界各國自己出錢了。只要由我當決策者，我就會叫他們付錢！」

川普的話雖刺耳卻有道理。川普不是孤立主義者和單邊主義者，他只是重新與世界各國特別是盟國展開談判，拿到更符合美國利益的合約。二戰之後七十多年來，搭美國締造

的國際政治經濟秩序的順風車的國家太多了。尤其是歐洲的北約盟國，坐享「美利堅治世」的和平，卻對美國毫不感激，還蔑視和羞辱美國。白吃的餐點太多，享用者竟還挑剔批評廚師廚藝不佳。所以，川普強調，若要美國擔任世界警察的角色，受保護國就要自掏腰包，亦即「使用者付費」的概念。世界上沒有任何一個國家，有權要求美國無償為該國的國家利益服務，以及無償為所謂的國際社會的利益服務。川普的思路是：授人以魚不如授人以漁，美國沒有義務幫助自願「躺平」的國家；相反，美國願意激發盟國的自衛意願並幫助盟國培育自衛能力。

北約祕書長史托騰柏格（Jens Stoltenberg）承認，北約的國防支出，八成來自非歐盟的北約成員國，在此情形之下，歐盟無法單獨捍衛歐洲。數據顯示，將美國之外的北約國家的軍費全部加總，還不到三千七百億美元，這意味著這筆金額連美國軍費開支的一半都不到。北約用於防衛的總支出，近七成是由美國承擔。對此，川普表示，北約成員國不能讓美國承擔絕大部分用於歐洲的防務開支。川普在其總統任內，馬不停蹄的在華盛頓特區、布魯塞爾（北約總部所在地）、柏林、巴黎、倫敦等地與北約盟友談判，強烈要求歐洲國家增加軍事支出。

早在二〇一四年，北約全體成員國一致同意，在十年內將自身國內生產總值的二%用於軍費開支，這是應對俄羅斯吞併克里米亞半島而採取的措施。此後，二%的門檻轉變為北約在其所有文獻中採用的官方數字。

然而，十年之約到期時，三分之二的北約成員國無法兌現承諾。根據北約提供的數據，到二〇二三年底，在三十二個成員國中，有十一國成功達到門檻，以其國內生產總值的二%作為國防預算。反過來看，北約內部還有二十一個國家尚未實現這個目標。達標國家名單中，並沒有出現在該聯盟內擁有重大影響力的若干西歐國家，例如德國——其國防預算僅占國內生產總值的一．六%，並且德國毫不羞愧的宣布它不會在二〇三〇年以前達到二%的門檻。同樣缺席的還有法國——其國防預算占其國內生產總值的一．九%。此外還有加拿大（一．五%）、挪威（一．七%）、丹麥（一．七%）。大敵當前之際，加拿大、西班牙和義大利等北約成員國甚至降低了國防預算占GDP的比重。

耐人尋味的是，最富裕的國家，偏偏是軍費支出最少的國家。這些國家的國民享有最佳的社會福利和醫療保險，這些國家的媒體和知識界嘲笑美國的社會福利和醫療保險不足，同時卻心安理得的享受美國提供的「免費保護」。左派的虛偽與自私令人髮指。

美國人不願當這樣的「冤大頭」有錯嗎？川普氣憤的撂下不少狠話，他曾威脅美國要退出北約，但歐洲盟友仍置若罔聞。二〇二四年二月，川普在南卡羅來納州競選集會上發表講話，提及在一次北約會議與另一位歐洲國家元首的對話：「會中有一位大國總統站起來說，『好吧，先生，如果我們不付錢，遭到俄羅斯攻擊時，你會保護我們嗎？』我說，『你沒付錢，想當個賴帳的人嗎？不，我不會保護你。事實上，我會鼓勵他們（俄羅斯）為所欲為。你必須付出代價。你必須支付你的帳單。』」此言一出，那些一直賴帳的國家驚慌失措。而左派媒體再次將川普污衊為普丁的盟友，拜登政府的發言人貝茨（Andrew Bates）在一份聲明中表示：「鼓勵殘暴政權入侵我們最親密的盟友，實在是令人震驚與精神錯亂。」精神錯亂的不是川普，而是老年失智、學習習近平「大撒幣」的拜登。

川普唯有把話說到圖窮匕見的地步，「老賴」們才會當真。曾獲川普派任駐歐洲安全暨合作組織（OSCE）大使的季爾莫（James Gilmore）表示，川普不是孤立主義者，川普只是試圖讓盟友更加重視自己的防禦。

二〇二四年五月，後來出任英國外交大臣的拉米（David Lammy）訪問華府，與川普陣營的參議員葛蘭姆（Lindsey Graham）、後來成為川普副手的范斯見面。隨後，拉米在公開談話中澄清川普對北約的批評，指外界誤解了川普，川普主要是希望歐洲能增加國防支出。北約祕書長史托騰柏格指出，美國知道北約對自身安全有多重要，「美國從未單獨打過一場戰爭。我們聽到川普的批評，他並非針對北約，而是針對北約盟國在北約方面支出不足」。他又指，歐洲盟國近年來紛紛大幅增加軍事開支，證明他們已聽取批評。

二〇二四年的競選期間，川普對北約盟國的軍費開支提出更高要求。在七月的共和黨全國代表大會期間，川普的顧問提出北約盟國把國防支出提高至GDP的三%的想法，這一目標比此前北約成員國同意卻大部分並未達成的目標更高，這個目標意味著盟國的國防支出必須增加數千億美元。北約的官方數據顯示，二〇二三年只有波蘭、美國、希臘這三個北約國家，國防支出占GDP的比率達到或超過三%。

在二〇二四年六月召開的北約國防部長會議上，成員國同意祕書長的提案，將「烏克蘭安全援助小組」由美國主導轉移給歐洲成員國。有歐洲外交官說，這項提案是一項「防川普」的措施，預防川普上任後，可能會改變北約援助烏克蘭的政策。其實，這種調整恰恰是川普努力達成的目標：川普希望歐洲國家在烏克蘭戰爭中出更大的力，他雖然不在位，卻挾美國強大的主流民意讓北約盟國感受到巨大壓力，不得不做出戰略調整。

川普外交思想的淵源：傑弗遜主義和傑克遜主義

德國強人俾斯麥（Otto von Bismarck）曾酸溜溜地諷刺說：「上帝對傻瓜、醉漢和美國給予特別的保佑。」他羨慕美國的運氣和地理位置太好，不像德國身處英國、法國、俄國的海上及陸上的包圍之中，難以從容發展。然而，如果美國真的與傻瓜和醉漢並列，它將很快失去上帝的保佑。

冷戰結束後，美國並未迎來「歷史的終結」，世界各地烽煙四起，讓美國疲於應付。川普是華府政治圈的外來者，他看到近年來美國政客將內政和外交搞得亂七八糟，這才毅然投身吃力不討好的政治跑道。

在二〇一六年的競選中，川普猛烈抨擊歐巴馬等歷屆政府錯誤的外交政策，給美國帶來的嚴重危害：「長久以來，華盛頓的一小群人攫取了利益果實，代價卻由人民來承受。」

「華府的統治階級『內部人士』正是害我們惹上麻煩的元兇。」「我們在伊拉克不知道幹嘛就花了兩兆美元；到現在還是不知道我們到底為什麼要出兵伊拉克。」「我們曾經致力於保衛其他國家的領地，卻忽略了我們自己的領土。我們曾經將成千上萬億美元轉移到海外，我們自己的基礎設施卻年久失修、常年荒廢。我們幫助其他國家走上富裕之路，我們自己的財富、力量和資源卻逐漸消失在地平線上。」

川普在其任內實現了對美國外交政策的重大更替，他是極少數實踐競選期間承諾的總統。他大幅收縮美軍在海外的戰線，從非攸關美國核心利益的區域（如阿富汗、敘利亞）撤軍，然後將力量投射到對美國更重要的地區（印太）。他將美國數十年來對歐洲及日、韓等盟友的安全保障，由「免費義務」改為「有償服務」，迫使這些國家承擔更多費用。他堅決要求美國企業「留在美國」或「返回美國」，重振美國的實體經濟，讓美國「再工業化」，讓美國不再受製於中國掌控的「紅色供應鏈」。他增加大量軍費，重建美國的軍事力量，特別注重海空軍建設，還創建新兵種——太空軍。他讓美國的軍力足夠強大，但通常「備而不用」。

川普和「川普主義」不是像孫悟空一樣從石頭縫裡蹦出來的，而是有廣泛的民意基礎和深刻的歷史淵源。川普外交思想的淵源主要有兩個：傑弗遜主義和傑克遜主義。

美國外交政策專家沃爾特・拉塞爾・米德（Walter Russell Mead）認為，兩百多年來，美國有四種看待外交政策的基本方式，它們既有分歧又有融合。其中，漢彌爾頓主義者認為，美國的外交政策應當是讓美國的經濟尤其是大企業融入全球經濟；威爾遜主義者認為，美國應當向全球傳播民主自由價值觀，並以有道德的和平主義改造舊有的國際秩序；傑弗遜主義者認為，美國不應捲入不必要的海外同盟關係，而應專注本國的安全與發展；傑克遜主義者認為，美國政府的目標是美國人民的物質安全和經濟富足，但一旦受到他國威脅，就如麥克阿瑟所說，「除了勝利，別無他求」。後冷戰時代，前兩者融合為理想主義和全球主義，認為建構全球秩序是美國外交政策的根本任務；後兩者融合為現實主義和民族主義，反對貿易自由化議程，反對以犧牲美國人民的利益來建立新的國際秩序。

川普在相當程度上繼承了傑弗遜主義者和傑克遜主義者信奉的「美國例外論」。正如米德所論，傑弗遜主義者和傑克遜主義者以非常不同的方式認為，美國流傳下來的文化、社會和政治遺產，是值得珍惜、捍衛和傳遞下去的寶貴財富。他們為美國人生活中獨特而珍貴的成分歡欣鼓舞，相信外交政策的目標是在國內捍衛這些價值取向，而非向海外傳播這些價值取向。

川普在個人氣質上更接近如同西部牛仔的傑克遜，但其外交思想更接近審慎深思的傑弗遜主義。米德進而指出，美國從傑弗遜主義傳統中汲取的最大益處，就是傑弗遜主義者試圖盡可能嚴格的界定國家利益，然後制定最為得體的戰略來捍衛這些利益。它是美國大戰略的自然歸依，將美國對外部世界問題的現實掌握，與以「最低成本捍衛國家重要利益」結合起來。

這顯然與喬治·肯楠的立場一致——唯有美國的價值和「我們自己的國家利益」才是「我們真正能夠認識和理解的全部」，「如果我們自己在國內的事務目標和事業是正確的，沒有被傲慢、對他人的敵意或優越幻覺所玷污，那麼對我們國家利益的追求，必定有助於建立一個更美好的世界」。

歷史是借鑑，但不能刻舟求劍。老式孤立主義若放在當下，就成了一個新的烏托邦。今天，即便對於傑弗遜主義者來說，真正的孤立也是不可能的，不管喜歡與否，世界總會闖入美國人的家門。所以，對於保守主義者而言，外交政策的任務，便是讓美國以最小的風險與成本參與世界事務。政府本身是一種必要之惡，外交政策亦是如此：如果根本沒有的話，美國的日子可能好過得多。傑弗遜主義者認為，川普主義者也認為，在避免一種可能性的時候，也將承受必須承受的事情。既然美國必須擁有某種形式的外交政策，就應該尋找一種對美國民主體制危害最小的形式。

川普不是闖進瓷器店的公牛，川普只是將傑弗遜主義、傑克遜主義以及喬治·肯楠的思想融會貫通之後，用平民百姓能聽懂的大白話說出來而已。

14 川普為何退出聯合國教科文組織和人權理事會？

聯合國教科文組織的不治之症是政治化和腐敗

二〇一七年十月十二日，川普政府正式宣布退出聯合國教科文組織。

川普入主白宮後，多次批評美國不符比例的資助聯合國及其附屬機構，他譴責這些機構腐敗、低效、被極左派控制、被美國的敵對國家滲透、經常推行反美議程。長期以來，美國占聯合國恆常預算二二%及維和項目的二八%。美國國務院亦指出，美國不滿這些組織的財務狀況，這些組織有必要改革。

美國是聯合國教科文組織創始成員國。教科文組織成立於一九四五年，有三十七個成員國，目前擴大至一百九十五個，其總部設於巴黎，全球約有兩千名員工。教科文組織全名為教育、科學及文化組織，希望促進各國教科文方面的合作和對話，建立和平，預防戰爭。教科文組織其中一項成就是保護世界文化、自然遺產，目前全球逾一千處被列為世界遺產。該組織亦支援各國教育事務的發展，協助各國利用科學推動永續發展。現時組織特別關注非洲及性別平等——都是左派念茲在茲的議題。

川普政府退出教科文組織，除了對其腐敗臃腫不滿外，導火線是教科文組織前一年通過議案，對耶路撒冷聖地遺跡用上穆斯林名稱，被以色列指責這是無視聖地與猶太教的歷史關係之舉。

以歷史而論，耶路撒冷成為猶太教和基督教的聖地，遠遠早於成為伊斯蘭教的聖地。

聯合國人權理事會是一個讓縱火犯領導消防隊的組織

二〇一八年六月十九日，川普政府宣布退出聯合國人權理事會，稱該組織存在「政治偏見」。美國常駐聯合國代表妮基．海莉（Nikki Haley）與國務卿龐培歐，在新聞發布會上宣布退出決定，指聯合國人權理事會並未能有效捍衛人權。

聯合國人權理事會成立於二〇〇六年，總部設在瑞士日內瓦。該組織由全球四十七個國家組成，理事會成員國每屆任期三年。理事會每年召開三次會議，審視聯合國成員國的人權狀況，理事會稱，這個過程可以給所有國家機會陳述他們為提升人權狀況所做的努力。該組織也派遣獨立專家、設立調查委員會，報告敘利亞、北韓、蒲隆地、緬甸以及南蘇丹的人權情況。

人權理事會剛成立時，時任美國總統的小布希拒絕加入。

二〇〇九年，歐巴馬擔任美國總統時，基於對國際組織的迷信，美國宣布加入人權理事會。二〇一二年，美國當選人權理事會成員國。然而，次年，中國、俄羅斯、沙烏地阿拉伯、阿爾及利亞和越南等人權狀況惡劣的國家，當選為理事會成員國，人權團體對該機構提出嚴厲批評。

隨後，以色列抵制該理事會的一項審議，稱遭到不公正的批評。海莉表示，難以接受理事會通過針對以色列的決議，卻沒有考慮對委內瑞拉提出任何決議——當時，委內瑞拉獨裁政府殺害了數十名抗議者。海莉批評該組織已然淪為「侵犯人權者的保護傘」及「充滿政治偏見的大染缸」。

在退出人權理事會的記者會上，海莉指出，美國花了一年時間尋求人權理事會的改革，但人權理事會還是允許剛果、委內瑞拉、伊朗等人權紀錄劣跡斑斑的國家成為成員國，且處處針對以色列。這一切讓美國政府認為「人權理事會已經不配享有它的稱號」，也不願意再替該組織的信用背書，因此決定退出。一同參與記者會的龐培歐，也批評人權理事會是「蹩腳的人權維護者」。

美國退出後，該組織的信譽一路下滑，慘不忍睹。二〇二〇年四月，中國加入聯合國人權理事會協商小組，獲得遴選人權調查專員的權力。獨立NGO機構「聯合國觀察」主席諾伊爾（Hillel Neuer）諷刺說，中國、俄羅斯等「最惡劣的人權侵犯者」，在人權理事會掌權，堪稱「讓縱火犯領導消防隊」！並質疑這一結果「非常荒謬，而且毫無道德可言」。

二〇二〇年十月十三日，聯合國人權理事會進行席次改選，中國、俄羅斯、古巴、巴基斯坦、烏茲別克等人權狀況惡劣的國家高票當選。中國得到一百三十九票之高票。中國官媒新華社在第一時間報導：「中國對廣大會員國的支持表示衷心感謝，對同期當選的其他成員表示熱烈祝賀。」新華社暗示，此一選舉結果意味著「具有中國特色的人權觀」得到國際社會普遍認可。

今天的國際社會並非「得道多助，失道寡助」，而是「有錢能使鬼推磨」。中國的金錢外交、撒幣外交，收買了不少嗷嗷待哺的亞非拉小國、窮國以及跟中國臭味相投的獨裁國家，很多經濟疲軟的歐洲國家也爭先恐後投入中國懷抱。龐培歐直指此次改選是「擁抱獨裁者」：

「中國和俄羅斯、古巴都贏得聯合國人權理事會席位，這是暴君的勝利、聯合國的難堪。這是一個例證，一個指標，說明為什麼我們離開這個機構是正確的。當機構變得無可救藥，川普總統領導下的美國決不會參與。」

聯合國及若干國際機構，未能匡扶國際正義，反倒成為獨裁政權的華麗櫥窗及權力延伸。據《華爾街日報》報導，代表中國政府和聯合國的兩位中國籍官員簽署意向書（在聯合國任職的中國籍官員，首先是中共黨員，首先為中共服務），聯合國大數據研究中心將落腳中國杭州——這一場景宛如左手與右手親密握手，完全不在乎旁人怎麼看。習近平宣布，中國將設立「聯合國全球地理信息知識與創新中心和永續發展大數據國際研究中心」。該中心與聯合國的數據庫實現接軌，具有重大意義：聯合國的合法性招牌，將使北京獲得聯合國各成員國的數據，進而將中共高科技暴政投射到世界各地。

二戰之後，美國領銜建立聯合國等國際組織時，未能排除獨裁專制國家（尤其是讓俄羅斯和中國成為具有否決權的安理會常任理事國），留下無窮後患。如今，退出此類腐敗不堪的國際組織，絕不是美國最後的殺手鐧。川普有意拋開聯合國人權理事會、世界衛生組織、聯合國教科文組織乃至聯合國本身，建立新的「民主國家聯盟」，以處理新形態下的國際事務。

15 如果川普在白宮，普丁就不敢入侵烏克蘭嗎？

為什麼普丁希望民主黨當選？

對於二〇二四年美國總統大選，老謀深算的習近平始終保持沉默。《經濟學人》評論說，面對二〇二四年美國大選，「就貿易和關稅而言，習近平很可能偏好民主黨勝出。民主黨政府可能會進一步擴大對中國電動車的進口限制，並進一步阻礙美國尖端技術流向中國，包括在半導體、人工智慧和量子計算等領域。但相較於川普，民主黨政府引發破壞性貿易衝擊的可能性小得多」。

比習近平更衝動的普丁則說出了實話——二〇二四年二月十四日，儘管前一天拜登曾用「狗娘養的」這樣的粗話來辱罵普丁，但普丁受訪時稱，他希望拜登能勝出，「拜登當選對俄國比較有利，因為拜登是老派的政治人物，比較可以預測」。

拜登退選、哈里斯取而代之後，俄羅斯更不把哈里斯放在眼中——俄羅斯聯邦安全會議副主席梅德韋傑夫表示，隨著拜登退出，俄羅斯考慮進一步加大對烏克蘭的軍事壓力。而哈里斯與拜登一樣，對俄烏戰爭的僵局負有不可推卸的責任：維吉尼亞州的民主黨聯邦眾議員阿比蓋爾・斯潘伯格（Abigail Spanberger）透露，副總統哈里斯在俄羅斯和烏克蘭問題上一直「參與決策」。

拜登入主白宮後，對俄羅斯的政策舉棋不定、猶豫不決，讓普丁看到了發動侵略戰爭的契機。曾任美國國家安全委員會俄羅斯事務顧問的國際問題專家菲奧娜・希爾（Fiona

Hill）批評說：「在烏克蘭問題上，我們始終變來變去。隨著時間的推移，我們自己的框架發生了變化，我們自己的政策也發生了變化。」

拜登鼓勵烏克蘭加入北約，卻又沒有對普丁做出應有的防範。對於北約過度東擴，喬治．肯楠生前曾批評說，美國主導北約東擴「無知而膚淺」，持續擴張北約，將是一場新冷戰的開端，完全沒有理由這樣做，俄羅斯必然會被激怒而做出不利於美國的反應。然而，柯林頓、小布希、歐巴馬和拜登對此皆置若罔聞。

俄羅斯入侵烏克蘭之後，拜登政府大夢初醒，一方面以千億資金向烏克蘭提供軍援；另一方面結合盟友之力，對俄羅斯實施一萬六千多項制裁。

然而，俄羅斯靠出口能源撐住了經濟。烏克蘭沒有在俄羅斯的第一輪攻擊中崩潰，但戰爭曠日持久，戰局逐漸演變為對烏克蘭不利。

半島電視臺高級政治分析師、曾任巴黎美國大學國際關係學教授的瑪律萬．比沙拉（Marwan Bishara），既不親美，也不親俄，其代表阿拉伯世界的看法頗具參考性。他指出拜登應對俄烏戰爭，犯了幾個錯誤，拜登與普丁一樣，都沒有汲取帝國傲慢的教訓。拜登犯的第一個錯誤是，低估了俄羅斯民族主義力量，未能理解俄羅斯對北約向其邊界擴張的真實恐懼，以及將此種恐懼化為戰爭的理由。拜登犯的第二個錯誤是，在戰爭爆發前幾個月，拜登破壞了執行旨在結束頓巴斯地區衝突的《明斯克協定》的努力。拜登犯的第三個錯誤是，低估了俄羅斯的軍事耐力，認為俄國人會像在阿富汗那樣慘敗，但對莫斯科而言，烏克蘭比阿富汗更具戰略意義。拜登犯的第四個錯誤是，高估了烏克蘭的戰爭能力，烏克蘭人確實充分展示了勇氣和堅定不移的精神，但烏克蘭的實力差俄羅斯太遠。拜登犯的第五個錯誤是，低估了俄羅斯使用戰術核武器的可能性，如果期待已久的烏克蘭反攻，以某種方式成功的從失敗邊緣取得戲劇性的勝利，可能會促使俄羅斯使用核武器做為回應，在烏克蘭和歐洲其他國家造成嚴重破壞。拜登犯的第六個錯誤是，低估了世界其他地方的國家和人民（包括美國和美國民眾）對這場戰爭的漠視——這場戰爭充其量是一場發生在歐洲邊緣的衝突。

此前，拜登在訪問華沙時發表演講，脫口而出說了一句：「看在上帝份上，這個人（普丁）不能繼續掌權。」這句話讓所有人都炸鍋了。國務卿布林肯趕緊糾正：「總統的意思是，不能允許普丁對他的鄰國或該地區行使權力。他不是在討論俄羅斯的權力或政權更迭。」拜登說的是心裡話，但其「失言」又一次表明美國及其盟友正陷入「使命蔓延」的泥潭。

最終，俄烏戰爭可能會陷入僵局並長期敵對，類似於南北韓之間長達七十年的停火協定。俄羅斯可能會堅持建立一個北起哈爾科夫、南至赫爾松、縱貫烏克蘭的非軍事事區。與此同時，戰爭嚴重損害俄羅斯與西方的安全、穩定，中國卻毫髮無損——這是習近平樂於看到的結果，中國再次利用俄國與西方的衝突，悄然成為一個比以往任何時候都更強大、更可信的世界領導者。

美國外交戰略家、曾在卡特政府任國安顧問的布里辛斯基（Zbigniew Brzezinski），在一九九七年出版的代表作《大棋局》中警告美國，千萬不能讓中、俄、伊朗三國聯手的場景出現，這將是美國最大的戰略噩夢。他卻沒有想到，正是其民主黨後輩們蒙昧無知、狂妄自大，陰錯陽差的將這個當初難以想像的可能，變成了現實。二〇二四年三月中旬，中、俄、伊三國在阿曼灣舉行了「安全紐帶——二〇二四」聯合軍演。就連對拜登的外交政策百般廻護的《紐約時報》，也不得不承認，俄烏戰爭將使美國面對冷戰之後最大的地緣政治變動：「俄羅斯、中國和伊朗，已就俄烏戰爭問題，正在形成一個新的軸心，三國追求在外交、經濟、戰略甚至意識形態上的合作。」

左派炮製「通俄門」，毀掉了佛林將軍，也毀掉了「聯俄抗中」大計

川普當選後，原本計畫實施一項大膽且嶄新的外交政策——「聯俄抗中」。這項原本有可能成功的政策，被左派炮製的「通俄門」司法迫害毀於一旦。

蘇聯解體後，俄國結束了共產黨一黨專政，在葉爾欽時代嘗試民主轉型，實行市場化的經濟改革。然而，美國卻未能及時調整冷戰思維，仍將俄國當做頭號敵人，長期拒絕給俄國最惠國待遇。與此同時，美國繼續實行冷戰時代季辛吉的「大三角策略」，即便中國發生了六四屠殺這樣的暴行，仍然沒有認清中共的極權本質，堅持給中國最惠國待遇。早

在二〇〇一年，中國就獲准加入世界貿易組織，而俄國直到十年後才獲准加入——實際上，當時俄國經濟市場化的程度遠高於中國。二〇一四年，俄國在索契舉辦冬季奧運會開幕式，美國總統拒絕出席；然而，二〇〇八年，中國北京夏季奧運會開幕式，美國總統卻欣然出席——中國的人權狀況其實比俄國更糟、對西方的威脅更大。照道理，美國應該對中國更嚴厲，但事實上卻相反，美國總是對俄國更嚴厲。川普從常識出發，試圖改變這種反向的厚此薄彼政策，卻被民主黨、左派、軍火商控制的「深層政府」妖魔化為普丁的「哥們」，甚至炮製空穴來風的「通俄門」醜聞。

表面上衣冠楚楚、文質彬彬的歐巴馬，其實是個好話說盡、壞事做絕的陰險小人。他違憲的驅使司法機構和本來負責國家安全的情報部門，監控選戰期間的川普團隊，並試圖幫助希拉蕊推翻選舉結果。

川普任命的第一任國家安全顧問佛林將軍（Michael Flynn），成為歐巴馬政府的第一個受害者。

佛林是最早支持川普的軍方退休將領，也是川普勝選後最早任命的核心幕僚（國家安全顧問）之一。他出生在羅德島一個鐵桿民主黨家庭，他自己也登記是民主黨選民。但在二〇一六年的總統大選中，他痛斥歐巴馬軟弱無能、只會說空話，讓美國在世界各國面前失去尊重。他曾在伊拉克和阿富汗前線建功立業，他改革了美軍的情報流程，讓情報線索能最快到達一線官兵手中，他還經常親自審問俘虜，深入到偏遠的山區部落蒐集情報。二〇一二年，他被歐巴馬提名擔任國防情報局局長。但任職僅兩年即被免職——因為他在國會聽證會時說了真話：現在恐怖分子對美國的威脅比幾年前更大了。

川普當選後，作為候任國家安全顧問的佛林與俄國駐美大使聯絡，討論美俄聯合反恐事宜。佛林認為，美俄兩國的共同敵人是激進伊斯蘭（也包括中國），「除非我們與俄羅斯合作，否則將一事無成」。雖然是情報界的老手，他卻不知道自己早已處在聯邦調查局的監控之下。歐巴馬政府企圖以他做為破口，拉下川普來。後來川普對此表示：「佛林是被歐巴馬政府鎖定追殺，他之所以被陷害，是因為有人想要拉下我這個總統，他們的所作所為，就是低級！」「我希望這群人都會付出慘痛代價！因為這些傢伙就是一群不誠實的腐敗敗類，他們全都是垃圾，我說過很多次了——他們全都是人渣！」

耗時兩年、耗資四千八百萬美元的「通俄門」調查結束後，沒有找到任何川普和佛林違法犯罪的證據。然而，佛林將軍陷入曠日持久的官司，被迫賣掉房子支付律師費，並失去了為國服務的機會。事後，沒有一個誹謗和陷害他的民主黨人公開向他道歉。

川普特赦佛林之後，佛林及其家族在一份聲明中說：「我們永遠感謝川普總統，還佛林以自由，消除了一個可怕的錯誤。讓美國和全世界都聽到：暴政不會摧毀我們，口罩不能讓我們沉默，威脅不能阻止我們，邪不勝正。我們是美國人。我們是這樣一個民族，我們的建國領袖為使這個國家的所有公民被公正、平等的對待而反抗暴政與壓迫。憲法與上帝賦予我們的這些權利，永遠不應因恐懼、仇恨或反對的聲音，而被錯誤起訴或施加政治迫害。那些人仇視我們共和國核心價值、仇恨我們、對我們或進行報復，威脅我們所有人的安全。」這份聲明還預言說，在佛林身上發生的一切，很可能在川普身上重演：「我和我家人的經歷，絕不應該再出現在其他人身上，包括總統川普、第一夫人和川普的孩子們身上。我們永遠不允許國家公民的權利被顛覆、被削弱、被占有，不允許任何人挾持我們的國家、或對一個正當當選的總統，或未來的美國總統進行政變。」民主黨果然冒天下之大不韙的這樣做了。

二〇二〇年十一月，當拜登和民主黨竊取選舉後，佛林讚揚川普總統為美國人民做出的成就和重大犧牲。他說，川普總統是一名鬥士，他放棄了一切，受到攻擊，但他一直為美國人民而戰。他在一篇專欄文章表示，美國正處在「正邪大戰」之中。「我們不想要暴君統治全世界，這些暴君未經民選，他們掌權的目的就是要毀掉我們。我們知道他們的陰謀：消滅異己、打壓批評者、清除那些遵守憲法、不想屈服於『新世界秩序』獨裁統治的人們。」

「通俄門」事件是一場鬧劇，一場陰謀。二〇一九年四月十八日，美國司法部公布了「通俄門」調查報告。報告顯示川普競選團隊或其他美國公民，在大選期間均無與俄羅斯政府合謀、以散布不實信息或入侵民主黨電腦系統等手段干預選舉。二〇二一年十一月十二日，曾引用「通俄門」不實情報攻擊川普的《華盛頓郵報》，承認當年的報導不準確，並罕見的更正及大篇幅刪除相關報導。二〇二三年五月，司法部「通俄門」事件特別調查員約翰・達勒姆（John Durham）發表最終調查報告。他表示，聯邦調查局對二〇一六年川普競選團隊的所謂「通俄門」的調查，「沒有任何實際證據」，相關的調查是在證據不足及謬誤百出的情況下開始進行的，而且過度依賴川普的政治對手提供的線索和材料。報告還指出，聯邦調查局有明顯的雙重標準，將「通俄門」和其他政治敏感案件區別對待，當聯邦調查局從外國信息來源得知希拉蕊競選團隊計畫用「通俄門」詆毀川普時，「從未展開任何類型的調查、發布任何任務、雇用任何分析人員，或出具任何與信息有關的分析報告」。二〇二三年五月十七日，《華爾街日報》專欄作家威廉・麥格恩接受福斯新聞專訪時表示，通俄故事是美國的「煤氣燈效應」，它是極不道德的，是謊言，而且最高級別的執法單位及情報機構都有涉入。

一個像川普那樣強悍的總統可以防止戰爭

應當被關進監獄的，是歐巴馬、希拉蕊以及司法部、聯邦調查局的高級官員。他們為了集團的政治利益，破壞憲法的權威和司法的獨立，置國安安全於不顧。他們將俄國塑造成萬惡不赦的敵人，將俄國推向中國一邊。

愚蠢與邪惡總是彼此交織。紐約新學院國際事務教授、前蘇聯領導人赫魯雪夫的曾孫女赫魯雪娃（Nina L. Khrushcheva），是一個不加掩飾的「恨俄派」。她原本可能是蘇聯的「第一曾孫女」，因曾祖父在政變中被推翻，不得不隨家人流亡美國。她像個瘋子一樣攻擊川普是普丁的盟友和終結美國民主的獨裁者：「那些自稱肩負神聖使命的領導人，都是想增加自己權力和（最好是無界限地）擴大統治的人。普丁已經實現這一目標，莫迪和艾爾段也朝著同一方向前進。但川普所帶來的風險可能最嚴重，如果他贏得十一月總統大選，美國能否在二〇二八年舉行大選可就難說了。」這種誹謗恐怕連她自己都不相信——川普在二〇一六年就已經贏得了一次大選，至今美國還在舉行大選。

普丁不害怕歐巴馬、拜登和哈里斯，而害怕川普。因為真正對俄羅斯強硬的不是歐巴馬、拜登和哈里斯，而是川普。川普於八月二十九日在威斯康辛州的一次造勢活動中指出，哈里斯看上去根本不像一個強有力的領導人，很難想像她能與普丁、習近平、金正恩等獨裁者展開談判、捍衛美國利益。早在二〇一六年的競選中，川普就清晰闡述了他的外交政策的基礎：「以力量為運作模式。我們必須維持全世界最強軍力的地位，而且是遠超過其他國家的軍力。我們必須讓所有國家看到，我們願意用經濟實力獎勵合作的國家，懲罰不配合的國家。」

當普丁最終選擇與習近平結盟後，川普不再對他進行懷柔政策。二〇一八年三月二十六日，川普下令驅逐六十名俄羅斯外交官（其中包括十二名被認定為駐紐約聯合國總部的俄羅斯情報人員），同時關閉俄羅斯駐西雅圖的領事館，回應俄羅斯涉嫌毒害在英國的前俄羅斯間諜一事。這是冷戰結束後，美國政府對俄羅斯駐美外交人員的最大規模驅逐行動。

二〇二〇年十二月十日，國務卿龐培歐做出關閉美國在俄羅斯最後僅存的兩處領事館（符拉迪沃斯托克、葉卡捷琳堡）的決定。龐培歐表示，美國多處政府單位遭到網路攻擊，「很清楚的」，俄羅斯是幕後黑手。

川普對俄羅斯的政策是：壓制與安撫兩手並用。鑒於俄羅斯的經濟總量已縮小到連美國的零頭都比不上（二〇二三年，美國的GDP接近二十六萬億美元，俄羅斯為二萬億美元），俄羅斯已淪為區域性大國，不足以與美國進行全球性競爭，只要俄羅斯不對外發動戰爭、影響區域安全，美國不會視之為首要競爭對手。美國首要的競爭對手，是經濟總量、人口規模、國際影響力均遠超俄羅斯的中國。然而，俄羅斯入侵烏克蘭，讓美國和北約再次將戰略重心轉向東歐，這場戰爭最大的受益者乃是習近平。普丁是被習近平慫恿和利用，不由自主的成了習近平的過河卒和擋箭牌。

川普在位時，普丁一直不敢輕舉妄動。川普是讓普丁膽寒、不敢有所動作的對手。二〇一七年四月七日和二〇一八年四月十四日，川普兩度下令美軍對普丁的傀儡、敘利亞阿薩德政權的軍事目標發動「精準攻擊」（飛彈襲擊及空襲），以懲戒其使用化學武器屠殺平民。普丁發表聲明說，美國打擊阿薩德政權是「侵略行動」，好比納粹德國當年針對蘇聯的「巴巴羅薩行動」，「將為世界局勢帶來混亂」。但俄羅斯沒有採取任何反制行動，隨後軟綿綿的表示，「將和美國達成協定，以避免在空中的武裝衝突」。普丁之色厲內荏、外強中乾，可見一斑。

川普聲稱，如果他執掌白宮，普丁根本不會對烏克蘭發動侵略戰爭；如果他重返白宮，他一定能迅速結束這場戰爭。從他在上一屆總統任內達成的諸多外交成就看來，他絕非妄言。左派媒體嘲笑川普說，川普從未詳細說明他用什麼辦法來結束這場戰爭。然而，做為世界上最厲害的談判大師，川普早就說過：「其實我們手中的牌組非常好，可惜我們的政客不是太遲鈍就是太蠢，所以沒辦法理解這件事。我們有幾個很好的選項可以選，可是永遠要記得保持彈性——然後永遠不要秀出手裡的牌。」

在共和黨全國代表大會上，此前因黨內初選與川普似乎勢不兩立的前南卡州長、前美國駐聯合國大使海莉應川普之邀發表演說，明確表示「強力為川普背書」，並且向「還未完全相信川普」的選民喊話說：「試想一下，當歐巴馬出任總統時，普丁入侵克里米亞；在拜登出任總統時，普丁全面進攻烏克蘭；但當川普出任總統時，普丁沒有任何動作，沒有入侵別國、沒有開戰，這絕非偶然。普丁當時沒有進攻烏克蘭，因為他知道川普很強悍。一個強悍的總統不會發動戰爭，一個強悍的總統可以防止戰爭。」

極具諷刺意味的是，拜登在宣告退選後的第一次公開談話中，居然臉不紅心不跳的宣稱：「我是本世紀第一位向美國人民報告美國在世界任何地方都沒有處於戰爭狀態的總統。」看來，無恥確實是無恥者的墓誌銘。

16 川普任內，哈瑪斯為何不敢輕舉妄動？

反以色列的民主黨政客歐巴馬、拜登和哈里斯，是哈以戰爭的罪魁禍首

二〇二三年十月初，拜登的國家安全顧問蘇利文（Jake Sullivan）在《外交事務》雜誌發表一篇文章，吹噓拜登政府的中東政策，聲稱儘管中東面臨挑戰，「比起過去幾十年來的任何時候都更安靜」。文章剛發表幾天後，哈瑪斯就發動了對以色列的大規模恐怖襲擊。尷尬已極的蘇利文下令將文章的線上版本做出「修訂」，刪除淪為笑柄的「更安靜」這句話。

哈以戰爭與俄烏戰爭具有相似的國際背景。哈瑪斯恐怖分子與俄羅斯獨裁者普丁一樣，看到拜登當局回到歐巴馬時代的綏靖主義外交路線，且疏遠以色列，這才敢孤注一擲的對以色列發起恐怖主義攻擊。

民主黨內極左派從不隱藏他們反以色列和反猶立場（頗具諷刺意味的是，長期以來，大部分美國猶太人都是左派，支持民主黨）。二〇一五年，共和黨掌控的美國國會邀請以色列總理納坦雅胡（Benjamin Netanyahu）訪美，在國會發表演講，歐巴馬避而不見。納坦雅胡在演講中對歐巴馬與伊朗簽訂的協議提出猛烈批判：「我們都知道，有個壞的協定還不如沒有協定。眼下這就是個壞協定，非常非常壞的協定，不如不簽。」他指出，該協定無法阻止伊朗發展核武器，反而會保證伊朗擁有很多很多核武器。美國在協定中有兩項重大妥協：允許伊朗保留大量核設施；至少十年內伊朗可以自由生產核材料，這兩點都不是在為

伊朗擁有核武器堵路，而是鋪路。納坦雅胡全面否定了歐巴馬所有的中東政策，並告誡美國人，伊斯蘭國為奪取地區霸權，正發動一場「致命的權力遊戲」，但萬不能因此把伊朗看做打擊伊斯蘭國的盟友，因為「敵人的敵人還是敵人」。後來，事態的演變證明他的觀點切中肯綮。就連左派媒體 CNN 都承認，納坦雅胡的演講「富有戰鬥性，時而充滿詩意」。

當時，歐巴馬在白宮反駁納坦雅胡的批評，聲稱「我和納坦雅胡總理間不是私人恩怨，而是不同世界觀的衝突和意識形態的深度分歧」。這是歐巴馬難得說的一句真話。

哈瑪斯恐怖襲擊發生後，拜登一開始對以色列表示同情和支持，但很快又回到民主黨左翼反猶主義老路上，對以色列發起的捍衛其民族生存的自衛之戰橫加指責。西方左派口口聲聲說，他們同情在戰爭中死難的巴勒斯坦平民，但他們刻意忽視此一事實：哈瑪斯是加薩平民選舉出來的、「合法」的執政者，正如納粹和希特勒是德國選民選舉出來、「合法」的執政者。二戰中，盟軍飛行員轟炸德勒斯登等德國城市時，對平民的死傷不會有愧疚感。

有美國同性戀團體毫無違和感的打出「同性戀者支持巴勒斯坦」的橫幅——殊不知，在哈瑪斯統治的加薩，同性戀者是會遭到處決的。西方左派還說，要把巴勒斯坦人民跟哈瑪斯組織區分開了——殊不知，包括哈瑪斯、法塔等十四個巴勒斯坦內部派系與組織代表，二〇二四年七月二十三日在北京上演大和解戲碼，在「結束分立並且強化巴勒斯坦團結」的共同目標下簽署《北京宣言》，並同意在戰後組建臨時聯合政府，推動巴勒斯坦建國以及治理。北京儼然成了他們的共主。哈瑪斯本來就是中共扶持起來的恐怖組織，支持哈瑪斯就是支持中共，這是一個很簡單的邏輯鏈條。

哈以戰爭爆發後，反猶太仇恨犯罪和反以色列的抗議活動在全美激增。拜登政府對哈瑪斯同情者們在美國的非法活動予以默許和縱容，致使抗議活動乃至暴力蔓延全美校園。而歐洲國家的領袖們則發出嚴正告誡，若有新移民公然支持哈瑪斯恐怖分子，將取消居留權、驅逐出境。

美國共和黨在二〇二四年七月舉行的全國代表大會上提出二十條優先處理事項，其中一條就是「驅逐支持哈瑪斯的激進分子，讓大學校園再次安全和團結」。

拜登聲稱二〇二一年一月六日美國民眾進入國會抗議選舉舞弊是「暴動」，是「攻擊民主」。然而，親哈瑪斯的示威者佔據國會圓頂廳，他卻假裝沒有看到。即便親哈瑪斯的極左派阻塞他本人車隊的路線，使他到國會發表國情咨文延遲二十六分鐘，他仍展現出「海納百川」的胸襟。那麼，究竟誰在攻擊民主？

拜登猛烈抨擊以色列對哈瑪斯的戰爭，而民主黨也容忍其黨內同情恐怖分子的極左議員。取代拜登出馬選總統的哈里斯，一方面認同以色列有自衛權，一方面又說「如何自衛很重要」，她「不會對加薩人的死難保持沉默」。以色列總理納坦雅胡應邀在美國國會發表演講時，身為副總統兼參議院議長的哈里斯故意缺席——她害怕得罪黨內更左翼的巴勒斯坦支持者。以色列輿論批評說，這種姿態猶如掉進了哈瑪斯的陷阱。

此前，左派罵川普是希特勒；如今，左派暴露出與希特勒的共性——反猶。據民主黨政治顧問漢克．謝恩科普夫（Hank Sheinkopf）說，在此背景下，美國支持川普的猶太選民激增。錫耶納學院的一項民調顯示，紐約州五三％的猶太選民計畫在十一月的大選中投票給川普。謝恩科普夫打趣道：「猶太人的第十一條誡命是：『你應該投票給民主黨。』現在有了第十二條誡命：『也許你應該成為共和黨人，親愛的。』」

川普的很多政策是未雨綢繆，而拜登的很多政策卻是亡羊補牢、悔之晚矣。哈以戰爭爆發後，伊朗撐腰的葉門什葉派激進團體胡塞武裝組織（Houthis），在紅海對商船、美國及聯軍海軍艦艇發動了數十次飛彈和無人機攻擊行動，造成多人傷亡。早前，川普政府已將該組織列入「特別指定全球恐怖分子」（Specially Designated Global Terrorist，SDGT）及「外國恐怖組織」（Foreign Terrorist Organization，FTO）名單。拜登上臺後，聲稱「出於人道主義救助葉門民眾的考量」，將該組織從以上兩個名單中刪去。直到胡塞武裝組織頻頻發起恐怖攻擊，又於二〇二四年一月十七日將其列入 SDGT 名單，對其「施以嚴厲的制裁，切斷其資金與武器來源」，卻未將其列入危險度更高的 FTO 名單，希望留下談判空間。但胡塞武裝組織聲稱，他們不會取消攻擊。其發言人阿布杜沙蘭（Mohammed Abdulsalam）告訴半島電視臺，「我們不會放棄瞄準以色列船隻或駛向被佔領巴勒斯坦港口的船隻……以支持巴勒斯坦人民」；其軍事發言人薩里（Yahya Saree）更表示，該組織以「一些適當的飛彈」瞄準亞丁灣的美國船隻。

屢屢碰壁之後，拜登轉而選擇的若干對外政策，皆為此前他攻擊、否定的川普政策的延續。如果拜登當初不改旗易幟，胡塞武裝組織又豈能悠然坐大？哈瑪斯又怎敢投石問路？面對恐怖分子，軟弱就是失敗的先聲。

在川普政府強力打擊下，伊斯蘭國像「狗與懦夫」一樣敗亡

早在二〇一六年的選戰中，川普就直率指出：「伊斯蘭國尊崇歐巴馬……他是伊斯蘭國的創辦人。我會說，共同創辦人還有騙子希拉蕊。」川普這一略顯誇張的說法，道出了殘酷的真相。

曾任川普政府國家安全顧問的美軍退役陸軍中將麥馬斯特（H. R. McMaster），在伊拉克戰功彪炳。他在《全球戰場》一書中指出，阿拉伯之春的失敗、敘利亞內戰與伊斯蘭國的崛起，影響所及遠遠超過中東。歐巴馬與美國的歐洲盟國決定退出中東，不對利比亞與敘利亞危機採取制約行動，讓危機大大惡化。「事實證明，無論透過外國干預（例如美國出兵伊拉克）或民眾暴動（例如阿拉伯之春），在中東地區推翻獨裁暴君，都不能自動帶來自由與開明治理。」

政治人物最惡劣的品質，首先是觀念秩序意義上的敗壞，其次是無能，遺憾的是，歐

巴馬兩者兼具。

左翼學者、紐約人文學院研究員亞當．沙茲（Adam Shatz）在《紐約時報》發表了一篇題為〈歐巴馬想改變世界，但世界改變了他〉的評論文章，對其昔日的偶像做出嚴厲批評。文章指出：「歐巴馬是一個世故的人，一個總是強調全球社會的相互依賴，以及『在二十一世紀分享世界的意義』這種道德高調的人，然而對於美國在敘利亞的利益，歐巴馬的理解比人們期待的還要消極。由誰來掌管敘利亞，可能不是美國的核心利益，但這個國家末日般的分裂又是另一回事。歐巴馬的謹慎，與莫斯科的好戰決心，同樣延長了這場戰爭。……一個狹隘僵化的世界出現了，裡面充滿沒有旗幟的部族，危及了共同未來與全球相互依存的前景。儘管他有著最好的意圖，說了種種美好的話語，卻成為一個充滿危險和憤怒的新世界的助產士，他那開明的世界主義，看起來愈發不合時宜。」

二〇一四年，巴格達迪（Abu Bakr al-Baghdadi）在伊拉克摩蘇爾創建伊斯蘭國，隨後佔領伊拉克和敘利亞的大片土地，極盛時期曾統治近一千萬人，擁有相當於英國大小的領土，並對西方發動很多慘絕人寰的恐怖襲擊。伊斯蘭國善戰、殘暴、有錢、國際化且注重宣傳。歐巴馬坐視伊斯蘭國坐大，一籌莫展。

川普執政以後，聯合盟友對伊斯蘭國展開強力清剿，很快就見到成效。二〇一七年七月，在美軍協助下，伊拉克政府軍攻佔了伊斯蘭國在伊拉克境內的主要根據地摩蘇爾。隨後，伊拉克宣布將境內的伊斯蘭國勢力全部殲滅。

同年十月，由美國支持的庫爾德武裝組織「敘利亞民主力量」，收復了伊斯蘭國在敘利亞境內的「首都」拉卡，伊斯蘭國退守敘利亞境內幼發拉底河河谷。二〇一八年九月，「敘利亞民主軍」步步進逼，將伊斯蘭國殘餘勢力圍困在最後據點、幼發拉底河東岸的巴古茲鎮。

二〇一九年二月六日，川普在「全球打擊伊斯蘭國全球聯盟」的會議上發表談話指出：「美軍、聯軍夥伴以及敘利亞民主力量，已經解放了伊斯蘭國在敘利亞和伊拉克的幾乎所有占據地。」他表示：「下週應可正式宣布，我們全面擊潰了伊斯蘭國。」

全面擊潰伊斯蘭國的時間，只比川普的預測延後一個多月。三月二十二日，「敘利亞民主力量」宣稱，他們已攻下伊斯蘭國在敘利亞最後的據點巴古茲鎮，伊斯蘭國剩餘的三千守軍投降，伊斯蘭國宣告結束。「敘利亞民主力量」發言人巴利（Mustafa Bali）透過推特宣布，他們「徹底消滅所謂的哈里發國」：「巴古茲鎮已被解放了。對抗達伊斯蘭國的軍事勝利已經完成。」他還提到：「我們再次保證繼續戰鬥並追捕他們的殘餘勢力，直到他們徹底滅亡。」

同一天，白宮發言人珊德斯（Sarah Sanders）表示，伊斯蘭國在敘利亞的最後據點巴古茲鎮已被收復，雖仍有武裝分子零星反抗，但該地區的伊斯蘭國組織已被消滅。川普向記者們展示兩張地圖，來對比伊斯蘭國的興衰。他聲稱，一張是「二〇一六年美國總統大選投票日」，伊斯蘭國仍佔領龐大的區域，另一張則是現在，這些領土已全數被收復。

隨後，伊斯蘭國不再是有形的政權，而是以游擊作戰的恐怖組織形式存在。川普政府繼續清剿其殘餘力量。二〇一九年十月二十七日，川普宣布，美軍帶頭在敘利亞發動夜間突襲，伊斯蘭國創始人巴格達迪斃命。

川普在白宮發表對全國實況轉播談話時表示，他親自觀看本次行動進展。為了在敘利亞西北部進行的這場行動，美國出動艦艇與飛機。特種部隊在接近建築物期間遭遇開火攻擊，仍「幾秒鐘」就攻入巴格達迪所在建築。巴格達迪面臨美軍追擊，哭號逃命，進入一座沒有出口的坑道，走投無路引爆炸彈，其死狀「像狗和懦夫」。川普表示：「這個惡棍如此努力恐嚇其他人，臨終時卻全然陷於恐懼、驚慌與害怕，很怕美軍追上他。」他又說：「我們的軍犬追趕他時，他抵達坑道底端，引爆有炸藥的背心，殺死他自己與他的三個小孩。他的遺體因爆炸支離破碎。坑道塌陷在他身上。」美方在巴格達迪死亡後十五分鐘，以DNA檢驗確認死者就是巴格達迪。

《亞伯拉罕協議》：中東和平的曙光

二〇一七年十二月六日，川普總統承認耶路撒冷為以色列首都。次年五月十四日，以色列建國七十周年紀念日，川普更打破數十年來美國外交界自欺欺人的禁忌，將美國駐以色列大使館從特拉維夫遷移到耶路撒冷。

在法律上，美國駐以色列大使館應當在耶路撒冷，但事實上並非如此。此前多屆美國政府不敢直面這一「房間裡的大象」。川普的做法似乎捅了馬蜂窩，很多自以為是的外交政策專家評估，川普的這一決定將引發巴勒斯坦乃至整個穆斯林世界的抗議和反擊，加劇區域動盪不安。

然而，美國大使館遷到耶路撒冷之後，巴勒斯坦和其他伊斯蘭國家只是做出象徵性的抗議，始終保持「這裡的黎明靜悄悄」。他們清楚知道，如果輕率對美國或以色列發動恐怖襲擊，強人川普必定會像剿滅伊斯蘭國那樣對付他們。哈瑪斯也知道，如果完全倒向伊朗，同時將失去絕大多數反伊朗的阿拉伯國家的支持，這是一筆虧本買賣。恐怖分子沒有那麼傻，恐怖分子也欺軟怕硬。

二〇二〇年一月二十八日，川普在白宮會見以色列總理納坦雅胡，雙方共同提出「川普和平計畫」（Trump peace plan），正式名稱為「實現和平的繁榮：改善巴勒斯坦與以色列人民生活的願景」。該計畫呼籲巴勒斯坦自治政府，在未來四年達到讓美國承認為獨立的巴勒斯坦國所必需的條件，包括放棄恐怖主義、承認耶路撒冷為以色列首都、通過法律剷除腐敗、制止激進組織聖戰組織和哈瑪斯組織在巴勒斯坦的活動。但巴勒斯坦置若罔聞，隨後釀成哈以戰爭的慘禍。

川普政府在中東政策上最大的突破，是二〇二〇年八月促成以色列、阿拉伯聯合大公國和巴林簽署由美國斡旋的《亞伯拉罕協議》（*Abraham Accords*），使以色列與阿聯及巴林關係正常化。

在川普執政之前，美國兩黨建制派一致認為，在以色列與巴勒斯坦關係正常化之前，其他阿拉伯國家不可能與以色列的關係正常化。這個看法數十年來已固化為教條。然而，川普卻以一種全新方式來構設中東地區，用龐培歐的話來說就是：

「我們不把事情當做是猶太人對抗阿拉伯人，或是以色列對抗美國以外的所有人。我們可以用嶄新的眼光來看待這個地區如何做好重新調整的準備，以和平穩定的力量（以色列和某些阿拉伯鄰國），來對抗極端主義和破壞的勢力（伊朗政權，它的代理人，以及像伊斯蘭國和蓋達組織這樣的遜尼派聖戰士）。」

如此一來，頓時「山重水複疑無路，柳暗花明又一村」。二〇一七年，川普成為史上第一個從利雅得直飛耶路撒冷的乘客。隨後，以色列總理訪問阿曼，以色列與阿拉伯多國領導人在華沙的一次安全事務會議上會晤——這是歷史性的破冰。

儘管受到巴勒斯坦人和西方左派的阻撓，川普在二〇二〇年八月十三日宣布，他已促成阿聯與以色列達成首份關係正常化協議，即《亞伯拉罕協議》。緊接著，巴林、蘇丹、摩洛哥等國相繼加入。如果川普繼續留在白宮，還會有更多阿拉伯國家國家加入，哈以戰爭也不會爆發。

《亞伯拉罕協議》的簽署，讓中東和平露出一線曙光。阿聯、巴林等國與以色列關係正常化後，將在貿易上互惠，在政治和軍事上對抗共同的敵人伊朗。

就連極左派媒體 BBC 都承認，該協議意味著中東格局發生重大改變，也是川普的重大外交成就，「如果海灣的阿拉伯國家可以公開而非祕密處理與以色列的關係，那麼反伊朗的『美國之友聯盟』應該合作得更順利」。龐培歐評論說，川普、納坦雅胡及阿聯總統穆罕默德·本·扎耶德·阿勒納哈揚（Mohammedbin Zayed al-Nahyan）理應獲得諾貝爾和平獎。

左派媒體很少報導《亞伯拉罕協議》的成就。長期支持民主黨的女性評論人 Stephanie 後來轉而支持川普，她一針見血指出：「傑瑞德·庫許納（Jared Kushner）參加萊克斯·弗里德曼（Lex Fridman）的播客節目，進一步影響了我的政治方向調整。聽到庫許納討論《亞伯拉罕協定》，我對川普政府取得的成就有了全新的認識，其中許多成就在主流媒體中被低估或扭曲了。這種認識，讓我對以前不加審視就接受的敘述產生了疑問。」

拜登竊據白宮之後，大幅推翻川普的外交政策，結果弄巧成拙。

二〇二一年四月，拜登宣誓就職不到兩個月，國務院發言人普萊斯（Ned Price）在每天的記者會上，煞費苦心的避免使用《亞伯拉罕協議》這個名詞。國務院發布的電子郵件指《亞伯拉罕協議》應該被稱為「正常化協議」，顯然不想對川普政府推動的以阿關係正常化努力給予任何讚揚。拜登政府遲遲不同意向阿聯出售價值兩百三十億美元的武器以對抗伊朗。八月，拜登與時任以色列總理的班奈特（Nafrali Bennett）在白宮橢圓形辦公室會面時，僅在談話中順道提及這項協議。

美國智庫「大西洋理事會」客座高級研究員、中東問題專家費齊格（Jonathan Ferziger）在《外交政策》雜誌撰文分析，指拜登政府對《亞伯拉罕協議》缺乏熱情，歸因於他致力修復與巴勒斯坦關係，另外就是擁抱與川普密切相關的外交成就讓其感到不自在。立場偏左的《美國國會山莊報》亦批評拜登刻意冷落《亞伯拉罕協議》，錯失美國在中東外交取得更大成就的機會。

二〇二一年五月二十五日，拜登的國務卿布林肯矢言重建美國與巴勒斯坦的關係，除了重啟耶路撒冷被川普關閉的專門為巴勒斯坦人服務的領事館，也將提供數百萬美元援助協助遭戰爭蹂躪的加薩走廊。布林肯在約旦河西岸雷馬拉會晤巴勒斯坦自治政府主席阿巴斯（Mahmud Abbas）後說，華府承諾與巴勒斯坦重建關係，「雙方持有一致信念，也即巴勒斯坦和以色列享有同等的安全、自由機會和尊嚴」。拜登政府對巴勒斯坦的綏靖政策很快結出了惡果。

二〇二三年夏，在《亞伯拉罕協議》屆滿三周年之際，走投無路的拜登政府對這項協議的態度開始轉為積極推動。

拜登在六月二十九日任命前美國駐以色列大使夏皮洛（Daniel Shapiro）出任首位《亞伯拉罕協議》特使。拜登政府不再冷遇沙烏地阿拉伯，布林肯與蘇利文相繼訪問被拜登斥責為「賤民國家」的沙國首都利雅德，與王儲薩爾曼親王（Mohammed bin Salman）討論沙以建交問題。如果拜登早點這樣做，就不會有奪走數萬條人命的加薩戰火了。

17 川普擊殺蘇雷曼尼，幾家歡喜幾家愁

川普一聲令下，蘇雷曼尼死無葬身之地

二〇一三年，歐巴馬政府與伊朗獨裁政權簽訂《伊朗核協議》，全面取消美國對伊朗的制裁，以換取其推遲核武器研製計畫。歐巴馬和他的高學歷幕僚們幻想可以將好戰的、基本教義主義的伊朗，轉變為溫和的、負責任的夥伴，甚至未來成為盟友。

於是，美國政府用專機運送美金到德黑蘭（其中包括用四億美金換取四名人質），歐巴馬認為這種做法能使伊朗態度軟化。然而伊朗從未遵守協議，他們用美國給的現金，強化對內鎮壓，以及支持真主黨、哈瑪斯、巴勒斯坦伊斯蘭聖戰組織和葉門青年運動等恐怖組織。歐巴馬被伊朗玩弄於股掌之上。川普批評說：「二〇一三年愚蠢的伊朗核協議簽署後，伊朗的敵對行為甚囂塵上。實際上他們在協議簽署的當天就在叫囂『打倒美國』。」

與志大才疏、言行脫節的歐巴馬形成鮮明對比，強硬堅定、正視現實的川普，早在參與總統競選期間，就揭露了《伊朗核協議》的荒謬本質，並承諾一旦當選就廢除該協議。入主白宮後，川普力排眾議，說到做到。川普政府並警告伊朗，他們或任何他們的代理人，如果攻擊、傷害到美國人，美國政府必然予以果斷回應。

時任中情局局長的龐培歐，將警告信寄給伊朗革命衛隊最精銳部隊「聖城旅」指揮官、權力比總統還要大的卡西姆·蘇雷曼尼（Qasem Soleimani）。蘇雷曼尼二十歲出頭加入伊斯蘭革命衛隊，一九八〇年代兩伊戰爭期間崛起，一九九八年成為伊朗革命衛隊「聖城旅」

指揮官。他在伊拉克和敘利亞創建了一個由什葉派領導的組織網絡，幫助支持其他武裝激進組織，包括後來統治加薩的哈瑪斯和黎巴嫩真主黨。

蘇雷曼尼收到警告後，如風過耳，不予理會。二〇一九年十二月二十七日，伊朗支持的什葉派民兵組織，對伊拉克基爾庫克的美軍設施展開火箭彈襲擊，殺死一位在那裡工作的美國承包商。於是，川普總統下令用「定點清除」的形式擊殺蘇雷曼尼——這是美國第一次從九千六百多公里外發射飛彈，定點襲擊敵酋。

二〇二〇年一月三日，巴格達時間午夜過後，蘇雷曼尼出現在機場附近，他不知道自己的行蹤早已被一架美國MQ-9「收割者」無人機掌握得一清二楚。當其車隊離開機場時，美軍最新研製的AGM-114R9X「地獄火」飛彈咆哮落下。龐培歐在回憶錄中寫道：「美國的力量、美國的技術和美國的正義猛烈擊中蘇雷曼尼的座車。美國的威懾降臨了，蘇雷曼尼再也不能傷害任何人。」

「地獄火」飛彈不以火見長，而以刀奪命：它並未填裝彈藥，而是安置了無數彈出式的六葉刀片，它運用強大的旋轉力，飛速收割目標，如忍者般鬼魅。這種「飛行砍刀」一接觸到襲擊目標（比如汽車頂棚），馬上張開鋒利無比的刀片，以每分鐘近千次的速度不停旋轉，這就好比是將工廠用的大型風扇換上刀片，然後開到最大功率，再將人的身體放在上面——就在這一瞬間，蘇雷曼尼連同隨行人員，被飛彈中的刀片砍殺得面目全非、支離破碎。蘇雷曼尼等人的屍體早已不復人形，以至於只能靠著他手指上的那枚戒指才能辨別其真實身分。幾分鐘後，社交媒體瘋傳現場慘不忍睹的影片。殺一儆百的效果達到了——這是蘇雷曼尼對世界最後的貢獻。

蘇雷曼尼死了，美國左派如喪考妣

擊殺蘇雷曼尼之後，川普代表美國政府發表聲明指出：

「我們採取果斷行動，制止了一名殘暴的恐怖主義分子威脅美國人的生命。根據我的指令，美國軍隊消滅了全世界頭號恐怖主義分子卡西姆・蘇雷曼尼。蘇雷曼尼作為聖城旅的頭目，應為一些罪大惡極的罪行承擔責任。蘇雷曼尼的雙手沾滿美國和伊朗人的鮮血，早該被消滅。我們通過格殺蘇雷曼尼，向恐怖主義分子發出強有力的信號：你們如果愛惜自己的生命，就不得威脅我國人民的生命。……伊朗如若繼續煽動暴力、動盪、仇恨和戰爭，和平與穩定就不可能在中東地區全面實現。文明世界必須向伊朗政權發出一個明確、一致的訊息：你們製造恐怖、殺戮和混亂的行徑，絕不會再得到容忍，絕不會得逞。」

川普在聲明中還指出：

「最近三年來，在我領導下，我們的經濟比以往任何時候更為強勁，而且美國已經實現了能源獨立。這些歷史性成就，改變了我們的戰略重點。這些成就是任何人都沒有想到可能實現的。我們現在是石油和天然氣第一大生產國，我們不需要中東石油。……在本屆政府領導下，美國投入二點五萬億美元重建軍隊，美國武裝力量比以往任何時候都更為強大。我們的飛彈是大型的、有威力的、準確的、致命的、快速的。許多高超音速飛彈正在建造中。我們擁有強大的軍事裝備，但並不意味我們一定要使用它。我們不想使用它。美國的實力，包括軍事和經濟實力，是最佳威懾力。」

不出所料，軟弱無能的民主黨人對此大驚失色。拜登說這是「巨大的升級」。參議員墨菲（Chris Murphy）說，這將引發「一場潛在的大規模地面戰爭」。歐巴馬的國安顧問蘇珊・萊斯（Susan Rice）攻擊川普的作為是引火自焚，讓伊朗朝野團結一致。美國軍方和情報部門的高級官員們到國會做簡報時，裴洛西大呼小叫，譴責川普政府的輕率做法讓美國人蒙受生命威脅。

美國左派媒體不改其一以貫之的反川普立場。《紐約時報》發表多位著名記者聯合撰寫的評論文章，聲稱川普的決定是「最為極端的」。文章無中生有的寫道，一些官員私下對襲擊蘇雷曼尼的理由表示懷疑。當川普選擇了殺死蘇萊曼尼的選項時，目瞪口呆的高級軍事官員立即開始擔心伊朗在該地區對美軍進行報復性打擊的可能性。據一名美國官員說，新的情報顯示，十二月三十日是「中東一個正常的週二」，蘇雷曼尼的旅行相當於「正常行動」。《紐約時報》的評論文章認為，蘇雷曼尼是神話般的人物，人稱「戰士哲學家」。

極左派、諾貝爾經濟學獎得主保羅．克魯曼（Paul Krugman）在《紐約時報》發表〈在伊朗，川普的恐嚇又一次失敗了〉一文，認為蘇雷曼尼遇刺，改變了伊朗當局跟民眾離心離德的局勢，激起一股愛國主義浪潮，極大鼓舞了掌權者。「伊朗政權聲威大振，伊拉克轉向敵對，沒有人站出來支持我們。川普把一切都搞砸了——對伊朗正確的做法是像歐巴馬那樣懷柔。」諾貝爾經濟學獎得主的桂冠，並不能保證克魯曼的觀察和評論的正確性（很多諾獎得主是蠢貨和壞東西，如季辛吉、歐巴馬），他的每一個預測都錯了。當然，他是不會為這些錯誤道歉的。

蘇雷曼尼死了，伊朗政府牙齒咬碎往肚裡吞

伊朗真的如西方左派所說，因為「英雄之死」而上下齊心、一致對外嗎？

接下來伊朗情勢的發展，給了美國左派一記又一記響亮的耳光。伊朗當局深知，若發起報復行動導致美國人員嚴重傷亡，川普必定會以更猛烈的方式還擊——川普說，如果伊朗攻擊美國人或損害美國人的利益，他將襲擊伊朗全國五十二處地點，這是一九七九年被

伊朗劫持的美國人質數量。

川普在推特上警告，一些地點「對伊朗和伊朗文化非常重要，有非常高的價值，這些目標以及伊朗本身，將遭到非常迅速和沉重的打擊」。左派對此大驚失色，批評川普不珍惜這些「人類文明的共同遺產」。然而，對流氓政權必須使用比之更厚黑的方式，只有這種狠話他們才聽得懂。

蘇雷曼尼死後，伊朗最高領袖哈米尼（Khamenei）呼籲公眾哀悼三天，然後進行報復。所謂報復，只是象徵性的發射飛彈襲擊美軍在伊拉克的兩處基地，但準確的拿捏分寸，並未造成新的死亡事件。

隨後，蘇雷曼尼的殘肢在其家鄉克爾曼市下葬。由於當地政府缺乏應變措施，送葬人潮發生踩踏悲劇。據伊朗官方消息，現場有超過五十多人死亡，兩百多人受傷。這一事故讓伊朗政府利用蘇雷曼尼之死激發民族主義悲情的企圖落空，人們轉而質疑政府的低效無能。此一事件如同末代沙皇尼古拉加冕典禮上發生的民眾踐踏事故——獨裁政府如此無能，讓沙皇由民眾頂禮膜拜的偶像淪為仇恨的對象。

禍不單行，伊朗革命衛隊又在驚慌失措中錯誤發射飛彈，擊毀了一架烏克蘭客機，造成機上一百七十六人全數罹難。事發後，伊朗當局先是百般抵賴，三天後在確鑿的證據面前不得不承認這是一起因「失誤」造成的悲劇。空難罹難者中，近半是伊朗人，其他主要是伊朗裔加拿大公民，還有在加拿大大學任教的伊朗裔科學家——這個數據顯示，每年有數以萬計的伊朗人離開祖國前往西方工作和學習，伊朗菁英人才大量移居海外。

伊朗航空航天部隊司令哈吉扎德召開記者會，對擊落烏克蘭客機事件表示道歉。他表示，他個人願意承擔全部責任，「我恨不得當場死去」。但他依然恬不知恥的活著。

伊朗總統魯哈尼（Hassan Rouhani）發表聲明表示，對該國武裝部隊錯誤擊落烏克蘭客機表示沉痛哀悼。魯哈尼稱，「不幸的是，人為因素和錯誤發射導致巨大災難，這令人遺憾。做為伊朗總統，我對這場悲慘災難的遇難者家屬表示哀悼」。他還表示，願意接受公正的國際法庭審理此案，並對死難者給予賠償。

用飛彈擊毀民航客機，是邪惡國家的作為。做過此類壞事的國家及獨裁者，大都沒有好下場。比如，蘇聯曾於一九八三年擊落韓國客機，蘇聯在一九九一年崩解了；利比亞獨裁者格達費（Moamer Kadhafi）在一九八八年製造了洛克比空難，二〇一一年格達費政權被起義民眾推翻，格達費逃亡數日後遭反抗軍逮捕並就地處決。

在二〇二四年的美國大選中，美國情報部門表示，他們曾獲悉伊朗密謀暗殺川普的情報。七月二十四日，以色列總理尼坦雅胡在美國國會演講時，提到伊朗針對川普的陰謀。次日，川普在社群媒體平臺「真實社群」寫道：「如果他們確實『暗殺川普總統』，這總是有可能，我希望美國消滅伊朗，讓它從地表消失。如果不這樣做，美國領導層將被視為『沒膽』的懦夫！」

蘇雷曼尼死了，愛自由的伊朗民眾鼓盆而歌

伊朗民眾並未如西方左派設想的那樣，完全被政府洗腦，不敢反抗暴政。伊朗民主運動藉蘇雷曼尼之死和空難事件再度興起。成千上萬的學生和市民走上街頭，高叫「獨裁者去死」、「辭職還不夠，需要審判！」。大批群眾齊喊：「哈米尼是殺人兇手，伊朗政權下臺。」這是近年來抗議活動中最大膽的口號。

抗議者撕毀「烈士」蘇雷曼尼的照片，在德黑蘭市中心高呼：「蘇雷曼尼是個殺人犯，他的領袖是個叛徒！」還有人放火焚燒哈米尼的巨幅肖像，脫下鞋子狠狠敲打肖像的臉頰。哈米尼這位權力熏天的宗教領袖已然民心盡失，他如同天安門民主運動期間的鄧小平一樣，隱身幕後、不敢露面。

在伊朗社交媒體上有一段傳播很廣的視頻：大學生們刻意避免踩踏噴繪在地上的美國和以色列的國旗。這兩面國旗被伊朗當局塗在地面上，讓沿著路線行走的人踐踏。然而，大學生們小心翼翼從旁邊走過，這是對伊朗政府下流伎倆的蔑視。大學生們高呼：「政府在撒謊，說我們的敵人是美國，而我們的敵人就在這裡。」伊朗學生比中國五毛和憤青聰明得多，知道獨裁政權才是人民真正的敵人。抗議活動打破了伊朗當局精心打造的形象——試圖向全世界展示一個因蘇雷曼尼被殺而悲憤團結的國家。

短短幾天內，兩名伊朗國營伊斯蘭共和國廣播電視台（ＩＲＩＢ）主播公開請辭，另

有一位前主播為過去說謊而道歉。IRIB 現任主播卡泰咪說：「我將永遠不會回來。請原諒我。」另一位主播瑞德表示：「在廣播和電視業待了二十一年後，我無法繼續在媒體圈工作。」IRIB 前主播賈巴里致歉說：「我很難相信我們的人民已被殺害。原諒我這麼晚才知道。請諒解我說了十三年的謊。」伊朗記者協會亦發表聲明指出，伊朗正目睹一場「公眾信任的葬禮」，政府行為正損害官媒原本就搖搖欲墜的公信力。伊朗國營電視臺評論員納德里在 BBC 勇敢的說，「人民幾乎不相信政府，人民希望有更多自由。政府有關擊落飛機的謊言已經失去公眾信任，伊朗革命衛隊很清楚這點」。伊朗新聞界不願繼續充當謊言製造者和傳播者，他們要說真話。在一九八九年中國天安門民主運動的高潮時期，也有過類似曇花一現的「新聞界覺醒」時刻。

伊朗唯一在奧運奪牌的女運動員阿里薩德，宣布已永久離開伊朗。她曾在二〇一六年奧運獲得跆拳銅牌。阿里薩德說，她是伊朗數百萬被壓迫婦女的其中一人，她被迫穿上伊斯蘭面紗，「他們告訴我該說什麼，然後我複述出來」，「我們對他們而言都不重要」。她指出，伊朗的政治體制充滿虛偽、謊言、不公正、阿諛奉承，政權會利用運動員以取得政治目的。她表示已移民到荷蘭，永遠不會代表伊朗參賽。

川普下令擊殺蘇雷曼尼，沒有引爆更多的恐怖襲擊或新的戰爭。川普給獨裁者和西方左派都上了嚴肅的一課：西方左派的綏靖主義政策，再也不能繼續下去了，那是長暴君志氣，滅自己威風。實際上，所有的獨裁政權都是泥足巨人，如果你不怕它，它就怕你。

18

川普不能容忍德國既占美國便宜又擁抱俄國與中國

川普為何削減在德國的駐軍，同時增加在波蘭的駐軍？

二〇二〇年七月二十九日，美國國防部長馬克．艾斯培（Mark Esper）宣布，撤出近一萬兩千名駐德美軍，美軍在歐洲的指揮部，也從德國斯圖加特搬遷到比利時蒙斯。

冷戰時代，分治的德國處於東西兩大陣營對抗的最前線。為了防止蘇俄的武力侵略，美國在西德有大量駐軍。時至今日，美國在德國的駐軍人數仍居北約各成員國之首，超過美國在歐洲駐軍總數的一半。這次撤出三分之一的駐德美軍，其中約五千六百人將移防至北約其他國家，另外約六千四百人將返回美國（未來或許轉移到印太）。艾斯培承認，撤軍行動因川普總統的新指示而加速。

在撤軍之前一個月，川普證實了這一撤軍計畫，稱德國拖欠北約大量軍費。他說：「我們在保護德國而他們卻拖欠軍費。這說不過去啊。所以我們要把駐軍人數減少到兩萬五千人。」

多年來，德國朝野唯一一致的立場就是反美，以此顯示該國多麼「政治正確」——他們選擇性的忘記了，當年若非美軍擊敗納粹，德國永遠淪為納粹國家。德國人對美軍帶來的解放很少有感恩之心。那麼，既然反美，如今美軍撤離，德國不該皆大歡喜嗎？諷刺的是，德國官方對川普的撤軍計畫表示嚴重不滿，認為這將「削弱北約聯盟」、「影響美德關係」。德國外長馬斯（Heiko Maas）說，與美國的聯盟關係，在經濟、國防和安全方面具有重要意義，但兩國在許多領域產生重大分歧，即使此後民主黨入住白宮，已惡化的美德關係再無法恢復到從前狀態。那麼，美德關係惡化究竟是誰之過？

北約的歐洲成員國早已承諾，在二〇二四年之前將防務支出提高至GDP的二％。儘管德國近年來增加了國防開支，但承認根據對目前情況的評估，其國防預算要到二〇三一年才能達到這一標準。德國財政部長林德納（Christian Lindner）支持提高軍費，但他排除了通過增稅或增加預算赤字來提供軍費開支的可能性。這是明目張膽的違約和自食其言。川普忍無可忍，譴責德國在防務開支問題上「搗蛋」（delinquent）。

美國國防部正式宣布從德國撤軍三分之一之後，川普總統在白宮向記者們說：「我們再也不想做冤大頭了。我們減少駐軍，因為他們不肯付帳。就是這麼簡單。」根據德國國防部統計，二〇一〇至二〇二〇年間，德國花在駐德美軍的費用約為十億歐元，平均每年僅一億歐元，其中三分之二花在軍事基地的建設，三分之一用在防衛後續費用。反觀美國，花在駐德美軍上的費用是德國的好幾十倍：以二〇二〇年的預算為例，美國支出七十二點三億歐元，德國為一點三億歐元，兩相比較，美國是德國的五十五倍。

川普大幅削減在德國的駐軍，又成倍增加在波蘭的駐軍。二〇二〇年六月二十四日，川普與來訪的波蘭總統杜達（Duda），在白宮簽署了旨在強化雙邊防務合作的聯合宣言。川普表示，美國會將部分從德國撤出的美軍部署至波蘭，波蘭同意購買三十二架F-35戰機，並向美國採購八十億美元的液化天然氣，美波還簽訂了擴大民用核能領域合作的合約。杜達在記者會上表示，波蘭不想被納入俄羅斯的「勢力範圍」，美國增兵將強化波蘭與西方國家關係，波蘭還邀請美國在其境內永久駐軍。這份聯合宣言，讓美波軍事關係迅速增溫，更讓波蘭躍升為美國在中東歐的關鍵盟國。波蘭輿論更用「川普堡壘」（Fort Trump）來歡迎美軍入駐。

八月十五日，波蘭國防部長布瓦什查克（Blaszczak），與美國國務卿龐培歐，簽署新防衛聯盟合約，確定增加美軍常駐波蘭的計畫。美國在波蘭的駐軍數量將增加至五千五百人，原駐德的美國陸軍第五軍，移轉至波蘭境內。巧合的是，該軍司令是正是具有波蘭血統的美軍中將科拉什斯基（John Kolasheski）。除了協防之外，美軍還會強化與波蘭軍隊的合作和訓練。至於相關開銷，波蘭將提供食宿、燃油補貼、儲藏等費用。波蘭承諾，未來若面臨威脅時，相關設施能接納兩萬名美軍（俄國入侵烏克蘭後，美國在波蘭的駐軍增加到一萬人）。

評論人士指出，川普政府調整歐洲駐軍，不單單是懲罰偷奸耍滑的德國，更是實踐二〇一六年北約華沙高峰會建構的「強化前線兵力」戰略，提升北約東翼的防衛能力。中東歐國家加入北約之後，一直要求北約加速布署兵力，以防止俄羅斯的威脅，但北約反應遲緩（主要是法、德等國阻撓）。直到二〇一四年克里米亞事件後，北約才慎重考慮東翼安全防衛，通過「強化前線兵力」戰略。川普將自德撤離的美軍布署在中東歐國家境內，讓北約東翼的中東歐國家吃了一顆定心丸。

西歐國家普遍反美，中東歐國家普遍親美。波蘭是中東歐第一個啟動民主化的國家，除了本國工人領袖萊赫．瓦文薩（Lech Walesa）、知識分子領袖亞當．米奇尼克（Adam Michnik）及團結工會持續抗爭，亦有賴於美國總統雷根、英國首相柴契爾夫人（Margaret Thatcher）和波蘭裔天主教教宗若望．保祿二世（Pope John Paul II）「三駕馬車」共同形成的反共力道。波蘭等中東歐國家對美國知恩圖報，西歐的左派知識分子則將這些親美的中東歐國家醜化為「威權回潮」。

過去數百年，波蘭深受俄國之凌虐及共產暴政之苦，深知國防的重要性，率先讓國防支出達到北約的要求。二〇二四年，波蘭國防部長科西尼亞克卡梅什表示：「今年用於軍隊和軍隊現代化的預算，為波蘭共和國史上最高，超過三%，加上武裝部隊支持基金，超過四%，這在北約所有國家中名列第一。就國內生產總值的百分比而言，我們超過了美國。」

根據德國智庫「經濟研究所」的一項新分析，二〇二三年，德國的軍費支出將比北約要求的關鍵基準少一百八十五億美元，而波蘭的支出將比這一門檻高出近一百八十五億美元。考慮到德國的經濟體量大約是波蘭的六倍，上述差距尤其引人注目。波蘭總理莫拉維茨基（Mateusz Morawieck）接受採訪時，稱讚德國總理蕭茲（Olaf Scholz）提高軍費的承諾「相當勇敢」，但對德國的行動步伐「未達目標」感到失望。他表示，他相信德國會有越來越多領導人支持在軍費以及俄羅斯問題上的轉變，但也預料，「他們的一些政治菁英和商界菁英，會希望回到往常的軌道，這讓我感到擔憂」。

德國躺平，波蘭雄起，兩國差異明顯。川普看在眼中，當然會厚此（波蘭）薄彼（德國）。

德國一邊享受俄國的廉價能源，一邊享受美國的免費保鑣

德國是北約最大受益者，卻不願承擔應有的義務。冷戰之後，德國政壇不再有真正親美和保守的政黨及政治勢力——即便是所謂的保守派政黨基民盟和基社盟（聯盟黨），也比美國民主黨更左。以聯盟黨黨魁出任德國總理長達十六年之久的梅克爾（Angela Merkel），就是一名反美、親中且親俄的左派政客。

梅克爾的施政滿意度長年維持在七成以上，大部分德國民眾認為她是當代德國最優秀的政治人物，她亦被多次被評為最具影響力的世界級領袖。然而，在川普眼中，梅克爾是一位「制訂災難性難民政策的爛總理」，也是一位自私狹隘、敵視英美文明的「東德社會主義大媽」。

二〇一八年四月，梅克爾訪美，川普沒有以軍禮相迎，在記者會上沒有與她握手示好。在北約峰會上，兩人怒目相對，一觸即發。德國《明鏡週刊》用「川普報復梅克爾」來形容美國自德撤軍——川普曾在二〇二〇年七月三十日的推特上大發雷霆：「德國每年向俄

羅斯購買數十億美元的能源，而我們美國人卻要花錢保護德國免受俄羅斯威脅，這很不對勁……因此我們要把一些美軍撤離德國！」德國人將美國人當做免費保鑣來用，用久了，覺得理所當然。當美國提出付費時，德國蠻橫的反駁，這就是「斗米恩，升米仇」的道理。

出身共產東德的梅克爾能說流利的俄語，其總理任內與俄羅斯總統普丁會面數十次。二〇〇七年，兩人首度會面時，普丁明知梅克爾怕狗，故意帶愛犬——一頭碩大的拉布拉多犬「康妮」——進入會議室。梅克爾為討好普丁，不敢要求普丁將「康妮」帶走，當「康妮」靠近梅克爾的腳時，她顯得非常不自在，嘴唇緊閉、雙手交握、兩條腿緊緊併攏。普丁默默看著這一切，微笑不語，表情帶著一絲輕蔑。

梅克爾時代，德國向俄國購買大量能源，使俄國在能源上緊緊扼住德國的脖子。二〇二二年，俄國出兵烏克蘭前夕，德國一半的天然氣、煤炭和三分之一的石油來自俄國，能源受制於人，外交自然束手束腳。

此前，俄國出兵佔領克里米亞，德國口頭上表示譴責，仍不顧美國規勸，與俄羅斯簽約興建北溪二號油管，繞過烏克蘭和其他中東歐國家，直接把俄羅斯西北油田的石油，經波羅的海海底管線輸入德國。對此，川普指出：「我們必須利用我們的優勢跟我們的天然盟友形成更強的聯盟，但當我們需要他們時，他們不能不露面。我還是不懂，為什麼普丁的軍隊進入烏克蘭的時候，德國和其他國家就漠然看著事情發生。再看中東，如果是以色列，一定會一直驕傲的站在我們這邊。」與此同時，梅克爾表示：「俄羅斯正利用混合戰破壞穩定，但我們仍必須與俄羅斯進行建設性的對話，因為俄羅斯的戰略影響力很大，鄰近歐洲的敘利亞、利比亞等國都相當親近俄羅斯。」說得冠冕堂皇，背後還是因為垂涎俄國的廉價能源。

當時，川普認為，若北溪二號油管建成，德國將被俄羅斯掐住喉嚨而軟化對俄羅斯的態度。德國向俄羅斯買油買氣，卻不向美國買，更讓川普火冒三丈。川普批評說，德國被俄羅斯「完全控制」。

二〇一九年十二月，在北溪二號工程即將完工時，美國宣布對該項目實施制裁，制裁的對象是俄國，德國也得承受附帶傷害。德國認為，美國的制裁是對德國和歐洲內部事務的干涉。德國外長馬斯表示，歐洲的能源政策應該由歐洲決定，不由美國來決定。梅克爾政府透露，德國將協調歐盟對美國採取報復行動。

俄國欣然看到，德國及歐盟並沒有與跨大西洋聯盟的盟友美國站在一起。俄羅斯駐歐盟代表齊佐夫（Vladimir Chizhov）說：「俄羅斯的看法沒有改變，即什麼都阻擋不了北溪二號工程完工。我們讓德國和其他歐盟成員國來評判美國對此採取的措施吧。」普丁的發言人佩斯科夫（Dmitry Peskov）對美國媒體表示，美國對北溪二號工程進一步制裁「是為不公平競爭採取的行動，違反了國際法和國際貿易規則」，「我們認為這對於全球經濟和經濟環境十分危險。我們知道我們在德國和歐洲國家的伙伴也很擔憂這種潛在的威脅，我們決心繼續建設這個國際項目」。

二〇二二年，俄國入侵烏克蘭，德國朝野各方大夢初醒、悔之莫及。昔日享有聖母級地位的梅克爾，突然翻轉成為眾矢之的，媒體嘲諷她「不是科爾的小女孩，而是普丁的小女孩」（她比普丁年輕兩歲，卻比普丁更早從政）。現任德國總統史坦麥爾（Frank Steinmeier）在梅克爾麾下當過兩任外長，俄國出兵以來，出身社民黨的他多次坦承自己錯估情勢，對自己不顧美國和東歐警告與俄國交好感到後悔。然而，梅克爾剛愎自用，一錯到底，強調自己當初的決策沒有錯，「沒什麼好道歉的」。

德國一邊表演人權秀，一邊矢志不渝的與中國一起發大財

德國淪為俄國的能源殖民地，又淪為中國的經濟殖民地，且對雙重殖民地身分樂此不疲。

二〇二二年十一月四日，上任剛一年的德國總理蕭茲抵達北京，對中國進行正式訪問。他是中共二十大之後，第一個訪華的西方大國政府首腦，搶到了「頭柱香」。一年多之前的二〇二一年十月十三日，其前任梅克爾最後一次以德國總理身分與中共總書記習近平視訊通話，在中國官媒報導中，被稱呼為「中國人民的老朋友」，是二十一世紀二十年代，第一位被稱為「中國人民的老朋友」的西方國家領袖。蕭茲要爭取一頂同樣的桂冠嗎？

北京的宣傳機器全力開動，宣稱蕭茲訪華表明，德國選擇了「反美親中」立場，大多數西方國家並不謀求與中國脫鉤。而法國總統馬克宏一度苦苦哀求與蕭茲一起到北京朝聖卻被拒絕，可見處處是金山銀山的中國吸引力有多大。

親中且與央視合作的《德國之聲》，也大肆渲染蕭茲的中國行，報導其北京一日遊如何緊湊充實，隨行的十二家德國最大企業與中國簽下天文數字的合同。相關報導詳細回顧一九七二年中德建交以來，德國總理們（不分黨派）與中國的「親密接觸」。此前，梅克爾訪華多達十二次，為歷史上訪華次數最多的德國總理。蕭茲要打破這個紀錄有難度，不過，其對華政策堪稱「沒有梅克爾的梅克爾」。

過去，德國總理、總統、議長和其他高官訪華時，常常表演「人權秀」，比如在使館會見中國人權活動人士，以此顯示對中國人權問題的關注。剛開始，我做為參與者之一，還真認為德國是最關心中國人權狀況的西方大國，但漸漸發現這是一場三心二意的騙局。德國高官說得比唱得好聽，卻從未有實實在在的動作來施壓中國政府改善人權。

蕭茲訪華的推動力，是隨行的十二家德國跨國公司總裁們，以及更多沒有露面的總裁們。此時此刻，他們都不再害怕被說成「親中」或「親共」，柏林圍牆的回憶早已遠去，東德政權的殘暴被蒙上一層玫瑰色。

二戰之後，德國被視為反省戰爭罪行和納粹主義的模範生。這種反省其實埋下深深的禍根：德國知識界將希特勒和納粹歸結於西方文明及德意志傳統的一次畸變和特例，將納粹特殊化、歷史化。同時，拒絕將納粹與其他暴政做類比。這種思路形成一種頑固的「德意志特色」。

比如，我有一次談及中國人權問題，將毛澤東和習近平的暴政與希特勒的暴政做類比——毛澤東的焚書與希特勒的焚書相似，習近平在新疆建立的集中營與納粹的集中營相似，立即有德國學者大驚失色，認為這種類比降低了納粹的殘暴程度——實際上，中共暴政殺人之多、為禍之深、持續時間之長，遠超納粹。在這種邏輯之下，德國戰後對蘇俄、中國等共產極權國家採取綏靖主義的「東方政策」，就暢通無阻了。德國自欺欺人的說，通過與中國的貿易，可以促進中國的政治變革，這一理念被概括為「通過貿易促進改變」。中國近年來的發展路徑卻與之截然相反。

美中關係交惡後，德國對中共的友好立場一直沒有改變。而且，即便中國病毒禍害包括德國在內的全世界，德國仍不願跟中國脫鉤。德國成了美國建立對抗共產中國戰線上的一個破口，正如龐培歐所說，德國在中國政策上深陷泥潭。布魯塞爾的俄羅斯暨歐亞研究中心主任方嫻雅對媒體表示，蕭茲的訪問發生在「笨拙」的時間點，「要注意的是，他真的帶給中國巨大信心，因為如今的中國相當受到排斥」。美國智庫德國馬歇爾基金會高級訪問學者巴爾金，質疑蕭茲的訪問時機：「對北京而言，這無關乎具體成果，更重要的是德國總理在二十大後很快便訪問習近平的象徵意義。這使習近平的終身領導人地位具有國際合法性，也顯示出中國沒有被孤立。」

蕭茲飛往北京拜見習近平，跟當年英國首相張伯倫（Chamberlain）飛往慕尼黑拜見希特勒，如出一轍。但不會有任何一家德國媒體做這樣的類比。蕭茲的北京之行，意味著為習近平的中國式法西斯暴政背書——無論習近平做什麼，德國都會矢志不渝的與中國一起發大財。過去三十年，德國的經濟榮景，離不開中國的奴隸勞工。這是二戰前西方民主國家對納粹德國的綏靖主義政策的重演，這也是近晚近三十年來，西方經濟被中國牢牢鎖定的可悲境遇的「西洋景」。

《德國之聲》在一篇題為〈中國為何讓德國離不開、捨不得〉的文章中承認：在二〇二三年夏天，德國政府首次公布了官方的「中國戰略」。這份長達六十四頁的文件批評中國讓他國陷入經濟和技術依賴。但涉及到實際採取什麼行動時，文件中卻缺乏細節，僅敦促本土企業提高風險意識，並表示政府在地緣政治危機發生時將不會支持它們擺脫困境。這並不是要求企業和利潤豐厚的中國生意脫鉤，因為德國知道脫離中國或將是難以承受之重。

對極權暴政的「選擇性失明症」就是犯罪

當年，使用德語寫作的保加利亞裔英國作家卡內蒂（Elias Canetti），在觀察西班牙內戰時，就洞悉了希特勒無窮盡的野心：「希特勒的勝利，成為包括德國人在內的所有人的致命威脅，因為希特勒對歷史的無知，必將導致他把一切勢力、各國人民拖入戰爭。」納粹德國吞併奧地利之際，卡內蒂逃離維也納，嚴厲批評在西方民主國家甚囂塵上的和平主義和綏靖主義，「那種對戰爭的畏懼心理，竭盡一切力量阻止戰爭的蔓延」其實是「不了解敵人，而且極其短視」，「任何顧慮、任何猶豫，任何謹小慎微都會鼓勵希特勒，這個只想試探自己到底能走多遠的人，他發動戰爭的決心因這種對戰爭的畏懼而日益增長」。但無人傾聽他的警告，直到戰爭爆發。

政治哲學家漢娜・鄂蘭（Hannah Arendt）逃離納粹虎口來到美國之後，將後半生的主要精力用於研究極權主義的起源，她的一個重要發現是：「最極端的極權主義，成了極度的虛無主義。」其實，不僅極權主義是虛無主義，綏靖主義也是虛無主義——綏靖主義者不相信世間有善惡之區別，只相信赤裸裸的利益和金錢。

綏靖主義對納粹的崛起及戰爭的爆發難辭其咎。在歐威爾（George Orwell）看來，英國政府在戰前的政策，既無法維持和平，也無助於準備戰爭。當張伯倫推行綏靖政策時，大部分英國人都支持他。人們既不願意支付和平的代價，也不願意支付戰爭的代價，最後弄出一個無法保障和平、又不能因應戰爭的局面，在「不戰不和不守」的狀況下，眼睜睜看著納粹軍備不斷壯大。最終，「上層階級由於他們的姑息政策和一九四〇年的敗績而聲譽掃地」。

尤其荒謬的是：直到開戰已迫在眉睫的一九三九年八月，英國商人還在向德國出售錫、橡膠、銅等戰略物資，堪稱「經濟歸經濟，政治歸政治」的先行者。六四屠殺之後到中國投資的臺灣人、香港人、日本人、歐洲人和美國人，犯了同樣的錯誤，用歐威爾的話來說就是：「這就跟賣給別人用來割斷你喉嚨的剃刀一樣合理。不過這是『好生意』。」

還有另一種綏靖主義——對蘇俄的綏靖主義。從西班牙內戰中劫後餘生的歐威爾，此後寫作的重要方向是揭露左派的虛偽：「那些親俄的知識分子，即使沒有迷戀上蘇聯神話，也會迷戀其他類似的神話。不過，俄羅斯神話是現成的，其腐蝕作用特別巨大。」那些人認為，如果壓抑事實有助於蘇聯推行理念，壓制事實不僅是可行的，更是必要的。許多人對蘇聯發生的一系列災難——從烏克蘭饑荒到莫斯科公審——視若無睹，即便史達林與希特勒簽訂協議，整個左翼知識界依然視而不見。

如今，德國由綏靖主義的對象變成綏靖主義的實施者，綏靖主義者的主體由左派知識分子變成大資本家，綏靖主義的受益者由蘇俄變成中國。對於習近平對普丁侵略戰爭不離不棄的支持，和對臺灣越來越明目張膽的武力威脅，蕭茲等西方領袖患了「選擇性失明症」。人類的愚蠢，就在於總是在同一個地方跌倒。

德國真的徹底清除了納粹毒素嗎？真相絕非表面上看到的那樣。在德國，若有人公開為納粹塗脂抹粉，會被繩之以法；但是，當年為納粹服務的大企業，大都安然過關——這些大企業，又在中國新疆重演希特勒時代做過的事情，比如利用集中營的奴隸勞工為其創造巨額利潤。

很多德國大企業在新疆設立分廠，他們不會不知道那裡正在發生人權災難。但他們不在乎，德國政府也不在乎，除非被他國政府或國際媒體揭露，才暫時收手。當美國政府將三家中企列入涉及維吾爾人強迫勞動實體清單後，人們發現其中一家名為美克化工的企業，是德國巴斯夫化工集團在新疆設立的合資企業。巴斯夫在輿論壓力之下表示將退出新疆，卻又補充說，其審計沒有發現其合資企業有任何侵犯人權的證據。

德國滿口人權（仁義道德），卻跟中國一起壓榨弱者；川普被主流媒體醜化成錙銖必較的奸商，卻沒有被中國收買，始終堅持維護美國的長遠利益和立國之本。川普政府的人權政策不是作秀，而是採取實質性行動，比如不允許新疆的若干產品出口到美國。德國的很多企業發現，它過去的優勢如今變成被制裁的理由。《金融時報》報導，有成千上萬輛保時捷、奧迪轎車滯留在美國港口，因為某個次級供應商提供的某個小部件在新疆製造。這一消息表明：鑑於德國企業的產業鏈與中國經濟高度嵌合，因此想要確保德國產品中不含任何強迫勞動成分幾乎是不可能的。「不論是汽車廠商，還是紡織企業，抑或是能源公司，新疆無處不在。」

德國媒體《人民之聲報》以〈大眾在中國扮演的角色〉為題刊發評論指出，德國政界現在呼籲大眾撤出存在嚴重人權問題的新疆，但是現實世界卻不會如此簡單。對於大眾而言，中國是最最重要的市場。要是沒有中國，這家本就遭受重創的企業早已完蛋。「德國必須做出抉擇：要麼大幅度犧牲經濟福祉來捍衛人權，要麼無視各種不過是嘴炮的要求，繼續依賴那些肆無忌憚的專制政權。」顯然，德國的選擇是後者，只是川普政府揮動了大棒，迫使德國意識到，繼續過去三十年的鴕鳥政策越來越難了。

19 每一個美國公民都不應當被遺棄……川普從虎口解救美國人質

土耳其獨裁者艾爾段為何乖乖釋放美國牧師布倫森？

二〇一六年十月，土耳其政府逮捕了長期住在土耳其的美國牧師布倫森（Andrew Brunson），並指控他參與反對艾爾段（Erdogan）的政變。

二〇一七年九月，土耳其表示，假如美國政府將流亡美國的穆斯林意見領袖法圖拉·葛蘭（Fethullah Gülen）引渡回土耳其，土耳其可釋放布倫森。美國政府予以拒絕。

二〇一八年四月，布倫森在土耳其受審，被控「雖然不是恐怖主義團體成員，但協助恐怖主義團體犯罪」以及間諜罪。布倫森否認控罪。美國政府公開呼籲土耳其當局釋放布倫森，否則將面對重大制裁。八月，川普與艾爾段就此展開談判，但談判很快破局。川普在推特上稱土耳其當局對布倫森的監禁是「萬分可恥」的行為：「他被扣押為人質太長的時間。艾爾段應該採取行動，釋放這位優秀的基督徒丈夫和父親。他沒有任何違法行為，他的家人需要他！」

隨後，美國財政部對土耳其司法部長和內政部長實施制裁。川普下令凍結雙邊關係，對土耳其祭出經濟制裁措施，大幅提高對土耳其商品的關稅。土耳其里拉的幣值應聲急速下滑四〇％，一場經濟危機迫在眉睫。

艾爾段知道他遇到了一位堅如磐石的對手，不得不做出妥協。二〇一八年十月十二日，土耳其法院裝模作樣的判處布倫森入獄三年又一個月，考慮到他在土耳其已被扣留了兩年，准許他即時獲釋。

在法庭宣判的幾個小時前，川普一大早就發推文說：「正為布倫森牧師辛勤工作！」艾爾段雖已服軟，卻拉不下面子，安排其發言人反駁說：「美國總統川普發推說他『正為布倫森牧師辛勤工作！』我們希望再次提醒他，土耳其是民主法治國家，土耳其的法庭是獨立的。」真是欲蓋彌彰。

布倫森獲釋後，搭乘美國政府的專機返回美國。川普在白宮橢圓形辦公室與他會面。川普稱讚布倫森說：「他度過了一段如此艱難的時期，是一位了不起的基督徒。」布倫森感謝川普和美國政府為確保他的自由所作的努力。「你真的為我們而戰」，布倫森說。會面期間，布倫森下跪為川普祈禱，祈求上帝賜給川普「超自然的智慧」來領導這個國家。

此後，美國與土耳其的關係再度緊張。因美國從敘利亞撤兵，土耳其趁機攻擊敘利亞境內的庫德族居住區。二〇一九年十月九日，川普向艾爾段發出一封措辭嚴厲的信，警告說，如果土耳其不在敘利亞問題上改弦更張，將受到重大制裁：「你不想為成千上萬的人的死亡負責，我也不想為摧毀土耳其的經濟負責——但是我會的。在牧師布倫森的事情上，我已經給你小試牛刀。」這封信警告艾爾段：「如果你以正確和人道的方式處理這件事，歷史會看好你的。如果沒有好事情發生，歷史會永遠把你當作魔鬼。別做硬漢，別像個傻瓜似的。」這封信在國會議員們與總統會面時開始傳閱，其不同尋常的文風引起格外關注。

這封信措辭直白，沒有一句多餘的外交禮儀術語，有美國媒體形容：「這封信太古怪了，以至於我們需要向白宮確認是不是真的。」但這恰恰就是川普的風格：單刀直入、實話實說，絕不拐彎抹角、含沙射影。獨裁者只配享有這種修辭術，民主國家的領袖跟獨裁者不用太多寒暄。

據土耳其官方媒體報導，艾爾段讀了短信後大為惱怒，把它丟進字紙簍。然而，面對美國經濟制裁的「難以承受之重」，在國內為所欲為的艾爾段除了低頭之外別無選擇。川普派出副總統彭斯和國務卿龐培歐出使土耳其，土耳其政府很快答應停火五天，讓庫德居民和平撤離該區域。可見，獨裁者的強硬只是沒有遇到更強的對手；一旦遇到更強的對手，乖乖聽話是獨裁者的最佳選擇，獨裁者很會審時度勢。

川普的「極限施壓」讓金正恩釋放了三名韓裔美國公民

二〇二四年七月十八日晚，川普在共和黨全代會發表演說時，自稱與北韓領導人金正恩處得很好，說「他也希望看到我回來」，「我覺得他想念我」。川普還說，「與擁有大量核武的人建立關係是一件好事」。

川普以開玩笑的方式說這段話，他不是真把金正恩當做朋友。他的意思是，面對北韓這樣一個重大威脅，不能像民主黨人那樣對「房間裡的大象」假裝看不見。川普上一次當選後，入主白宮前夕，與將卸任的歐巴馬會晤，後者表示，最讓其困惑的外交難題是北韓。川普當即反問：「那麼你跟北韓領導人談判過嗎？」歐巴馬表示，他從未嘗試過聯繫對方，他認為對方野蠻殘暴，無法談判。川普後來感嘆說，正是歐巴馬的這種態度，讓北韓問題成為一個死結。

川普上臺後，立即終結歐巴馬時期對北韓的「戰略忍耐」，轉而實施「極限施壓」政策，向北韓發出「以壓倒性態勢有效反制一切核攻擊」的強烈警告。川普表示，應對北韓飛彈與核武威脅，是非常高的優先事項，他將金正恩形容為玩火自焚的「小火箭人」（金正恩對其中的「小」字耿耿於懷）。其後，國務卿提勒森（Rex Tillerson）明確指出，北韓不僅威脅東亞地區安全，同時威脅美國及全世界，美國將採取外交、安全、經濟等綜合措施促使其放棄核武器。經過三個多月論證後，川普政府發表對北韓政策聲明，正式提出「北韓的核開發是對美國安全迫在眉睫的威脅，是外交上的最優先事項」，至此，川普的對北韓政策框架正式成形。

幾個月後，北韓的態度趨於軟化，願意就朝鮮半島無核化展開談判，並透過南韓向美方表達了與美國總統會晤的意願。川普派遣時任中情局局長的龐培歐訪問北韓打前鋒。金正恩在會見龐培歐時表示，北韓願意放棄核武。龐培歐同時表示，希望北韓釋放扣留的美國人質，因為這個問題是美國民眾心頭的刺，讓川普總統很難安排峰會。

一個月以後，龐培歐再次訪問平壤，這次是以新任國務卿的身分去安排兩國元首峰會。金正恩答應歸還三十五具韓戰中陣亡的美軍官兵遺體。在與金正恩單獨會談時，龐培歐直截了當的指出：「總統很希望被你扣留做為人質的三名美國人，與我一起搭機返回美國。」金正恩迴避這一問題，兩人凝視著對方良久。

這三名美國公民為金東哲（Kim Dong Chul）、金學成（Kim Hak Song）和金相德（Kim Sang-Duk）。金相德在外國投資的平壤科學技術大學授課，二〇一七年四月離開北韓時，在平壤國際機場被捕，北韓國營媒體報導，他「犯下了目的在推翻朝鮮民主主義人民共和國的敵對犯罪行為」。金學成也在平壤科技大學任教，二〇一七年五月遭北韓逮捕，當時他搭乘火車從平壤要到中國邊界城市丹東旅行，其罪嫌也是從事「敵對犯罪行為」。金東哲在中國與北韓交界的特別經濟區從事貿易與旅館業務，他在二〇一五年十月遭到北韓以「幫南韓搜集情報」的間諜罪名逮捕，次年四月被北韓最高法院以顛覆、間諜罪名判處十年勞動改造。他們都是在歐巴馬任總統時淪為北韓「人質外交」的人質，而歐巴馬政府對他們的悲慘遭遇幾乎不聞不問——歐巴馬就是這樣一個滿口華麗辭藻、實際上軟弱無能的偽君子。

就在龐培歐的專機即將啟程時，北韓方面送來了三名囚徒。龐培歐在回憶錄中寫道：「他們三人快步走向飛機的舷梯，最後幾步幾乎是用跑的；他們踏上階梯時，看起來就像世界上最幸福的人。」飛機剛一起飛，龐培歐就將這個好消息向川普總統報告。川普隨即宣布，北韓已將三名美國囚犯釋放，為他與這個擁核國家的年輕領導人舉行會談，掃除了一道情感上的痛苦障礙。

次日凌晨兩點半，川普總統、第一夫人以及川普政府要員，都在華盛頓郊外的安德魯空軍基地迎接歸來的三位公民。數以百萬計的美國人在電視上看到同胞重返家園而歡欣鼓舞。就連一貫反川普的《紐約時報》也承認：「這三名囚犯均為韓裔美國公民，他們被釋放，對川普來說是一次外交勝利。某種程度上來看，這是兩國在近七十年相互對抗後，北韓領導人金正恩為改善與美國關係所做出最具體有誠意的表示。」

川普成功營救了被伊朗下獄的華裔美籍歷史學者王夕越

二〇一六年一月下旬，華裔美籍歷史學者、正在普林斯頓大學攻讀博士學位的王夕越，動身前往德黑蘭，去進行卡扎爾王朝的歷史檔案研究。就在那一個月，歐巴馬政府與伊朗簽署了《聯合全面行動計畫》（即眾所周知的《伊朗核協議》）。王夕越認為，美國與伊朗的關係好轉，此時去伊朗是安全的。

當年八月，王夕越結束了在伊朗實地進行的「十九世紀波斯地區統治王朝」研究，準備返回美國，卻被伊朗當局以間諜罪扣押。二〇一七年七月，他被以莫須有的罪名判處十年徒刑，被關在惡名昭彰的埃溫監獄。那裡由伊朗國家情報和安全局管理，環境惡劣，囚犯身挨身在地板上睡覺和吃飯。王夕越是唯一的非穆斯林，這讓他的處境更為艱難。

普林斯頓大學發表聲明稱，王夕越是一名真正的學者，和政治沒有任何關聯，要求歐巴馬政府出面向伊朗施壓，讓王夕越獲釋。

歐巴馬政府無視王夕越家人與普林斯頓大學的呼籲，他們從未重視過海外美國公民的生命安全。歐巴馬靠行賄來籠絡伊朗，伊朗漫天要價，拿到好處後，更加輕蔑這個同樣有穆斯林背景卻中看不中用的政客。

川普執政後，很快退出漏洞百出的《伊朗核協議》，並加大對伊朗的制裁，同時強烈要求伊朗放人。二〇一九年十二月七日，川普政府釋放了一名被美國逮捕的伊朗科學家，以交換的方式將王夕越安全接回美國。王夕越終於見到了闊別三年的幼子。

王夕越被釋放後，川普總統發表一份聲明，表示會繼續努力將被外國政府扣押的美國公民帶回家。隨後，一名被伊朗無辜監禁的美國海軍老兵麥克·懷特也被營救回家。

王夕越獲釋兩周年之際，川普特別發信表示關心和祝福。王夕越公布了川普寄來的祝福信：「在這歡樂的節日中，梅蘭妮亞和我想念你和你的妻子和孩子。雖然沒有任何詞彙能彌補你被扣為人質時，家人對你的擔憂和你承受的痛苦，但我們祈禱，在你回國後的兩年中，你和家人一起找到和平、安慰，並治癒曾經受到的傷害。請接受我們誠摯的新年祝福，祝新年快樂。」

王夕越發推文稱：「今天收到川普總統的信件，我很感謝他還記得這是我從伊朗獲釋回國的兩周年紀念日，這和歐巴馬團隊形成鮮明的對比，歐巴馬仍欠我一個回答，為什麼伊朗核協議宣稱能改變伊朗的惡行，但我還是被伊朗扣為人質？」

拜登上任後，卻重演了歐巴馬的惡政。他放棄了川普政府對伊朗的「最大施壓」政策，並打算啟用歐巴馬時期的中東問題高級顧問馬利（Robert Malley）出任伊朗問題特使，同時恢復歐巴馬政府與伊朗簽署的《聯合全面行動計畫》。

王夕越對此表示非常失望，他反對馬利出任伊朗問題特使，因為馬利對伊朗的綏靖態度行不通。他表示，他曾認可歐巴馬對伊朗的政策，並相信國際社會可以通過緩解與伊朗的關係而將伊朗政府變好。然而，遭伊朗當局違法扣押的經歷讓他意識到，伊朗並不願意透過與國際社會交往而改變。他被捕時，馬利正是歐巴馬政府的高級中東問題顧問，而歐巴馬政府由於忙於與伊朗簽署《聯合全面行動計畫》，完全顧不上解救困境中的他。馬利在其獲救過程沒有起任何積極作用，「如果馬利獲得任命，這將意味著，伊朗扣押的美國人質，將不會是美國政府優先考慮的事項」。王夕越認為，拜登政府將重複以前犯過的錯誤。

川普拍板救援中國維權律師謝陽的妻女，營救過程堪比驚險劇集

美聯社在一篇獨家報導披露，中國湖南維權律師謝陽是「七〇九」案受害者之一，其妻子陳桂秋為湖南大學環境工程系教授，在丈夫被帶走後，與其他被捕者的妻子一同發

聲。後來，陳桂秋對外公開了謝陽遭酷刑的消息，受到極大壓力，被任教的大學停課。

於是，在人權活動家傅希秋牧師的幫助與安排下，陳桂秋帶著兩名分別為十五歲及四歲的女兒（其中，小女兒是謝陽和陳桂秋在美國當訪問學者期間生下的，為美國公民）走上漫漫逃亡路。她們從湖南長沙發出，跨越中國南方數省，又輾轉其他兩個東南亞國家，先後花了五天時間，通過地下途徑進入泰國。傅希秋後來披露說：「陳桂秋和兩個女兒，跟所有被中國抓捕或迫害的異議人士或其家屬一樣，都是通過地下通道，在無證件的情況下，從中國進入泰國，都是通過救援人士以接力方式，一程程將他們接送到泰國的。」

到了泰國並不意味著就安全了。中方派出很多人，到泰國將陳桂秋一行帶回中國。包括陳桂秋的家人（父母弟妹）、陳所在的大學校長、湖南和長沙的公安、安全當局等，「一大批人馬殺到曼谷」。

不到一個星期，泰國警方來到陳桂秋母女在曼谷居住的友人家，將陳桂秋母女三人帶走，關進曼谷一所移民監獄。等待陳桂秋的是令她恐懼萬分的未來。一名泰國移民官員指著監獄的監視器告訴她，十幾名中共公安正在外面等著將她抓回中國。身為基督徒的她，看著監視器畫面上的中共公安，當時能做的事只有向上帝祈禱：「請不要在這個關鍵時候離棄我們。」

千鈞一髮之際，美國駐泰國使館負責人權事務的官員出現了，這位官員要求泰方將陳桂秋和孩子交給美方，泰方答應了。

此後，陳桂秋和兩個女兒被藏在美國駐泰國大使的官邸中。由於得到國務院和國家安全委員會的指示，美國外交官對母女三人的照顧無微不至，還通過美國駐華使館郵寄來孩子學習的課本。

中國派人嚴密監視美國駐泰國大使館及相關機構的動向，阻止美方將陳桂秋母女送到美國。當美方派遣多名海軍陸戰隊員乘坐防彈汽車送陳桂秋母女赴曼谷機場時，中方也派出多輛汽車尾隨其後。

到達曼谷機場後，雖然泰國移民法院已對陳桂秋母女三人下了驅逐出境令，但曼谷機場的泰國移民官員仍將她們攔下，並告訴陳桂秋，是中共施壓，阻止她們離開泰國赴美。美、中、泰的官員在機場發生激烈爭論，都要求帶走陳桂秋和孩子。中美雙方僵持不下，現場甚至出現肢體衝突。

做為該營救行動的總指揮，傅希秋立即將此情況通報美國國務院和國家安全委員會。後來，據白宮最高層官員透露，負責亞太事務的國安會高級官員博明（Matthew Pottinger）迅速到白宮橢圓辦公室向川普總統報告此事。當川普總統知道母女三人中有一人是美國公民時，立即下達明確的指示：必須將母女三人營救到美國。於是，現場的美國外交官態度趨於強硬，中國和泰國只好退讓了。

陳桂秋與兩個女兒平安抵達美國後，接受媒體訪問說，衷心感謝多方援助以及美國國務院和行政當局的幫助，並表示自己將在海外持續為中國維權律師發聲。

土耳其、北韓、伊朗和中國，都對勇往直前的川普讓步了，而川普政府正如龐培歐的回憶錄的書名所說的——絕不讓步。在川普政府努力下，遭巴基斯坦恐怖組織「哈卡尼網路」綁架的美國公民凱特蘭．科爾曼（Caitlan Coleman）和她丈夫，以及在囚禁期間生下的三個孩子，被成功解救，返回美國。遭中共拘留兩年多的美籍華裔女商人潘婉芬（Sandy Phan-Gillis），被釋放後平安返回美國。美國慈善工作者阿雅．赫加齊（Aya Hijazi），在埃及飽受近三年牢獄之苦後，也終於返回美國。此類案例不勝枚舉。據白宮發言人麥肯納尼稱，川普政府執政期間，從全球二十四個國家拯救了五十五名被綁架的美國人質。龐培歐在回憶錄中表示：「讓我感到自豪的是，我們從未支付過任何贖金或做不道德的妥協。換句話說，我們沒有接受糟糕的交易。」

從獨裁國家拯救人質，宛如虎口拔牙。這類營救計畫能否成功，端賴美國總統的決心和勇氣。總部在舊金山的非政府組織「對話基金會」創辦人康原（John Kamm）表示：「川普政府似乎更有力量、更自信，我們看到了『美國人優先』政策奏效了。」

20 川普對西藏和維吾爾人的支持，超過所有美國總統

將西藏定義為「中國軍事佔領區」，即是不承認中國對西藏的主權

川普政府對付中國，從容不迫，有條不紊。

二〇二〇年十一月十七日，在國務卿龐培歐的指示下，國務院政策規畫辦公室發布了一份長達七十二頁的報告，題為〈中國挑戰的要素〉。報告彙整中國共產黨的種種行為，分析行為背後的思想根源與中共政權的脆弱性，並為美國如何因應中國嚴峻挑戰制定藍圖。報告指出，面對中國的挑戰，美國必須確保自由，必須重新制定外交政策。

該報告中有專門部分論述西藏問題：中共嚴重違反了一九四八年《世界人權宣言》中提出的原則，維持了一九五〇年以來對西藏的軍事佔領。該報告對西藏的現狀做出新的定位：軍事佔領區。龐培歐主導下的國務院，突破了四十多年來季辛吉親中、友中政策之束縛，在官方報告中將西藏描述為「軍事佔領區」，即正式宣布西藏不是中國領土的一部分，美國在一定程度上支持西藏追求獨立的努力與願望。

〈中國挑戰的要素〉猶如「冷戰之父」肯楠當年的「長電文」——「長電文」定義了美國與蘇聯的關係，而〈中國挑戰的要素〉定義了美國與中國的關係。

過去四十多年，美國對中國實行綏靖主義政策，承認西藏是中國領土的一部分，一直試圖在拉薩開設領事館，美其名曰可以貼近西藏、在保障西藏基本人權方面做更多工作。這樣的做法和說法是自欺欺人：一旦設立領事館，就等於承認中國擁有西藏。

二〇二〇年七月，川普政府關閉了作為中國間諜中心的中國駐休斯敦總領館。中國隨即發動報復行動，關閉了美國駐成都的總領館（中國指責成都領事館蒐集西藏的敏感情報），美國在拉薩開設領事館的計畫成為泡影。

這份報告公布之後三天的十一月二十日，西藏流亡政府「藏人行政中央」司政洛桑森格正式受邀訪問白宮。這是一個歷史性事件，是過去六十年來，藏人行政中央領導人首次應邀訪問白宮。

此前一個月，洛桑森格成為第一位被正式邀請進入國務院、與助理國務卿兼西藏問題特別協調員羅伯特・德斯特羅（Robert Destro）會晤的西藏領導人。在過去六十年裡，西藏流亡政府領導人被拒絕進入國務院和白宮，這兩種拒絕的邏輯是，美國政府不承認西藏流亡政府。自從洛桑森格二〇一一年擔任司政以來，曾與白宮官員在未公開的會議和地點會晤數十次。這種在非官方地點祕密會晤的方式，表明美方擔心激怒中共，不願因西藏問題與中共針鋒相對。

如今，川普政府主動邀請西藏流亡政府民選領導人進入白宮和國務院（若非美方主動邀請，西藏怎麼努力都不會有結果），是美國正式對藏人行政中央實行的民主制度及其政治領袖的承認。這次史無前例的與白宮官員會晤，為藏人行政中央領導人與美國官員的會晤定下樂觀基調，在未來幾年將更加正規化。

由此可見，美國的西藏政策已出現重大轉折——大背景是美國的對華政策出現了重大轉折。

川普政府高級官員會晤洛桑森格，比此前美國多任總統會晤達賴喇嘛的意義更為重大。其一，從西藏一方來看，洛桑森格與達賴喇嘛兩人身分不同：達賴喇嘛是西藏人的精神領袖，其國際影響力和在西藏人心中的地位，遠比民選的政府首腦洛桑森格高。但達賴喇嘛此前已宣布退出政治事務，不再擔任政治領袖，專注於宗教領袖的工作。所以，近年來，在國際社會代表流亡政府的，不再是達賴喇嘛，而是經過十多萬流亡西藏人投票授權的行政中央的司政（總理）。

過去，達賴喇嘛在國際社會受到禮遇，在某種程度上是其個人魅力和宗教地位的顯現（包括諾貝爾和平獎得主），經過其努力，藏傳佛教發展成一種全球性的宗教；而如今洛桑森格得到川普政府的禮遇，表明美國及國際社會對流亡西藏社會民主轉型的肯定和對流亡政府合法性的肯定。

其二，就美國一方來看，由總統出面見達賴喇嘛，或由層級相對較低的事務官出面與西藏流亡政府首腦會晤，其呈現的力道與官職的高低成反比。此前，多位美國總統親自接見達賴喇嘛，更多是一種象徵和禮貌意味，甚至是某種心照不宣的「人權外交秀」。比如，歐巴馬安排在白宮地圖室見達賴喇嘛，卻安排達賴喇嘛從白宮運送垃圾的小門出入，這種做法是照顧中共的面子，不惜羞辱達賴喇嘛。達賴喇嘛當面轉告歐巴馬西藏人所受中共迫害的狀況，歐巴馬事後並未向中國提出交涉。這種照本宣科的見面究竟有多大價值呢？希拉蕊在回憶中坦承，她渴望見到達賴喇嘛，是因為柯林頓的性醜聞讓她心靈受創，她將達賴喇嘛當做撫慰人心的心理醫生，期盼從達賴喇嘛那裡尋求人生智慧。這種會面，雙方談的無非是佛教的「心靈雞湯」，對解決西藏問題作用不大。

在川普政府任內，川普不曾安排與達賴喇嘛會面，並非川普不重視西藏問題，而是川普政府認為傳統的「人權外交秀」已過時，必須有新方法來取得突破。川普政府推行更具實質意義的外交：雖然與洛桑森格會面的白宮和國務院官員尚未達到內閣層級，但參與會面的是專門負責西藏事務的官員，雙方可討論更多具體事務、取得可預期的成果。

川普政府將西藏遭到中共的軍事佔領，當做一項鐵的事實乃至外交政策的依據，隨後必然投入更多資源幫助西藏人反抗中共的軍事佔領，讓西藏早日獲得自由與獨立。

二〇二〇年十二月二十七日，川普總統簽署了已在參眾兩院通過《二〇二一年綜合撥款法》。該法案宗包括做為《西藏政策法》加強版的《西藏政策及支援法案》。該法案成為美國的官方政策，即藏傳佛教領袖的轉世，包括達賴喇嘛的轉世，完全由藏傳佛教徒決定，而不受中國政府干預。干預藏傳佛教領袖遴選過程的中國官員，將受到《全球馬格尼茨基法案》制裁，包括不准入境美國。該法案承認西藏流亡政府行政中央，是代表全世界西藏人民願望的合法機構。這是川普政府將西藏政策法律化。中共同樣不敢做出強烈回應。

將中國在新疆的暴行定義為「種族滅絕」，未來必將有對中國的「紐倫堡審判」

二〇二〇年六月十七日，川普總統簽署通過《維吾爾人權政策法案》。該法案規定，在其生效一百八十天內以及往後，國務院每年須列出虐待、不人道對待或長期監禁維族人的中共官員名單，透過凍結他們在美資產、拒絕入境美國、拒發或取消簽證等手段予以制裁。該法案還規定，美國總統必須敦促北京當局立即關閉新疆（編按：作者基於尊重維吾爾族觀點，以東突厥斯坦指稱新疆，經其同意後改用讀者熟悉的用語）集中營，國務卿則須向國會提交報告，詳述新疆維吾爾自治區的人權侵犯狀況。

美國人權組織「自由之家」在一份聲明中肯定說，這是面對中國共產黨犯下的嚴重侵權行為並追究責任的重要一步。

被視為維吾爾人「準流亡政府」的「世界維吾爾代表大會」稱，該法案給備受壓迫的維吾爾人帶來希望。該組織發言人迪里夏提．熱西提（Dilxat Raxit）表示：「這是針對中國政府嚴重踐踏人權行為並追究責任的重要一步，我們期待美國政府嚴懲那些針對維吾爾人推行和執行極端政策的中國官員，以及協助的中國企業。」

中國政府惱羞成怒，開動宣傳機器予以反駁：新華社發出評論〈新疆反暴恐反分裂正義之舉不容抹黑〉；央視播放所謂的反恐紀錄片，並發表評論〈新疆反恐又出鐵證，美國政客還想裝聾作啞到幾時〉，隨後在晚間新聞聯播中譴責美國此舉是「嚴重踐踏國際法」；《人民日報》發布文章〈堅決反對美方干涉中國內政〉及〈新疆反恐和去極端化成果不容汙衊〉。可見，該法案戳到了中國痛處。

川普政府對維吾爾人的人權狀況的關注超過歷屆政府。國務卿龐培歐在其任期的最後幾天，下令全球刑事司法辦公室提供關於新疆慘劇的所有證據，並且就美國是否應該正式將其定位為「種族滅絕」提出建議。

聯合國不敢得罪做為常任理事國的中國、不敢將在新疆發生的事情定義為「種族滅絕」，但龐培歐在其卸任的最後一天毅然做出決定：中共不僅犯下危害人類罪，其在新疆所做的事情就是「種族滅絕」。做出這樣的決定，是川普和龐培歐，而不是誇誇其談的歐巴馬和希拉蕊，也不是那些在左翼智庫中宣揚人權但毫不作為的哲學家，更不是在國務院內的那批官僚公務員。

龐培歐在聲明中說：「我相信種族滅絕正在進行，我們正在目睹中國黨國消滅維吾爾人的系統性企圖。」中國官員「參與了對脆弱的少數民族和宗教少數群體的強迫同化以及最終消除」。

由龐培歐簽署的文件指出：「我們日益不安地注意到，中國共產黨越來越嚴厲地對維吾爾人和其他少數民族及宗教少數派群體採取壓制行動。……他們道義敗壞，大動干戈，採取一系列政策、行為和侵權活動，目的在於有系統的對獨特的民族群體——維吾爾人進行歧視和監控，限制他們旅行、移居和上學的自由，同時剝奪他們結社、言論和祈禱等其他基本人權。中華人民共和國當局已對維吾爾族婦女採取強迫絕育和墮胎的措施，強迫他們與非維吾爾人結婚，並將維吾爾族兒童帶離他們的家人。」文件寫道：

「中華人民共和國在中國共產黨指示和控制下，對新疆以穆斯林為主的維吾爾族人和其他少數民族犯下了反人道罪行。這種犯罪仍在發生，包括：對一百多萬平民任意關押或採用其他嚴重剝奪人身自由的做法，強迫絕育，對被任意關押者中的很多人實施酷刑，強迫勞動，以及對宗教自由或信仰自由、言論自由和行動自由的嚴酷限制。二戰結束時的紐倫堡審判懲辦了犯下反人道罪的罪犯，同樣的罪行正在新疆發生。」

這一調查結果是美國政府有史以來對中國新疆政策的最嚴厲譴責——將中共高官與納粹戰犯相提並論。根據國際公約，「種族滅絕」是指「蓄意全部或部分消滅某一民族、人種、種族或宗教團體」。當年，若干犯有「種族滅絕」罪行的納粹戰犯被送上絞刑架；未來，等待習近平等中共領導人的也會是同樣的判決。

美國國務院的這份文件發布之後，中國官方媒體批評龐培歐「瘋狂」，稱其是「史上最差國務卿」。《環球時報》選取了中國互聯網用戶的評論，嘲笑川普總統是「美國霸權的掘墓人」和「首位成功娛樂了中國人民同時毀了美國的美國總統」。

在白宮政權交接之日，中共當局宣布，對龐培歐、歐布萊恩（Robert O' Brien）、納瓦羅（Peter Navarro）、余茂春等二十三位川普政府內最堅決反擊中國極權擴張的高級官員施加經濟制裁。

有趣的是，中共並未將川普本人列入制裁名單，或許就連中共都知道，川普的政治生涯並沒有隨著離開白宮而終結，川普還有東山再起之日。

更具有諷刺意味的是，一向標榜關心國際人權問題的《紐約時報》，在一篇評論文章中攻擊說，這是「川普離任前『挖坑』，拜登面臨對華政策難題」。

龐培歐在回憶錄中若有所思的提示說：「這裡也很值得關注一下政府中未受制裁的人員。」中共知道誰是朋友，誰是敵人，對所謂的朋友就是拉攏和收買，對所謂的敵人就是孤立和打擊。對此，龐培歐的評論是畫龍點睛之筆：

「這些制裁的主要目的，不是為了阻止我或其他受制裁的官員採取任何行動，而是要傳達訊息給那些接替我們的人……中共是在藉此告訴他們：『如果你們跟隨川普團隊的腳步，那你們在二〇二一年一月十九日還在賺取的利益——幫助客戶在中國及其周遭地區的發展——都會消失』。中共非常了解這些高居領導階層的人。他們知道，他們的許多生意，以及數百名為他們處理美中政策者的生計，全都仰賴美中商業工業複合體的運行。這些制裁是對拜登政府的預警，讓他們看到在外交政策追究中國責任的下場。」

四年之後，當拜登政府卸任之時，當初被中共經濟制裁的川普政府高官的繼任者們，有沒有同樣受到中共的經濟制裁，是一個判斷他們是否真正反共的至為關鍵的評估標準。

21 龐培歐的外交成就，就是川普的外交成就

好總統與壞總統真是天壤之別

二〇二四年七月十八日，共和黨全國代表大會閉幕日，龐培歐在川普發表壓軸演說前登場助講，一路歷數川普政績，狂批拜登外交失敗。龐培歐是川普內閣高官中極少數應邀在大會發言的人，顯示他仍得到川普的信任，若川普再次當選，他必定在新的川普政府中出任要職。

某些絕對的制度論者，過於迷信美國的共和憲政體制，認為在此一體制下，選什麼人當總統差別不大——歐巴馬出現前，美國社會大致歌舞昇平、歲月靜好，但歐巴馬八年的胡作非為，將冷戰結束後美國的餘威、財富消耗殆盡，讓美國瀕臨建國以來最危險的時刻。一個敗家子式的壞總統，確實可以讓美國一敗塗地，尤其是在外交領域。

對於好總統與壞總統的差異，沒有人比曾在外交第一線打拚的龐培歐看得一清二楚。龐培歐是冷戰之後最優秀的國務卿，也是與季辛吉一樣對外交政策影響最大的國務卿（與季辛吉的方向完全相反）。很多反共人士，一方面激烈反對川普，一方面又欣賞龐培歐對中國「絕不讓步」的立場，卻讓自己陷入邏輯混亂——一個簡單的事實是，沒有川普，就沒有龐培歐，若不是川普起用和放權給龐培歐，龐培歐充其量就是一名紙上談兵的國會議員。

龐培歐在回憶錄中寫道：「我很榮幸與一位和我一樣全心全意想贏的總統一起為國效

力。川普總統投入大選，主要原因就是感嘆美國不再贏了。『美國第一』的日子已經一去不復返，取而代之的是他所謂的『全球主義假腔假調』，以及一群自肥的政治階級衝動行事。」

如果龐培歐不能入主國務院，也就沒有余茂春大展拳腳的機會了。余茂春在海軍學院教書多年，龐培歐以及龐培歐背後的川普，讓他從書齋和課堂走向喬治·肯楠曾縱橫捭闔過的國務院政策規畫辦公室。龐培歐在回憶錄中寫道：

「二〇一八年，身為川普政府的支持者，余茂春接受了一項臨時任務，為國務院擬訂對華政策。他多次提供關於中國政策的歷史背景、中共思維過程的剖析以及大膽的政策建議，對我的助益難以衡量。余茂春還在政策規畫辦公室任分析中國的要職。就各方面來看，這些經歷讓他成為一個很好的守門人：對任何一項政策建議，要是余茂春不簽署，那麼我就不會批准。」

可見，就對華政策而論，權力由大到小的脈絡是：川普—龐培歐—余茂春；但對華戰略的傳播卻是反向的：余茂春—龐培歐—川普。

龐培歐離職後，遺憾的看到拜登政府一系列荒腔走板的作為，幾乎將他積累的外交成就消耗殆盡。他在演講中談及拜登政府的國防部長奧斯汀（Lloyd Austin）年初住院多日後才向白宮和國會報備，國防部長消失多日，無法處理公務，身在白宮的拜登居然對五角大廈的混亂一無所知。若是在川普執政下，絕對不會出現國防部長神隱兩週的怪現象。龐培歐還批評拜登外交政策軟弱，使普丁在烏克蘭大開殺戒。哈瑪斯也對以色列發動恐怖襲擊，在加薩引爆發戰爭。

龐培歐說：「我們在北韓舉行了三次峰會，北韓不再躁動。我們開始從阿富汗光榮撤離。沒有一個中國間諜氣球飛越美國——如果是我當國務卿，中國間諜氣球飛越美國，我就變前國務卿了，這是理所當然的。」

壞的領袖會破壞好的制度，反之，好的領袖會夯實好的制度。因此，龐培歐呼籲：「讓我們選出一位不為我國感到羞恥、永遠不會為我國道歉的總統。這樣做，就會將一位強有力的、『美國第一』的領導人送回白宮。」

美國的經濟是美國取得地緣戰略勝利的最大資產

左派知識菁英一直蔑視川普的商人身分，不屑於像川普那樣在外交政策中重視國家商業利益。左派知識菁英似乎都很清高，恥於談錢，但他們在忽視國家商業利益的同時，自己卻從未忘記拚命撈錢，撈錢撈到讓自己富可敵國——歐巴馬就是這種「好話說盡，壞事幹絕」的典型。

美國從上世紀九〇年代末以來，進入三個法學背景的總統（柯林頓、小布希和歐巴馬）眼高手低、禍國不淺的惡性循環；與之相對應，稍遲一點，臺灣從二〇〇〇年之後，也進入三個臺大法律系畢業的總統（陳水扁、馬英九、蔡英文）有的背離李登輝道路、有的讓臺灣民主深化停滯不前的困境。

與「律師治國」的大敗局相比，「商人治國」的川普，開出了「山重水複疑無路，柳暗花明又一村」的新局，用龐培歐的話來說就是：「沒有哪一位總統曾經感召更多的人，自願承擔原先不在計畫中的任務。我協助川普執行並深化了美國國內實力影響全球安全的中心論述。」川普當了四年總統，自己的財富大大縮水，卻讓美國再次強大起來。

左派仇視資本主義，也繼承其老祖宗馬克思對商人的蔑視和醜化，馬克思人人皆知的名言是：「資本主義從頭到腳，每一個毛孔都流著鮮血和骯髒的東西。」但與此同時，左派自己從來不拒絕享受資本家的奢華生活。

左派認為，川普的第一身分和第一職業是商人，這是川普的「硬傷」。但川普從來不以商人的身分為恥，川普深知，美國從一誕生，就是一個商人的國家和以商業立國的國家。龐培歐在回憶錄中寫道：川普總統明白，美國的經濟實力，對於外交政策能否取得良好結果是十分重要的。川普對財富支持起權力的原則有深切的認識，他的口頭禪之一是：「誰掌握了金錢？」貧窮的美國就是不安全的美國，無法提供資金撐起強大的國防體系，並且很容易被中國人打敗。所以，龐培歐常常用國務卿的身分和權力，幫助美國企業在國際上拓展疆域，謀求最大利益。

在這個層面，川普的外交政策深受國父之一的漢彌爾頓的影響——建立一個所有自由國家接受共同國際法則的世界秩序。外交政策領域的權威學者米德，論述美國外交政策中的漢彌爾頓主義的這段話，同樣可以用來論述川普主義：「一些人譴責（或者像大陸現實主義一樣羨慕）漢彌爾頓主義者為促進國家利益而執行精明、現實的手段，這些人誤解了形成漢彌爾頓主義思想的原則和利益的合成方式。商業是博愛的最高形式，商業是通向世界和平的最快道路。其他人也許對這種觀點嗤之以鼻，攻擊所看到的漢彌爾頓主義外交政策機制的刻意虛偽。然而，這種信仰根深蒂固，深入人心。不管同意與否，如果不了解這一訴求的心理和思想影響，就不可能理解漢彌爾頓主義決策者的動機和行為。」

川普用短短四年時間，就打造了冷戰之後美國最欣欣向榮的經濟榮景（其間還有一段遭到中國病毒史無前例地破壞的經歷），並與盟友分享這種經濟繁榮——川普並未減少美國的盟友。讓美國衰弱的歐巴馬，才喪失了最多的盟友。若美國足夠強大，盟友自然蜂擁而至，用龐培歐的話來說就是：「我們重建了穩健的經濟，並且為每個願意努力工作的美國人帶來希望。我們和準備捍衛西方價值並使美國變得更好、更安全、更繁榮的國家建立了友誼。我們帶領了我們的朋友，也威懾了我們的對手。」

中國是美國單一最大的外部威脅

川普對中國的認識，有一個逐漸深化的過程。早在一九八〇年代，川普在其著述中就提及中國偷竊美國和西方的智慧產權、企圖「彎道超車」，提醒美國執政者警惕中國的野心，卻如空谷回音、無人理睬。

川普比大部分美國人都更早發現「壞中國」——它限制國民上網、鎮壓政治異議者、強行關閉報社、監禁反對者、限制個人自由、發起網路攻擊，還利用它在世界各地的影響力操控經濟。

川普早在二〇一六年的選戰中，就發現中國對美國的嚴重挑戰和威脅，並對當時的歐巴馬政府的不作為做出嚴厲批評：「美國的全球政策就是奪走中國的優勢。二〇一四年歐巴馬去了中國，他們為他舉辦了一場華麗的宴會。中國共產黨中央委員會總書記習近平到美國訪問，白宮就宣布了舉辦盛宴的計畫。當時我就說，換做是我，才不會為了習近平辦國宴，而是會跟他說『是時候談正事了』，然後開始工作。首先，中國必須停止讓人民幣貶值，因為這樣會讓世界上其他國家更難跟他們競爭。」

川普政府初期與中國的主要對抗放在經濟領域。當時身為中情局局長的龐培歐，向川普等政策制定者提供了大量關於中國工業、關鍵企業及其在各個環節的弱點的資訊。龐培歐努力揭示一個殘酷的真相：過去幾十年來，中共一直在對美國進行經濟戰爭，給美國帶來不計其數的財產和工作機會的損失，但美國對此視而不見。這造成令人震驚的結果：歷史上沒有任何一個國家像美國這樣，去餵養自己的競爭對手，讓他們變得更強壯。這就是柯林頓、小布希和歐巴馬的對華政策的致命錯誤。

龐培歐、納瓦羅、班農（Stephen Bannon）等人共同幫助川普對中共政權的本質有了更深刻和全面的認識，川普團隊由此形成一整套與此前迥異的對華政策。左派媒體將川普塑造成剛愎自用、我行我素的獨夫民賊，實際上，川普擁有海綿式的人格特質，善於學習和吸納別人的長處與思想。

余茂春透露，他多次隨同龐培歐到白宮開會，討論美國的對華政策，川普非常禮賢下士，認真傾聽每個閣員的發言，還特別點名，讓不是閣員、本來沒有被安排發言的他來發表高見：「余教授，你是在座的人當中唯一在中國生活過、深知中國共產黨的思維方式和行動方式的人，請您來提供意見。」

隨後，川普政府重新定位了中國，也重新定位了中美關係。其間，龐培歐及余茂春居功甚偉。龐培歐在回憶錄中寫道：

「習近平的人格特質，很符合我從軍時研究的東德或蘇聯共產黨人的心理特點。習近平的言談空洞，總是用些含糊不清的詞語短句和古老的中國諺語帶過。我在國務院的中國政策顧問余茂春後來告訴我，中共領導人，尤其是習近平總書記，特別愛引經據典，用來欺騙容易上當的美國領導人。我和幾十名世界各地領袖見過面，習近平是最讓人感到不舒服的一位。」

龐培歐見過的獨裁者很多，跟北韓的金正恩長談過幾次，但他對習近平的厭惡超過了對金正恩的厭惡。這個直覺相當準確。龐培歐在回憶錄的最後強調：

「我很自傲我們引領了美國（與全球）輿論發生戲劇性的轉變，因為中國共產黨比任何性病都危險得多。在接下來的許多年，我們還會繼續目睹這個政黨展現它究竟有多麼邪惡。」

如果龐培歐再有機會在美國政府擔任要職，其核心關切點萬變不離其宗：中國共產黨至今仍是美國的最大威脅，所有其他外交政策的挑戰，都必須服膺制止中國共產黨這個目標。

龐培歐為何能與川普合作無間？

川普早年擔任電視真人秀主持人的時候，最經典的一句話是：「你被開除了！」左派媒體常常攻擊川普政府走馬燈式的換人，其實，及時換掉不稱職的高官，比讓其一直待在高位上危害政策執行要好得多。拜登有一副「好心腸」，確實不會輕易解僱閣員，但一幫尸位素餐者（包括拜登自己）充斥白宮，才是美國最大的危機。

川普參選總統之前，從未擔任過公職，而此前幾乎所有的美國總統，要麼當過國會議員、州長，要麼當過將軍（華盛頓、格蘭特、艾森豪）。川普是華盛頓的外來者，視美國的政治中心為散發著惡臭的「華盛頓的沼澤」，誓言將這片沼澤抽乾。二〇一六年，川普參選總統期間，在選舉班子中發現了不少人才，但對於組建一個龐大的新政府來說，仍然遠遠不夠，最後他不得不跟共和黨建制派形成某種程度的合作，從建制派中挑選一批表面上與自己的價值觀基本吻合的人到政府任職。後來，川普才發現，很多人只是假裝跟他的價值觀一致，比如他當初勉強接受的副總統彭斯——到了「疾風知勁草，板蕩識誠臣」之際，彭斯立即就與他分道揚鑣了。

川普執政後，確實不斷換人。白宮幕僚長換了四個：蒲博思（Priebus）、凱利（Kelly）、穆瓦尼（Mulvaney）和梅多斯（Meadows）；白宮國家安全顧問換了四個：佛林、麥馬斯特、波頓（John Bolton）、歐布萊恩；國防部長換了三個：馬提斯（Mattis）、夏納翰（Shanahan）、艾斯培；國務卿換了兩個：提勒森和龐培歐。直到二〇一九年，川普和白宮安全顧問歐布萊恩、副顧問博明、國務卿龐培歐和國防部長艾斯培等主要外交和安全政策幕僚間的運作才逐漸穩定。其中，龐培歐是川普總統核心國安團隊裡，唯一做滿四年（先後任中情局局長和國務卿）、沒辭職或被開除的成員。

很多人對龐培歐為何能對川普「從一而終」，而川普為何沒有「開除」龐培歐頗為好奇。

龐培歐在回憶錄中交代說：「我和川普總統的關係很好。這沒有什麼神奇的公式：我跟他實話實說；尊重總統的職位，從不洩露我們的談話內容，無論是出於個人或政策的目的；執行他交辦的事項。我並沒有像許多其他自稱是我們團隊成員的人那樣跟他對著幹。我為美國而戰。」他還說：「我拚命工作，永遠把為公眾服務以及執行三軍統帥的意圖視為殊榮。」

另外，川普是一名個性鮮明的老闆，下屬跟川普相處，自然也需要一套特殊的方式：「認識川普的人都知道，跟他在一起的時候，你得聽他說什麼，而且必須聽他說很多話。有時候川普總統大放厥詞相當生動活潑，有時候卻顯得低俗下流，但總是百無禁忌，而我喜歡那樣。我年紀越長越是明白，缺乏傾聽能力是因為意志薄弱。這個道理我任內一再提醒國安同仁。要傾聽，學習；等到合適的時機，再理直氣壯發表你的看法，必要的時候甚至不妨激烈一點，然後執行計畫。」

歸根結柢，祕訣只有一個：總統才是包括外交政策在內的所有重大政策的制定者和決策者，國務院和其他官員都是執行者（當然也有建議權）。龐培歐對川普的地位和自己的地位認識得很清楚（兩者都是由美國憲法和法律賦予的，顛倒或逾越反倒是違法），所以他謹守界線。然而，川普政府及其他各界政府中，總是有若干官員認為自己比總統更聰明、自己可以充當政策的制定者和決策者，為此不惜「干犯統帥權」，最後落得個被「開除」的下場。

龐培歐的外交成就，就是川普的外交成就。期盼他們再度展開精采絕倫的合作，再度開創美國的盛世。

22 拜登、哈里斯像川普一樣對中國強硬嗎？

布林肯和蘇利文為何乖乖聽楊潔篪訓斥？

二〇二一年，拜登、哈里斯入主白宮後，有不少觀察家和評論家認為，拜登、哈里斯會像川普一樣對中國強硬，美國「剿共」的大方向不會變。

事實真是如此嗎？我並不如此樂觀。拜登表面上對中國說了些硬話，但拜登及其團隊背地裡不斷對中國示好、讓步，提出中美經濟「再掛鉤」（recoupling），擴大和延續兩國對話管道等建議，使得被川普的貿易戰重創的中國有機會復原傷口，重新攻擊美國。

拜登、哈里斯對中國實行綏靖政策的證據之一：二〇二一年三月十九日，美中最高級別的外交官在阿拉斯加展開美國政府更迭之後的首次會談。中方像戰勝國一樣咄咄逼人，美方像戰敗國一樣卑躬屈膝。

中國執掌外交事務的政治局委員楊潔篪不顧基本的外交禮儀，滔滔不絕講了十六分鐘，才讓翻譯轉述為英文。楊潔篪說了許多外交場合不常出現的大白話，迅速在中國社交平臺廣為流傳：美國沒有資格居高臨下同中國說話；中國人不吃這一套；難道我們吃洋人的苦頭還少嗎？在中國官媒的宣傳中，高層與美國會談的「硬氣」，被認為是國家崛起、民族復興的證據，在中共領導下，「中國已經不是原來的中國」，「中國花了一百二十年才走到今天」。

緊接著，中國外長王毅發表講話，批評美國過去幾年對中國「無禮打壓」，說「美國的這個老毛病要改一改了」。

拜登的國務卿布林肯與國家安全顧問蘇利文，像小學生一樣乖乖傾聽訓。若美國的對談者是有信仰支撐、強硬正直的龐培歐，會是這種情形嗎？此前，龐培歐跟同樣的談判對手在夏威夷會面，完勝對方。

蘇利文和布林肯都是歐巴馬時代的老臣，歐巴馬若干災難性的外交政策，他們都有份參與。如果他們稍有廉恥之心，就該閉門不出。然而，拜登鹹魚翻身，他們又被賦予更大的權力，卻一錯再錯。

布林肯是美國國務院的老派官僚，奉季辛吉為導師，不可能對中國強硬（此後，他訪問中國時，被習近平當做下屬，座位擺放方式跟此前的龐培歐完全不同）。

蘇利文是美國國家安全頂層機構中冉冉升起的明星，之前曾擔任國務院負責政策規畫的官員——即喬治．肯楠以前的位置，以及拜登任副總統時的國安顧問。他曾公開承認美國外交政策最大的缺陷在頂層，「我們沒有好辦法融合懂政治、外交政策與懂科學、技術和其他複雜領域的人」。他卻不願承認，像他這樣的官僚無法解決問題，他本身就是問題的一部分。正如國際關係學者戴維．羅特科普夫（David Rothkopf）說的：「他們的做法，無異於聽到警報時把毯子蒙在頭上，期盼能夠安然度過。」

二〇二一年九月二十一日，拜登在第七十六屆聯合國大會發表演說，表明美國不會主動對中共挑起「新冷戰」。其講稿是蘇利文起草的。蘇利文在接受 CNN 採訪時表示：

「我認為，美國以前對華方針的一個錯誤，是認為通過美國政策的實施，我們將達到對中國體制的根本轉變。這並不是拜登政府的目標。」他認為，美國對華政策的目標是創造條件，「兩個大國在可預見的未來可以在國際體系內工作」，拜登上臺後，美國在這方面「紀錄良好」。

蘇利文向中國拋出的橄欖枝，並未得到中共的善意回應。

中國向來欺軟怕硬、得寸進尺。即便蘇利文強調不改變中國、與中國共存，中方也認為「沒有新意」。中共統戰媒體「多維新聞網」評論說，「美國最大的問題就是對盟友頤指氣使發號施令，同時又要以一種優越的姿態和中國對話，按照拜登團隊的話說，就是『從優勢地位』和北京對話。只要這種姿態不變，中美之間的各種立場和利益摩擦就不會少」。該評論毫不掩飾的指出：「北京半年多來釋放的訊號很明確，美國沒有資格從優勢地位出發和北京對話，美國也無法單方面定義中美關係，北京也不認可當前拜登對中美關係『競爭、對抗和合作』的三分法定位。」換言之，美國必須接受中國與美國「平起平坐」的地位。

與此同時，王毅在《人民日報》撰文表示，中國加入聯合國五十年來，中國國家面貌發生了翻天覆地的變化，「任何人不要幻想讓中國向強權彎腰、向霸權低頭」。這就是直接打臉拜登。

中國會配合西方左派的全球氣候議程嗎？

拜登、哈里斯對中國實行綏靖政策的證據之二：亦步亦趨的遵循左派的全球氣候變遷議程，將中國當作必須合作的對象，懇求中國在此議題上參與合作。

全球氣候變遷議程，表面上看是高大上的環保議題，是為了人類擁有更好的未來，可以永續發展。然而，經濟學家比約恩・隆堡（Bjorn Lomborg）卻發現了一整套「環保的營利經濟學」，政客、大企業、環保團體、學術機構和媒體勾結起來，形成類似於軍事工業複合體的龐大利益集團，刻意製造人類末日的恐慌氛圍，並從中牟取巨大利益。他們罔顧圍繞氣候變遷的對話變得如此脫離科學現實，還賊喊捉賊的封殺質疑的觀點，給對方扣上「反科學」的帽子。臉書等社交媒體上，宛如共產黨宣傳部的幕後審查官，會毫不留情的將異議言論刪除。

比約恩・隆堡指出：「氣候是應該關注的對象。我們必須控制氣溫上升，並確保脆弱的國家能夠適應氣候變遷。但是現在流行的太陽能板和風力發電的氣候變遷政策，具有潛在負面影響：它們推高能源成本，傷害貧困族群，無法有效減少碳排放，不能使人類走上永續發展的道路，納稅人最終可能會反抗。」

另一方面，本來是全球環境污染第一、碳排放第一的中國，卻搶占話語權，將此議題做為反資本主義的主要論點。中國收買了大量西方政客、媒體、學術機構和環保團體，還投入巨額政府補貼生產太陽能板、電動汽車及電池，傾銷全球。

二〇二一年五月，至少四名極左派議員和六十個左翼活動團體發表公開信，呼籲拜登政府和所有國會議員不要把中國變成「二十一世紀的蘇聯」、「氣候變遷是一場全球危機。應對氣候變遷，需要全球合作。……我們對美國在對待中國問題上日益增長的冷戰心態深感不安；這種對立的姿態，有可能破壞急需的氣候合作。」他們認為，美國應當「放棄在美中關係中佔主導地位的對抗性方法，而將多邊主義、外交和與中國的合作放在首位，以解決氣候危機這一生存威脅」。

拜登對這些似是而非的說法照單全收，讓歐巴馬時代的國務卿約翰．凱瑞（John Kerry）以「總統氣候特使」的新頭銜訪華。拜登以為，凱瑞在國務卿任上對中國友善，在中國積累了豐富的人脈，能為美中關係敲開縫隙。卻沒有想到，地位等同於內閣部長的凱瑞在中國備受冷遇，鎩羽而歸。若是稍稍對中共的本性有一點了解，就不會犯這種低級錯誤——中共向來是勢利眼，對於不在權勢核心且失去影響力的「老朋友」，連面子都不給。中國外長王毅表示，美中關係繼續惡化影響到雙邊在氣候問題上的合作，在目前美中關係大環境中，兩國氣候合作不可能升級。二〇二一年十月，習近平根本就拒絕出席討論氣候問題的二十國峰會。

中國從未遵守其簽署的任何一份國際公約（包括關於減碳的承諾）。儘管如此，西方左派仍將中國視為地球救星。這種與虎謀皮的做法，連一向左傾的《華盛頓郵報》專欄作家

學，這一哲學貼近中國的保護主義，儘管它的目的不是審查內容和控制人民。……如果更多國家跟隨川普，以外交順從、保護主義目的或是以公民安全的新顧慮為由進行數位控制，互聯網會變得更像一個許許多多封地拼湊起來的地方，像是把世界旅行碎片化的簽證政策一樣。」

親共的華人社團高調宣稱：「自二〇一九年以來，海內外華人團結一致，已經成功反抗川普政府推出的數個不公平、不合理的法案，包括 TikTok 禁令、微信禁令等。」美國的華裔群體常說他們在美國社會遭到種族歧視，卻從未反省過自己究竟是效忠於中國，還是效忠於美國。

拜登撤銷川普的行政命令的次日，中國商務部對這一決定表示歡迎，稱這是「朝著正確方向邁出的積極一步」。

極左派團體「美國公民自由聯盟」（ACLU）的高級律師阿什利・戈斯基（Ashley Gorski）也對拜登的決定表示歡迎：「拜登總統撤銷川普政府的這些行政命令是正確的，這些命令公然侵犯了《第一修正案》賦予美國 TikTok 和微信用戶的權利。」

戈斯基的說法是對美國憲法的歪曲：美國有很多本國的社交媒體，美國人可以在這些社交媒體上自由發表言論，為什麼非要用敵國的、缺乏安全度的社交媒體呢？禁止敵國的社交平臺在美國運營，怎麼是侵犯美國人的言論自由？就如同冷戰時代禁止蘇聯的《真理報》在美國發行和禁止美國公民在《真理報》上發表文章一樣，乃是維護國家安全的必要措施。

隨後幾年，TikTok在美國侵門踏戶，為所欲為，美國的愛國民眾終於忍無可忍。二〇二四年四月二十四日，參議院通過一項法案，將迫使TikTok的中國所有者「字節跳動」將經營權出售給非中國的經營實體，否則直接將其禁止。二十五日，拜登簽署了該法案，使其成為法律——他先是否定川普的做法，然後又悄悄沿襲川普的做法，這已經不是第一次了。

《紐約時報》一向對拜登亦步亦趨，這一次居然站出來反對拜登，可見他們的大老闆不是拜登及美國左派，而是北京。該報指出：「如果美國禁止TikTok，它在維護開放互聯網平臺方面的道德權威將大打折扣。多年來，美國一直在鼓吹言論自由和開放貿易，現在，專制領導人在干預令其不悅的言論平臺時，就能引用華盛頓自己的例子了。」

後來，左派媒體還故意歪曲川普的言論，說川普否定了昔日禁止抖音的立場。其實，川普對此事件的發言有其上下文的特殊語境——他是為了批評臉書的言論審查而認為「整起事件的受益者將是TikTok的競爭對手臉書」，「TikTok有利有弊。但我不贊成的是，如果沒有TikTok，你會讓臉書變得更龐大，而我認為臉書是人民的敵人」。換言之，川普認為，美國要重建憲法保障的言論自由，僅僅查禁TikTok是不夠的，還要改造越來越抖音化的臉書（八月二十日，《華爾街日報》披露，臉書母公司Meta創辦人祖克柏在致眾議院司法委員會主席喬丹（Jim Jordan）的信函中承認，拜登政府的高級官員，曾「數個月內反覆施壓我們的團隊，要求審查有關新冠疫情內容的貼文，包括玩笑性或諷刺性的內容，當我們的團隊不同意時，他們頗為不滿」。他還承認，臉書還以俄羅斯干擾大選為由，審查打壓拜登之子杭特．拜登吸毒及性醜聞的流量，「事後回顧，很明顯的這不是俄羅斯的資訊戰」。祖克柏的言辭中似乎帶有悔意，並承諾這次大選期間將不再未查先審，同時也不再向民主黨捐款。喬丹此前曾警告說，因為祖克柏未能按國會要求，提交公司關於內容審核的文件，將針對他發起是否藐視國會的投票。在祖克柏致函後，喬丹表示，這是「言論自由的一大勝利」。有分析人士指出，祖克柏在拜登任期只剩幾個月、沒有報復能力時再來反戈一擊，是投注在川普身上，若川普當選，他就可以說自己早已棄暗投明。這個時間點選得巧妙！）。

拜登、哈里斯為何停止中國病毒溯源？

拜登、哈里斯對中國實行綏靖政策的證據之五：二〇二一年八月二十四日，統領美國十八家情報機關的國家情報總監辦公室，將關於中國武漢肺炎病毒的溯源報告呈送白宮，並於兩天後公布了少許「不保密」的概要。報告的結論是，根據現有資料（中國拒絕提供更多資料），無法確定病毒來源。

拜登據稱已讀取這份簡報。路透社報導說，該報告令人失望，因為無法解答新冠病毒是否自中國實驗室泄漏等疑問。這份報告指出，其轄下的情報機關無法就病毒源頭得出一致結論，也無法就病毒是否由實驗室洩漏達成共識，但可確定它不是一種人工研發的生化武器。

這份報告比起川普任期結束前情報部門撰寫的另一份報告，立場大大退卻和模糊。川普時代的報告，指武漢病毒研究所二〇一九年十一月有數名研究員因病入院治療，當時的病徵與新冠肺炎的病徵十分相似。而拜登政府的報告裡沒有提到此事。可見，對於左派來說，科學與事實是為政治服務的，不符合他們的意識形態的真相可以忽略不計。

在八月二日公布的、由國會眾議院共和黨籍議員自行調查的「新冠病毒溯源報告」，直指病毒源頭出自武漢病毒研究所，且病毒可能早在二〇一九年九月就已出現，「還被基因改造過」。這份報告由聯邦眾議院外交事務委員會首席共和黨籍眾議員麥考爾（Michael McCaul）所領導的眾議院中國工作組發布。報告指出，「新冠病毒源於自然界」的說法，由於一直找不到動物宿主，工作組認為「無法成立」。報告更指出，如果病毒是源於自然界，為什麼中共當局在國際社會要求追查新冠病毒源頭時，不但不協助，而且極力混淆、隱藏，甚至銷毀證據？

英國《星期日泰晤士報》提出的另一項分析顯示：最初的疫源中心靠近武漢病毒研究所的實驗室，而不是一直以來大家以為的華南海鮮市場。武漢病毒研究所在疫情爆發前就在研發疫苗了。

與武漢病毒研究所關係密切的亞洲科學家告訴調查人員：他們相信二〇一九年秋天就

有跟該病毒相關的疫苗研究在進行。該文還指出：解放軍疫苗專家周育森（Zhou Yusen）曾與武漢科學家合作研究MERS（中東呼吸癥候群）冠狀病毒，疫情當下也在與武漢科學家合作。

二〇二〇年二月，就在中國承認疫情爆發後一個月後，周育森申請武漢肺炎病毒疫苗專利，但三個月後神祕死亡，年僅五十四歲。有目擊者告訴美國調查人員，周育森是從武毒所屋頂跌落——顯然是被滅口。負責美國疫苗研發計畫的凱雷克（Robert Kadlec）曾發表報告，認定周育森團隊研發疫苗時間應不晚於二〇一九年十一月，當時疫情才剛開始。《泰晤士報》評論說：「如果某個國家能夠讓國民接種疫苗，對抗自己的機密病毒，可能就握有能夠扭轉世界權力平衡的武器。」

拜登政府的報告，完全不參考這些讓人信服的證據和論點，明顯是幫助中國脫罪。拜登政府還與中國政府及親中的世界衛生組織一個鼻孔出氣，反對使用「中國病毒」的說法。二〇二〇年初，世衛組織敦促人們避免使用「武漢病毒」或「中國病毒」等用語，擔心會激起人們對亞裔的反感。

反川普人士說，川普在二〇二〇年三月十六日的推文中使用「中國病毒」一詞，之後帶有#chinesevirus等標籤的推文隨之激增。這個用語在疫情期間激起對亞裔美國人的偏見。然而，我做為亞裔美國人之一員，並不認為這個說法對我構成種族歧視，正如川普所說，「中國病毒」一詞只是指疫情的地理起源，只是陳述一個事實。將病毒「去中國化」，只會讓中國全身而退。

拜登、哈里斯釋放孟晚舟是向中國進一步屈服？

拜登、哈里斯對中國實行綏靖政策的證據之六：經過逾千日法律訴訟，美國司法部放棄將華為財務長孟晚舟引渡到美國的努力，紐約布魯克林聯邦法院與孟「達成交易」，任由其連認罪也不用、簽一紙「延期起訴協議」即輕鬆回國、接受「英雄式歡迎」。

如果說中國是盜賊國家，那麼華為就是盜賊企業，盜賊國家必然盛產盜賊企業，華為堪稱中國的標配。如果不是川普政府出手，華為長期以來在美國和西方各國暢通無阻，參與基礎通訊設施建設，進而控制做為國家命脈之一的通訊事業——與此同時，中國卻禁止西方同類公司在中國運營。

川普政府對華為出手的時間僅次於澳洲政府，當時英國政府十分不情願跟進。美國作家理查．克爾巴吉（Richard Kerbaj）在《五眼聯盟》一書中披露，二〇二〇年一月，英國首相強生（Boris Johnson）不顧美方勸阻而一意孤行，批准華為參與英國 5G 網路建設。五月，川普政府祭出後續禁令，規定華為不得使用含有美國技術的半導體。兩個月後，強生被迫表態，下令禁止華為在英國營運。英國封殺華為兩年後，新首相梅伊（Theresa Mary）接受媒體訪問時承認：「如果當初採用華為科技，最後會給自己帶來麻煩。」

川普政府對華為的另一記沉重打擊是：二〇一八年十二月，應美國要求，加拿大政府逮捕了孟晚舟。美國指控孟晚舟隱瞞香港子公司星通（Skycom）與伊朗的業務往來，違反美國制裁伊朗的規定。

此後，加拿大法庭就此案開始冗長的引渡審判。在長達一千多天的司法訴訟中，中國、美國、加拿大三方不斷博弈。二〇二〇年二月十三日，美國司法部提出針對孟晚舟和華為的十六項新的刑事指控，其中增加了一項串謀竊取商業機密的指控。美國紐約布魯克林聯邦檢察官提交的替代起訴書指出，華為及其四間子公司被指控串謀敲詐勒索和串謀竊取商業機密，違反了美國《受敲詐勒索者影響和腐敗組織法》，華為在美國和中國的子公司，涉嫌盜用包括來自六家美國科技公司的智慧財產權，長達數十年。

中國為了救孟晚舟，與美國及加拿大展開角力，逮捕了兩名在中國的加拿大公民康明凱（Michael Kovrig）和邁克爾．斯帕弗（Michael Spavor）做人質。

拜登、哈里斯上臺後，對孟案的立場軟化。二〇二一年九月初，拜登與習近平通話，要求習近平釋放兩名加拿大人，習近平則提到孟晚舟案件。後來出任中國駐美大使的謝鋒，在一次內部黨課授課時透露，當年在中方關切的重點個案清單中，第一項就是無罪釋放孟晚舟。「孟晚舟女士被美國和加拿大非法拘押，一直是全中國人民心中的痛。」在加拿大法院即將對孟晚舟案做出判決的關鍵時刻，「習近平再次就孟晚舟事件，要求美國總統拜登妥善解決。最終，孟晚舟以不認罪、不罰款的方式獲釋回國。」

孟晚舟一登上中國政府安排的回國包機，就情不自禁的唱起了《歌唱祖國》。她搭乘政府專機，費用約六百萬人民幣，花的是納稅人的錢，無人心疼。包機降落深圳時，現場大批群眾揮舞五星旗及拉紅布條聲援，機場以鋪紅地毯和獻花大陣仗高規格接機。孟晚舟一下機就宣讀感謝信，大力感謝祖國、人民及習主席。身著紅色套裝的孟女強調說：「有五星紅旗的地方就有信念的燈塔，如果信念有顏色，那一定是中國紅。」極具諷刺意味的是，孟身穿的那襲紅色套裝來自紐約名牌服飾 Carolina Herrera，根本就是「美國紅」。

據稱，當晚收看各電視臺「晚舟歸航」直播的中國觀眾達一億多人次。《人民日報》稱此為「中國人民的重大勝利」。《環球時報》指拜登釋放孟晚舟的「安排」很好，「這是拜登為了緩和與中國關係的努力」。

若執行川普政府的策略，將孟晚舟引渡到美國，孟晚舟在被判重刑的高壓下，必定能吐出大量華為黑幕。拜登政府「腦筋急轉彎」，無疑是縱虎歸山。共和黨參議員盧比歐稱，「孟晚舟獲釋，讓人嚴重質疑拜登總統應對華為及中國共產黨構成威脅的能力與意願」，「我們已經看到，政府一心一意關注氣候問題，導致他們淡化種族滅絕問題。這只是拜登政府對北京採取危險的溫和態度的又一個例子」。另一位共和黨籍參議員哈格蒂（Hagerty）也說：「這是對中國進一步屈服。」

拜登對中國軟弱，哈里斯對中國更軟弱

拜登、哈里斯及其外交幕僚，缺乏與中共正面對決的意志和勇氣，也缺乏制定長遠的對華政策的願景與高度。拜登外交團隊中稍稍傾向鷹派的、負責印太事務的副國務卿坎貝爾（Kurt Michael Campbell），其主要思路也是「美國與中國不要讓競爭滑向衝突」，若是放在川普團隊中，則是最軟的軟蛋。期待拜登、哈里斯像川普那樣對中國強硬，根本就是請鬼拿藥單。

拜登政府不斷派遣高官到北京去「乞求對話」。曾任前美國副總統錢尼（Dick Cheney）國家安全事務顧問的普林斯頓大學政治和國際事務學教授范亞倫（Aaron Friedberg）對此不以為然：「如果中共當局拒絕對話，就像他們在很多場合所做的那樣，我們就不應該追著他們要求對話。我們只應表明，願意在他們選好的某個時機進行對話，但不會去乞求他們。」

在新加坡的香格里拉論壇上，中國國防部長李尚福拒絕與美國國防部長奧斯汀對話。吃了閉門羹之後，拜登政府仍罕見的派中情局局長威廉・伯恩斯（William Burns）祕訪北京。這讓人想起老布希在六四後派國安顧問斯考克羅夫特（Brent Scowcroft）前往北京面見鄧小平，試圖穩住當時幾乎坍塌的美中關係。

隨後，拜登又派遣國務院亞太事務助理國務卿康達（Daniel Kritenbrink）與白宮國家安

全委員會中國與臺灣事務高級主任貝莎蘭（Sarah Beran）到北京訪問。國務院副發言人韋丹特・帕特爾（Vedant Patel）說，此舉是為了「負責任的管控我們與中華人民共和國的關係」。范亞倫批評說，康達選擇天安門大屠殺週年紀念日的六月四日訪問北京是個「錯誤」，暗示拜登政府對中共被普遍譴責的人權侵犯行為並不十分在意：「這是個非常糟糕且不必要的錯誤，本來可以很容易避免的。我不明白為什麼會這樣。」

當民主黨大老通過軟性政變逼退拜登、拱哈里斯出馬競選後，耐人尋味的是，早已被中共滲透得千瘡百孔、乃至淪為中共大外宣幫凶的美國之音，立即發表題為〈哈里斯成為民主黨總統候選人，中國學界民間看好〉的長篇報導。龐培歐在回憶錄中，曾以專門的篇幅痛斥美國之音：「成立這個單位，原本是為了幫助美國向世界傳遞：我們國家的偉大力量，乃奠基於尊重自由和民主準則的基礎上。過去他們確實達成了這項任務。但可悲的是，如今他們都成了左派的俘虜。他們的報導有太多時候都在貶低我們的國家；也就是說，他們只是在重複其他媒體的諸多怨言。……我去美國之音發表演講，當時有幾名員工抗議我的演講。想想看：那些領取美國政府薪水的人，竟然不希望美國外交的聲音在美國之音播出。」這篇報導再次驗證了龐培歐的批評。

美國之音在這篇吹捧哈里斯的報導中，大肆引用中國官方學者的看法，宛如共產黨喉舌上的內容和語氣。

上海東亞研究所副所長包承柯表示，哈里斯在一個多月內就募集到五億多美元的捐款，這是前所未有的成績，顯見恐怕有相當多的美國民眾和企業都不希望川普重回白宮。包承柯說：「如果哈里斯能當選，我們也期待在哈里斯領導下，中美關係能夠更好、更成功，而不像她的前任那樣過度把中國的挑戰放在第一位，這是沒必要的。」

這篇報導還引述摩根史坦利前亞洲區主席、耶魯大學資深研究員史蒂芬‧羅奇（Stephen Roach）八月十九日針對美中關係發表的〈哈里斯會成為下一個尼克森嗎？〉一文。從作者頭銜就可看出，羅奇與季辛吉、鮑爾森等人一樣，是川普對中國發動貿易戰並對中美關係做出根本性改變之前的時代裡，大發橫財的華盛頓—華爾街權貴，他們當然希望重新回到那個長袖善舞、點石成金的時代，他自己腰包鼓鼓，一到中國就被當做人間帝王。至於美國的國家利益如何受損，他根本不在乎。

羅奇在文章中預測，若哈里斯當選，美中關係將有機會走向新方向，正如同五十二年前尼克森與中國的和解。羅奇在文中凸顯哈里斯的競選副手華茲的角色：鑑於華茲與中國有特殊聯繫，他將帶來實用主義，而這正是美國當下日益仇華的環境下嚴重缺乏的。羅奇認為，華茲對中國的認知增加了「哈里斯政府」採取尼克森風格的對華舉措的可能性，鼓勵他們優先考慮重新與中國「再接觸」，而不是在衝突關係的每個摩擦點上固執己見、拒絕讓步。這就是尼克森在一九七二年拋開意識形態偏見與中國接觸的原因。華茲很可能幫助扭轉哈里斯的對華政策。羅奇總結指出，在川普和拜登的領導下，美國的「中國癥結」每況愈下。如果哈里斯獲勝，情況大可不必如此。

拜登對中國比川普軟弱，但哈里斯若掌權，必定比拜登更軟弱。顯然，這群在美國和中國之間穿梭的買辦又開始作春秋大夢了。

23 期盼范斯出手，幫助富察回家

富察獨具慧眼，出版范斯自傳的全球唯一中文版

范斯成為川普的副手後，他的自傳《絕望者之歌》（*Hillbilly Elegy*，有譯為《鄉下人的悲歌》）一夜之間再度登上亞馬遜暢銷書排行榜榜首。

「我不是參議員，不是州長，也沒有做過內閣部長，」這本書的第一頁這麼寫道，顯示作者是平民百姓。這些在二〇一六年此書出版時都是真的，當時范斯的身分是海軍陸戰隊退伍軍人，畢業於耶魯大學法學院，「有一份好工作、幸福的婚姻、舒適的家和兩隻活潑的狗」。

然而，在二〇二四年七月十五日，范斯的回憶錄讀起來有點不一樣了——他不僅是俄亥俄州參議員，而且成為被川普欽點的美國副總統候選人。若川普、范斯搭檔順利當選，四年內執政順利，四年後范斯必定代表共和黨出馬選總統，他很可能在二〇二八年當選下一屆美國總統。難怪《紐約時報》在一篇評論文章中酸溜溜地說，讀懂《絕望者之歌》，你就懂了范斯和二〇二四年的美國大選。

當年，《絕望者之歌》剛一出版，就被《紐約時報》選為「理解川普的六本書之一」；《經濟學人》更說它是「今年關於美國最重要的一本書」。當時，在臺灣八旗文化出版社任編輯的王家軒讀到這本書，頓時就有了出版該書中文版的願望：「一來是他寫的家族故事真的既荒唐又感人，二來是他的故事真的很『不美國』。……我希望大家能看到作者苦

心孤詣想要傳達的訊息：最終能拯救他的，一是家人的親情的支持，二是樂觀奮鬥、積極進取的精神。」當時，版權的預付金並不高，八旗很輕鬆就簽下來了，沒有人要競爭——臺灣出版界和知識界，對「另一個美國」或紐約和加州之外「更真實的美國」頗為陌生，也極少有人關心。

八旗文化總編輯富察不僅大力促成此書中文版出版，還在臉書上多次肯定和稱讚此書的價值。二〇一七年九月二十九日，富察在臉書上說，該書編輯王家軒及八旗希望出版這本書，讓「美國主題的書籍都市場冷感的臺灣」能更深刻全面認識美國。「即便市場反應平平。說到底，每本書都是八旗的編輯忠實於自己心靈的產物。書如其人，讀者亦然。市場中短期的起伏波動，不過是外物罷了。」

二〇一七年十二月二十三日，富察在臉書上說：「《絕望者之歌》之被彭淮南關注、被誠品視為二〇一七年度的重要出版現象，及所引發的大量爭議和討論，都可以讓我們把（階級固化）這個人類社會的永恆議題導向深化。」

二〇一九年七月四日，富察又在臉書上寫道：「美國國慶日，配上一本《美國的反智傳統》外加美國白人的《絕望者之歌》和《白垃圾》，大概就更懂得川普主義。也更理解世界大局之所以改變的深層原因。一般中文讀者，都覺得川普是粗俗、反智的代表，而歐巴馬則是知識分子心目中總統的偶像。我也曾經這樣認為，而且出版過歐巴馬的傳記《橋》，作者是非虛構寫作高手、紐約客雜誌總編輯。但我現在已經改變了對歐巴馬的看法，自然也自認為更深入理解美國一些。……比喻說來，我們人類太喜歡君子，以致於偽君子也不察，或者也喜歡。或者像紅塵男女總喜歡獻身帥哥美女，但如果一起過日子則可能很痛苦。政治也是如此。」《絕望者之歌》中有專門的章節戳穿歐巴馬光鮮的畫皮。可以說，范斯的這本書是促使富察的思想脈絡由左轉向右的因素之一。

八旗出版社的美國系列出版品，大都叫好不叫座。美國對臺灣如此重要，臺灣卻又對美國如此疏遠，這對臺灣來說相當危險——不了解美國，就容易產生疑美和反美思潮。富察希望，通過出版類似《絕望者之歌》這樣的著作，向臺灣介紹美國，尤其是保守主義的美國，幫助臺灣讀者和臺灣社會彌補該領域知識與觀念的缺失。這是八旗近年來非常重要的一個出版面向，也是臺灣很少有出版社著力的一個面向。八旗在這個議題上的貢獻，超過了一所名牌大學的社科院或中研院的一個研究所。我也有幸為八旗的這個系列提供了兩本著述：《用常識治國：右派商人川普的當國智慧》和《美國左禍與自由危機》。

既然范斯讓中國膽寒，就能幫助富察自由

二〇二三年三月二十一日，已經獲得中華民國公民身分的臺灣女婿富察，赴中國探親並辦理除籍手續，卻被中共國安部門祕密拘捕。直到四月二十六日，臺灣及西方媒體報導之後，中國國臺辦發言人才在記者會上披露，富察因「從事危害國家安全的活動」，正式

接受國安機關調查。同日，美國筆會發表聲明，強調「出版不是犯罪」。

五月十二日，臺灣「聲援富察連署工作小組」召開記者會，公布一份有三百五十位臺灣文化學術界人士的簽名信，呼籲中國當局停止無限期羈押富察，盡快公布調查結果；賦予富察應當享有的法律權利，包括能與家人和律師聯繫。

富察的朋友們創建了「富察回臺灣 Fu Cha back Taiwan」臉書專頁。該專頁介紹說：「筆名富察的李延賀，於二〇〇九年跟隨著臺灣太太從上海遷居至臺北，二〇一九年獲頒『年度出版風雲人物』殊榮。他創立的八旗文化，是享譽華文世界的知名出版品牌。」很多富察的朋友和讀者在專頁上留言聲援：

「極權者始終恐懼知識的自由，你被囚禁多久，就代表他們的恐懼有多深。感謝你對知識自由的貢獻與熱情，願這一切賦予我們深度，即便苦痛伴隨。」

「謝謝富察出過的書帶給讀者思想震撼。以富察出過的書，連成等待的黃手帕，願平安回來。」

「我是一個高中自學生，很關心社會議題和希望民主人權可以在這塊島嶼國家被保守，也希望中國有朝一日可以實現人權和民主自由的落實，也希望你早日回家，願公義與愛和所有受壓迫者同在。」

「我要再次向中國發聲，如此偉大的國，倘若你們始終認為自己強大就不該害怕一位充滿理想的文化人，害怕他盼望華文出版圈能夠更自由更開放的聲音。」

這些留言，代表著臺灣人以及所有熱愛自由的人的心聲。

富察是八旗文化的創始人和靈魂人物。臺灣網媒《轉角國際》報導，總編輯消失，使得八旗內部產生大幅變動，如今的八旗，人力規模僅剩下一名編輯和一名行銷，吃緊的人力，反映在讀者眼前的是出版書籍量減少。八旗主編邱建智坦承，二〇二三年八旗出版的書籍數大約比往年少了三分之一。八旗行銷總監蔡慧華表示，富察一直是八旗最核心、最強的代表。隨著歷史書籍文本的積累，八旗的出版物呈現獨特的史觀。雖然人文書的閱讀門檻相對高，不過八旗藉由不斷產出和現場活動，養出一群緊密互動的熱情讀者，「而富察也絕對是出版界的一塊重要拼圖，少了富察的臺灣出版界，也少了幾分精采而有缺憾。我們要持續為富察祈禱，讓他早日回到自由的土地，重新與我們一起工作。」

一年多以來，臺灣政府及朝野各方都在為富察重獲自由而發聲。然而，中共從來不承認臺灣是一個國家，也不將臺灣看做是對等談判的對手，對臺灣方面的呼籲根本置若罔聞。中共政權認為自己已然是大國崛起，對歐盟、日本亦不放在眼中，唯一還有一點忌憚的就是美國。所以，在富察獲釋問題上真正能出力的是美國。

范斯在獲得提名為副總統候選人的美國共和黨全國代表大會上發表演講，猛烈抨擊中國，力度超過川普。七月十五日，他在接受彭博社訪問時指出，中國是美國的「最大威脅」。他同日在福斯新聞的訪問中也提到，要盡快結束烏克蘭戰爭，「這樣美國就能專注於真正的問題，那就是中國」。

此前，他還曾在慕尼黑安全會議上表示，美國的軍事資源應集中在東亞而非歐洲，未來幾十年的外交焦點也應該聚焦在東亞。他在保守派智庫傳統基金會發表演講時也說，「我們最需要防止的是中國入侵臺灣」，因為那將為美國帶來災難性後果，「它將摧毀我們整個經濟，因為電腦晶片有很多是在臺灣製造的。」范斯一點都不掩飾他對中國的反感，他對中國的負面看法是一以貫之的。中共政權向來欺軟怕硬，對於范斯咄咄逼人的批評始終不敢回嘴。

我個人非常期待范斯知道富察的遭遇。富察的遭遇，必定能讓范斯對中國的極權主義本質有更深刻的認識——中共連一個並不從事政治反對活動的出版人和文化人都不放過，長臂管轄，無遠弗屆。

富察家中有兩個年幼的孩子——一個女兒和一個兒子，比范斯家的孩子年齡略長。兩個孩子已有一年多時間沒有見到他們的父親了，而他們的父親並沒有做過什麼壞事。做為其妻子眼中的「偉大的父親」，范斯想必對另一位被迫跟孩子分離的父親的困境能感同身受，能「愛人如己」，能「幼吾幼以及人之幼」。我期盼范斯能為富察發聲，並運用他的影響力向中國政府施壓，讓富察早日回家與妻兒團聚。

24 在川普眼中，臺灣是小小的筆尖，但筆尖可以劃破桌面

川普重新定義中國，也重新定義臺灣

西方左派主流媒體常常將莫須有的罪名和想像加諸於川普——比如，川普會放棄臺灣，將臺灣「賣給」中國，因為川普是唯利是圖的商人。但他們故意忘記了，正是希拉蕊任國務卿時，饒有興趣的與顧問談及將臺灣「賣給」中國的話題（美國放任中國統一臺灣，中國免除美國欠中國的債務）。

左派有一種「投射」的心理習慣：他們自己幹過的壞事，一定要投射到對手身上。CNN故做嚴肅的分析：「中國擔心美國前總統川普重返白宮，但如果他贏得總統大選，北京當局也會尋找機會，因為川普避免讓美國捲入更多國際衝突，在臺灣議題方面恐讓中方有機可乘。」《經濟學人》寫道：「川普如果勝選會是什麼光景，也是中國菁英間的激辯話題。他們擔心川普重新入主白宮會導致更激烈的貿易戰，造成巨大的經濟成本。但他們也相信，川普對國際聯盟的蔑視，可望為中國帶來巨大的宣傳效益，並破壞由美國領導的亞洲安全體系，使中國得以在臺灣等問題上隨心所欲的行動。」這些論述無不自相矛盾，難以自圓其說。

臺灣島內彌漫著濃濃的「反美論」和「疑美論」。首先，臺灣民眾和知識界片面接受西方左派主流媒體的錯誤資訊，對川普和美國保守派充滿疑懼。其次，臺灣島內絕大多數「反美論」和「疑美論」，都是中共認知戰的一部分。做為中共隨附組織和在地協力者的國民黨和民眾黨，竭力配合，使之甚囂塵上。再次，獨派和綠營內部，長期是左派坐大的格局，此前的蔡英文政府對美國民主黨一系列極左社會政策亦步亦趨，對川普及其代表的美國保守主義民意頗為敵視。

前白宮國安顧問波頓曾出書爆料，直言川普對臺灣並不友善，常常用「桌上的筆尖」比喻臺灣。此一細節被西方左媒、中共宣傳機構及臺灣的左派媒體和親中媒體大肆宣揚。

波頓被川普免職後，常常對川普破口大罵，書中如此爆料，不足為奇。龐培歐在回憶錄中痛斥波頓說：「波頓更重視攬功勞和滿足自己的自大心理，而不是依據美國憲法秩序盡責執行總統指令。如果團隊裡的人都像波頓一樣自私，我們將一事無成。」波頓書中的爆料未必是事實，即便川普真的使用過那個比喻，亦可做另外的解讀：臺灣並不會因為太小而失去被美國保護的價值，臺灣是一個小小的卻銳利的筆尖，但筆尖可以劃破桌面。在此意義上，對臺灣的比喻，還是麥克阿瑟的比喻更為真切：臺灣是不沉的航空母艦。

川普有電視秀主持人的背景，知道說什麼話會被媒體炒作成新聞，而他樂於處在鎂光燈中心位置。但是，判斷身為總統（或總統候選人）的川普的是非，不能單靠他說了什麼，更要看他做了什麼。換言之，他在內政和外交上的具體政策，遠比某些誇張言論重要。

正如余茂春所說，川普在二〇一七至二〇二一年任期內最重要外交成就，是重新界定了中國，讓世界認清了習近平和中共政權的本質。中國對於臺灣及周邊國家有訴諸武力解決事端的傾向，還有打破國際現有秩序、挑戰美國領先地位的戰略意圖。川普重新定義中國在世界地緣政治中的地位——中國對美國是頭號威脅，對於全世界也是頭號威脅，「中國戰略意圖非常明顯，已不只是地區性的威脅、而是全球性的威脅」。美國採取的政策是全球策略，是把全世界民主國家聯合在一起，臺灣在其中地位相當重要。

川普重新定義了中國，也重新定義了臺灣。臺灣不再是小布希時代的「麻煩製造者」，而一躍為第一島鏈的樞紐和美國印太戰略的核心。余茂春指出，今天保衛臺灣，一如當年保衛西柏林同等重要。美國一如既往堅決反對中共武力侵犯臺灣，即使是一九八〇年《中美共同防禦條約》終止之後，美國也以不同方式承諾保證臺灣防務。以《臺灣關係法》與一系列總統行政命令和重要政策表述為基礎，美國政府和美國總統，從未放棄以軍事介入來阻止中共武力犯臺的承諾。

川普用若干實際行動落實了這些承諾，川普是雷根之後最友臺的美國總統。川普任內，簽署了多項對臺灣有益的法案，包括《六項保證決議》、《臺灣旅行法》、《亞洲再保證倡議法》、《臺灣友邦國際保護暨強化倡議法》和《臺灣保證法》等，解除了美國國務院與臺灣官員會面的限制，還批准了十一次對臺軍售。

川普任內總共通過十一次對臺軍售，包括六十六架 F-16V 戰機、一百零八輛 M1A2T 主力戰車、十一套海馬斯多管火箭系統、AGM-88 反輻射飛彈、MK48Mod7 重型魚雷和陸基魚叉反艦飛彈系統等。軍售內容更一改以往僅限於防禦性武器，而改以大型裝備和具備攻擊作用的先進精準武器，對中國武統臺灣造成更大阻力。

據日本媒體《朝日新聞》在二〇二一年的一篇報導，二〇一八年川普執政時期的機密檔案，曾詳細規畫中國侵略臺灣或日本沖繩南部離島時，美國武力支援日本和臺灣的具體方案。

二〇二四年五月，曾獲川普派任駐歐洲安全暨合作組織大使的季爾莫對臺灣記者表示：「我相信川普（再次）就任總統後，會支持臺灣。」

二〇二四年六月，前白宮副國安顧問博明表示，川普執政時期，他曾多次與川普討論臺灣議題。川普非常了解臺灣安全對美國戰略、經濟和全球局勢的重要性。

二〇二四年五月三十日，川普在一次競選活動中公開宣稱，在其總統任內「若中國侵略臺灣，就要轟炸北京」。中國對這句話驚慌失措，中國國防部新聞發言人吳謙表示：「上述言論是非常喪心病狂的。」部分逢川必反的美國左派媒體也與中共遙遙唱和，聲稱這是川普的「狂言」。不少臺灣親中媒體也做出負面報導：《聯合報》的標題是「川普指若陸侵臺將轟炸北京，陸國防部痛批『喪心病狂』」。《中國時報》的報導是「川普狂言嚇壞金主」，這家報紙彷彿成了川普金主的代言人，其實它的老闆是親中商人。

川普的這句話並非狂言，而是常識和真話。這句話既符合做為美國國內法的《臺灣關係法》，也與美國憲法、獨立宣言和美國建國的基本理念吻合。

在二〇二四年七月的共和黨全國代表大會上，共和黨新通過的黨綱中列入多項對抗中國的政策：「共和黨人會撤銷中國的最惠國待遇、逐漸淘汰（從中國）進口必需品，以及阻止中國購買美國地產與產業。」在國防部分亦指出：「共和黨計畫透過實力帶回和平，重建我們的軍事及聯盟、反制中國、打擊恐怖主義、建立鐵穹飛彈防衛盾、提升美國價值、確保我們國土和邊界，以及讓我們國防產業基地復甦。」黨綱儘管沒有提及任何盟邦的名字，但有提到「印太地區」：「我們會支持印太地區的強健、主權和獨立的國家，與他方在和平與商業交流中蓬勃發展。」對此，曾擔任共和黨亞太區主任委員的政治分析家方恩格（Ross Feingold）指出，這句話很大概率包括臺灣，意味著川普和共和黨人將臺灣視為獨立國家。

不是向臺灣收取保護費，而是讓盟友共同承擔維和使命

川普是美國人選出的美國總統，不是臺灣人選出的臺灣總統，他的願景是「讓美國再次偉大」而不是「讓臺灣再次偉大」（「讓臺灣再次偉大」是臺灣民選總統的使命）。不過，在美臺國家利益高度重合的當下，川普的政策對臺灣而言利遠遠大於弊。

川普的某些涉及臺灣的言論，或許臺灣人聽上去很刺耳，卻符合美國的國家利益，也合乎邏輯和常識。

二〇二四年六月下旬，川普接受彭博社記者庫克（Nancy Cook）訪問時，直言臺灣奪走了美國的晶片事業，而若臺灣要美國提供保護，「臺灣應該付錢」。（Stole our chip business

應該是像以色列一樣，自己能建立足夠的震攝力，阻嚇任何軍事投機行為，強化地區秩序。……臺灣保衛自己本來就是臺灣的責任，那就是你本來要投入的成本，覺得將成本推卸給美國是理所當然的臺灣，沒有被支持甚至被尊重的價值。所以，范斯與川普，在對臺政策上其實相當一致，只是說法不一樣：不論在財政上還是武力上，臺灣應該盡力承擔起自己的防務，盡量不要成為美國的負擔，這才方便美國以較低成本維持和平。所以，抗中保臺，不等於抗中援臺。要得到美國的支援，前提就是你值得被支援。這就是范斯想展現給天下的原則，也是川普會同意的原則。」

臺灣網媒《報呱》專欄作家、有留美經歷的蕭良嶼在〈臺派選民該怎麼看川普的「不友臺」言論？〉、〈下一個川普四年與臺灣應有的覺悟〉等文章中也指出，川普所謂「不友臺」的言論，反映的是美國社會對於臺灣是否有足夠的意志與意願自我防衛的「疑臺論」。「保護費論」不只是針對臺灣，川普過去也反覆要求北約盟國必須支付長期拖欠的欠款，並且必須提高國防預算。很難將川普的言論視為單邊主義，或者「棄歐論」。川普並沒有逃避美國的區域協防責任，事實上，川普的「保護費論」，反映了全球區域安全體系在長期和平後的廢弛，而這個問題不能單獨由美國來承擔。蕭良嶼認為，川普的立場或許帶給臺灣一個新的契機，也就是迎接美軍駐臺：「如果美國不能放棄臺灣，然後軍工產能又一時跟不上來，軍購緩不濟急，什麼樣的方法可以防衛臺灣又降低美軍西太平洋的部署成本？那就是美軍駐臺。」

那麼，川普的言論究竟讓誰最生氣、最害怕呢？中國外交部在川普的「保護費論」之後，突然開了一個記者會，宣布暫停跟美國的軍控與核子擴散磋商。可見，中國已經從「保護費」的說法，結合現在川普跟共和黨的立場，研判出未來美臺的軍事合作一定會更緊密，中國心中最害怕的結果將是美軍駐臺。於是，「中國找來找去，終於找到了一個名存實亡的核子擴散與軍控議題，作為對臺美軍事將更緊密結合的表態。」而另一個常識就是：凡是中國恐懼的東西，臺灣都應該謹慎樂觀以待。

烏克蘭優先，還是臺灣優先？

俄羅斯入侵烏克蘭，以及哈瑪斯對以色列發動恐怖襲擊，使得美國的戰略中心再度轉向歐洲和近東，對印太戰略來說頗為不利。很多人擔心如果臺海局勢惡化，美國必然顧此失彼。是烏克蘭重要，還是臺灣重要，這是一個難以迴避的議題。這個議題的背後還，有一個更深層的國家安全戰略：對美國而言，究竟俄羅斯是最大的敵人，還是中國是最大的敵人？前者是冷戰思維，後者是新冷戰時代尚在凝聚中的共識。

美國的對臺政策，在川普時代發生重大轉變，而這一轉變的大背景是印太戰略的實施——美國的戰略中心從歐洲轉向亞洲，從大西洋轉向太平洋。

俄羅斯民主化失敗，普丁再度將其威權化，並繼續與美國為敵，但俄羅斯的經濟體量已跌到全球十名之後，俄羅斯對美國的威脅只是區域性的。如今，對美國造成全球性威脅的，唯有中國。

二〇二四年三月，美國耶魯大學的保守派智庫「巴克利研究院」舉辦了一場政策辯論會，辯論美國外交戰略的優先順位。辯論題目寫著：「美國應該優先考量臺灣，而非烏克蘭」（*The US should prioritize Taiwan over Ukraine*）。這個題目本身就是答案，體現了美國保守派的立場，也是川普執政期間美國國家安全戰略的典範轉移。

這場辯論在兩位重量級學者之間展開。贊成臺灣優先的是前國防部副助理部長柯比（Elbridge Colby），他是川普政府時期著名的對中鷹派，著有關於美國印太戰略的論著《拒止戰略》。反方代表則是耶魯大學蘇俄及東歐問題專家史奈德（Timothy Snyder），其《血色大地》、《暴政》等著作在西方影響甚大。

在美國的政治光譜中，史奈德是標準的學院菁英和左派知識分子，其國際觀與國內的政治立場互為表裡。他的研究領域深刻影響了他的立場：以俄國為美國的首要敵人，而他對中國、臺灣和亞洲問題並無太多涉獵，故而忽視中國問題的嚴重性。他認為，「美國不應該優先考量臺灣，而應該優先考量烏克蘭」。

史奈德提出四大理由：第一，俄烏戰爭是現在進行式，臺海戰爭還不是。一旦烏克蘭戰敗，美國將立刻面臨四大風險：核武擴散，種族滅絕及違背國際法，違反北約宗旨，摧毀民主價值。第二，阻止中國侵略臺灣的最好方式，是先阻止俄羅斯在烏克蘭戰勝。第三，中俄兩國早已聯手，俄國侵烏應視為中俄同盟對民主陣營發動攻勢。第四，美國幫助烏克蘭打贏俄羅斯、進而挫敗中俄同盟，可強化全球民主向心力。

柯比則認為，「中國才是美國在全球競爭上的最大對手」，在政治、經濟與軍事層面都比俄羅斯帶來更大的威脅。中國不僅有條件，其共產專政政權更有改變國際現狀與國際秩序的意圖，其中不可或缺的一步就是「統一臺灣」。只要佔領了臺灣，中國就能稱霸亞洲，稱霸未來全球市場占比將近五成的地區。反觀美國，不僅會因此失去第一島鏈，美國在韓國、日本等地構築的同盟更會如骨牌般往中國倒去。為此，臺灣值得美國國家戰略的最優先也最迫切的關注，人力、武器、資金、原物料及政治資本，都必須盡快投入進去。

柯比指出，當前美國被俄烏戰爭分散了注意力。俄國入侵固然可惡，烏克蘭人抵抗確實有理，美國也應該提供烏國援助。但美國不該混淆優先順序，為了援烏而耽擱對臺灣的關注，因為中國是遠比俄國更危險的對手。而且，北約的歐洲盟國對烏克蘭應給予更多支持，歐盟在經濟實力上遠勝俄國，烏克蘭問題對歐盟國家更是唇亡齒寒，歐盟有能力也有義務幫助烏克蘭。相比之下，在東亞，並沒有一個能制約中國的「亞盟」，若沒有美國，臺灣首先就會淪陷。所以，柯比主張，美國只能在烏克蘭有限度投入，同時要全力強化臺海的嚇阻與東亞同盟的構築。

用法國思想家托克維爾在《民主在美國》一書中的觀點來看，有些國家能成為民主憲政國家，有些國家不能成為民主憲政國家，是基於不同的民情秩序。民情秩序是長期形成的，不可能一夜之間轉變。在阿富汗這樣的國家，美國發動反恐戰爭、耗費十多年時間和數千億投入，也無法幫助其建構起民主自由政體，最後不得不接受塔利班捲土重來。在此意義上，烏克蘭是「失敗國家」——中央政府無力提供安全、公共服務、政治參與等「正向政治資本」；反之，臺灣是「成功國家」。美國當然竭盡所能先幫助「成功國家」，而對幫助「失敗國家」設定限度。

美國和歐洲盟友當然要幫助烏克蘭，但烏克蘭自身的改革不能因戰爭而終止。如果烏克蘭自己不爭氣，外部援助總有一天會枯竭和終止。就如同當年美國支持國民黨政權熬過中日戰爭，卻無法繼續支持其與共產黨的內戰——國民政府如同「扶不起來的阿斗」，美國不會傻到往無底洞中扔錢。

烏克蘭獨立之後，成為中共最重要的先進武器供應國。中共通過重金賄賂，以極低價格向烏克蘭購買航母，然後改裝。最多之時，烏克蘭有數千軍工產業的工程師在中國幫助研發和生產武器。儘管中國是俄羅斯最關鍵的盟友，烏克蘭始終與中國交好。臺灣出於唇亡齒寒之感，朝野大力支持和援助烏克蘭，烏克蘭卻刻意奉承中國，對臺灣不屑一顧。二〇二四年七月，烏克蘭外交部長德米特羅．庫萊巴（Dmytro Kuleba）訪中，在會見中國外長王毅時表示，「做為全球和平的力量，中國的作用非常重要」，烏克蘭支持中國在臺灣問題上的立場，並將繼續堅持「一個中國」原則。

川普、范斯和美國保守派認為烏克蘭不應得到無休止的援助，是有道理的。相比之下，美國對臺灣的每一分支持和援助，都如同投資一般，會有豐厚回報。

臺灣不是烏克蘭，更不是阿富汗。在全球範圍內，臺灣是民主轉型最為成功的國家（儘管在憲政層面仍存在若干嚴重缺陷）之一。臺灣擁有印太地區最具活力的公民社會、新興科技和經濟貿易，也是這一區域裡除了日本之外最親美的國家（臺灣同時也親日，日本也親臺，臺日關係有點像英美關係，過去的殖民歷史早已「相逢一笑泯恩仇」）。美國及其盟友絕不會坐視「好國好民」的臺灣孤獨的被中國霸凌乃至武力侵略。保護臺灣，是目前左右尖銳對立的美國政界少有取得高度共識的外交議題。臺灣這個「未結盟的盟友」的重要性，甚至超過美國在歐洲的大部分盟友。

臺灣需要自信和勇氣——相信自己，也相信美國；絕不向中國下跪，也絕不複製香港的悲慘命運。

【附錄】

在華語世界，什麼人支持川普？什麼人反對川普？

川普及「川普主義」崛起之後，在華語文化圈內各個不同的文化、地理及政治群落（中國、香港、臺灣、美國為主的西方國家華裔社群及東南亞華裔社群等）當中，支持川普和反對川普人士形成尖銳對峙與激烈爭論，有時甚至比美國主流社會的分歧和分裂更為嚴重。

在此背景下，二〇二〇年美國大選期間，我整理出一份支持和反對川普的人士的名單。四年之後，川普重新參選，氣勢如虹。我重新修訂這份名單，將某些立場搖擺乃至朝秦暮楚的人物刪去，以從川普二〇一六年初次參選至今共八年的時間為限，重點列出在這段時間內長期支持或反對川普的人物。

這份名單的選擇標準、資料來源及羅列方式大致如下：

第一，名單中主要列入廣義的華裔或華語文化圈中，有一定專業水準、影響力及知名度的公共知識分子、政治工作者、學者、文化人（包括中共重點扶持的御用文人）等。他們對川普、「川普主義」及美國大選等議題公開發表過意見。只列入以真名發表意見者，或其筆名已眾所周知者，匿名者和身分不明者不列入。

第二，主要從我常發表文章或定期瀏覽的華語媒體、國際媒體之中文版搜集資料，如自由亞洲電台中文網、美國之音中文網、法廣中文網、BBC中文網、紐約時報中文網、上報網、關鍵評論網、蘋果日報網站、自由時報網站、中央社網站等。我知道大部分主流媒體都偏左，因此在使用相關資訊時會仔細甄別。

第三，我從未使用過微信、抖音、小紅書等中國社交媒體，二〇一二年赴美之後亦不再使用充滿暴戾之氣的 X（原推特）。微信和 X 上的某些資訊，大都由友人轉告或得自臉書轉發，之後我再加以確認。我幾乎不看 YouTube 上的各類自媒體，因此這份名單基本不採納自媒體「大 V」對川普的支持或批評。

第四，我本人是川普的支持者，對支持川普和反對川普兩個陣營自有褒貶立場。我從不標榜客觀中立，實際上沒有任何人能做到絕對客觀中立。對於支持川普的人士的其他觀點，我並不照單全收。在反對川普的人士中，有少數是我的朋友，我在這個議題上與他們存在嚴重分歧，但並不否定他們的其他論述及活動具有正面價值。

第五，支持川普的人士，我不再詳細列出支持的理由。支持川普，卑之無甚高論，歸根結柢就是認同「常識」。反對川普的人士，我盡可能列出他們反對的理由，大都引用自其本人公開發表的文章、在社交媒體上的言論或媒體訪談。反對川普的理由，千奇百怪、不一而足，值得立此存照、並加以剖析。

第六，我列出支持與反對陣營各一百人，共兩百人。我優先列入我認識或在現實生活中有交往的人物。不過，我的交往和閱讀範圍皆有限，此名單當然不盡完整，必定掛一漏萬。但這種資料收集整理工作頗有價值，我希望這份名單能起到拋磚引玉的作用。所以，這份名單處於開放狀態，讀者朋友可自行增補其他重要人選。

川普和「川普主義」在二〇一六年改變了美國，也改變世界。八年後，川普和「川普主義」又捲土重來，且更為高漲。圍繞川普和「川普主義」的爭議亦愈演愈烈。期盼此名單記錄下這段仍在演變中的歷史。

川普的支持者遍及廣義的保守主義陣營

·美國

1. 余茂春：歷史學家，加州大學柏克萊分校歷史學博士，美國海軍學院教授，曾任國務卿龐培歐的中國問題首席顧問。
2. 陳光誠：人權活動家，二〇一二年流亡美國，後入籍成為美國公民。二〇二〇年，受邀在美國共和全國代表大會發表演說，公開呼籲選民支持川普，其演講影片被川普在推特上轉發。
3. 徐文立：中國民主黨創黨元老之一，布朗大學客座教授。兩次被中共判二十八年，服刑十六年。
4. 何清漣：旅美經濟學家，在若干媒體發表文章支持川普、批評民主黨的若干左派政策。
5. 程曉農：旅美政治學家，普林斯頓大學社會學博士。
6. 李江琳：作家，評論人，美國歷史及西藏問題研究者。
7. 陸文和：工程師，評論人，曾任中國學自聯主席。
8. 李劼：文學評論家，小說家。
9. 程凱：資深媒體人，自由亞洲電臺、法國國際廣播電臺特約記者、評論員。

10. 陳破空：六四學生領袖，評論人，著有《川普對決習近平》。
11. 王立銘（變態辣椒）：政治漫畫家，自由亞洲電臺編輯。
12. 蔡慎坤：評論人，知名博主。
13. 陳建剛：流亡美國的中國人權律師，評論人。
14. 龔小夏：政治評論員，哈佛大學政治學博士，曾任美國之音中文部主任，曾代表共和黨競選維吉尼亞州議員。
15. 鄒恆甫：哈佛大學經濟學博士、前世界銀行高級經濟學家。
16. 成西（XiVanFleet）：《毛氏美國》作者。
17. 李南央：中共改革派元老李銳的女兒，工程師，曾任職於多家美國國家級實驗室，作家。
18. 陶瑞：從事科技業，哈佛大學前實驗室主任。在社交媒體上的自我介紹為：揭露左膠的虛偽、學術殿堂的黑暗，推翻巴別塔，復興福音大使命。
19. 薩利赫．胡達亞：維吾爾人權活動人士。
20. 嘉楊：西藏人，曾擔任達賴喇嘛侍衛長，現在加州從事網路安全工作。
21. 李席舟：已故，福和會創始人，美南臺福教會長老。
22. 吳一平：美國亞裔維權大聯盟召集人。
23. 趙宇空：美國亞裔教育聯盟主席。
24. 張洵：基督徒，評論人。

25. 王浤：川普華人助選團團長。

26. 丁頌傑：「川普中文同步推」主持人，擁有數十萬粉絲。

27. 凌飛：在網上發表過兩篇支持川普的文章：〈我們和美國民眾站在一起〉、〈華二代為何變得荒謬：左派教育只講外因不講內因〉。

28. 林偉雄：醫師，華人醫師挺川聯盟負責人。

29. 賈東升：畫家、雕塑家、珠寶設計師、美國華裔支持川普聯盟負責人。

30. 駱遠志：基督徒，金融學博士，投資專家。

・其他國家

31. 鍾祖康：從香港移居挪威，作家，評論家，《來生不做中國人》作者。

32. 蘇小和：移民韓國的基督徒、財經評論人、思想史研究者、作家、詩人。主要著作有：《論華人的基本問題》、《倉惶人物誌》、《百年經濟史筆記》、《小雅歌》、《蘇小和沉思錄》等。

33. 馮崇義：雪梨科技大學副教授，政治學者。

34. 劉軍寧：旅居日本，政治學者，北京大學政治學博士，原中國社科院研究員，著有《保守主義》等，是中國最早提倡保守主義的學者。

35. 袁曉輝：畢業於臺灣政治大學新聞系，後移居加拿大，曾在臺灣和加拿大多家中文媒體擔任新聞總監。其長文〈不是支持川普，是等他這樣一個人等了很久〉在網上流傳甚廣。

36. 廖亦武：流亡德國的異議作家，法蘭克福圖書獎及歐洲諸多人權獎和文學獎得主。雖頗受梅克爾政府禮遇，卻挺身而出批評德國政府的對華綏靖政策，並公開支持川普。

37. 楊佩昌：旅德學者，德國及歐洲經濟政策研究者。

‧中國國內

38. 鮑彤：已故，曾任趙紫陽政治祕書、中共中央政治體制改革研討小組辦公室主任、中共十三大文件起草小組組長，是因六四事件入獄的中共最高級官員，出獄後成為異議人士。

39. 譚作人：作家、人權和環保活動人士。

40. 師濤：記者、作家、詩人，雅虎案受害者之一。

41. 高瑜：獨立記者、人權活動人士，榮獲過多項人權與新聞自由獎。

42. 叢日雲：中國政法大學教授，宗教哲學及西方文明史研究者，其長文〈中國知識界何以誤判美國、誤判川普？〉流傳甚廣。

43. 王建勛：中國政法大學教授，政治學者，著有關於美國憲法和憲政的多種專著。

44. 郭于華：清華大學社會學教授。

45. 劉亞東：南開大學新聞與傳播學院原院長，中國科技新聞學會副理事長，《科技日報》原總編輯。

46. 劉蘇里：畢業於中國政法大學，八九學運參與者，北京人文書店「萬聖書園」創辦者。

47. 沈陽：已故，獨立評論人、政治哲學研究者，著有《正義一元論》等專著。
48. 蕭瀚：律師，評論人，中國政法大學法學院副教授。
49. 蕭三匝：獨立學者、資深媒體人。
50. 許凱：評論人，《國際金融報》副總編輯。
51. 劉業進：北京師範大學管理學博士，首都經濟貿易大學教授。
52. 信力健：企業家、教育家，曾因言論問題被捕下獄。
53. 李承鵬：足球記者、評論員，暱稱「李大眼」，知名作家、時評人。
54. 史傑鵬：前北師大古代語言學副教授，在新浪微博有近十五萬粉絲的大V「梁惠王」。
55. 賀江兵：金融學者，曾任《華夏時報》金融部主任。
56. 童大煥：時評人，曾任《中國青年報》編輯，並在多所大學任教。
57. 聶聖哲：長江平民教育基金會主席，中國陶行知研究會副會長，在多所大學兼任教授。
58. 唐荊陵：維權律師、人權活動家。
59. 王尚一（尚玉華）：《看中國》專欄作家、中國政治犯。

• 香港

60. 李怡：已故，專欄作家，時事評論家，《七十年代》等雜誌創辦人。
61. 林行止：作家，評論人，原《信報》發行人。

62.陶傑：專欄作家，被譽為「香江才子」。
63.顏純鉤：前天地圖書總編輯，評論人。
64.馬龍：漫畫家。
65.職人阿港（HongKongWorker）：漫畫家。
66.盧思達：專欄作家，倡導右派和本土理念。
67.袁弓夷：香港商人、民主運動活動家。

•臺灣

68.汪浩：牛津大學博士，國際關係學者，歷史研究者，評論人，出生於中國的臺灣女婿。
69.矢板明夫：資深媒體人，評論家，在中國長大的日裔，曾任日本《產經新聞》駐臺記者。
70.陳明真：前立法委員、民進黨主席特別助理。
71.宋澤萊：基督徒，文學家，詩人，臺灣國家文藝獎得主。
72.吳祥輝：作家，評論人，著有關於美國的專著《勇士的國度》等。
73.桑普：由香港移居臺灣的評論人，法學博士，專欄作家。
74.劉一德：臺灣團結聯盟前任主席。
75.周倪安：前立委、臺灣團結聯盟主席。
76.許詠翔（DerrickHsu）：資深媒體人、專欄作家。

77. 童文薰：臺美雙料人權律師，媒體人，專欄作家。
78. 黃澎孝：作家、資深評論人。
79. 明居正：政治學者、評論人、臺大退休教授。
80. 鄒景雯：資深媒體人，《自由時報》副總編輯。
81. 胡文輝：資深媒體人，《自由時報》總編輯。
82. 李筱峰：歷史學者，評論人，臺北教育大學名譽教授。
83. 富察延賀（李延賀）：文學博士，八旗文化出版社總編輯，臺灣女婿，中國政治犯。
84. 洪岳農：財經評論人，「M觀點」創辦人。
85. 盧世祥：評論人、資深媒體人、先後任教於臺灣大學等多所大學。
86. 林逸民：眼科醫師，福和會理事長。
87. 蕭良嶼：「報呱」專欄評論作家。出身於法律訓練，興趣為社會學、政治學研究。
88. 胡采蘋：資深財經記者，財經評論人，臉書粉絲專頁「EmmyHu 追劇時間」主持人。
89. 曾清菁：媒體工作者、公視國際記者。
90. 侯智元（逆襲的田橋仔）：畢業於哥倫比亞大學政治系、哈佛大學東亞研究所。「換日線」專欄作者。
91. 梁文韜：成功大學政治學系教授。

‧牧師、傳道人和基督教機構負責人

92. 陳佐人：神學教授，美國華人教會牧師。
93. 王志勇：美國華人教會牧師，改革宗神學翻譯者及研究者。
94. 傅希秋：「對華援助協會」創建人及會長，人權活動家，牧師。
95. 畢成鵬：美國華人教會牧師。
96. 劉傳章：美國華人教會牧師。
97. 洪予健：加拿大華人教會牧師。
98. 徐英杰：美國華人教會牧師。
99. 丘海倫：美國華人教會牧師，曾參選紐約州眾議員。
100. 林修榮：牧師，「財務管家事工」創辦人。

小結

第一，川普的支持者，很多是我的朋友，或在現實中有交往，或有過通訊聯繫，或為臉書朋友，正所謂「物以類聚，人以群分」。在觀念場域中，他們多傾向於右派、保守主義、古典自由主義、個人主義、自由市場經濟、清教秩序等價值。

第二，川普的支持者，全都公開反對中共極權體制，重視民主、人權、自由價值，有

一部分進而反中、批判中國專制主義傳統。其中，少數人在中國國內的大學及媒體工作，因環境所限，只能隱晦的表達其觀點。

第三，川普的支持者，基督徒占相當高的比例。基督徒高度認同川普政策中對基督教文明和英美傳統價值的捍衛。我專門列出多位公開支持川普、在海內外華人教會頗具影響力的牧師、傳道人和基督教機構負責人。

第四，川普的支持者，很多人在各自專業領域成就斐然。在美國主流社會，川普支持者亦是如此。川普的支持者並非如主流媒體扭曲的那樣，全是受教育程度較低、偏執的「魯蛇」群體。

川普的反對者是形形色色的左派

• 美國

1. 許倬雲：歷史學家，近年常常吹捧中國和唱衰美國，認為川普當選讓美國陷入困境。
2. 李安：出生臺灣的美籍電影導演，認為川普當選是對美國的嘲諷。
3. 程映紅：特拉華大學教授，中共史及國際共產主義運動史研究者，認為川普是種族主義者。
4. 黃亞生：經濟學家，麻省理工學院教授，撰文指出「華川粉是最不負責任的父母」。

5.夏明：紐約城市大學政治學教授，認為川普對美國民主形成實質威脅。

6.王天成：基督徒，流亡美國的憲政及中國轉型問題研究者，認為「川普支持者有一個特別大的問題，就是不在乎民主憲政原則被破壞、只在乎政策偏好」。

7.何頻：頗有爭議的媒體經營者，「明鏡新聞集團」董事長，反對川普的移民政策。

8.王偉雄：加州大學哲學教授，在《蘋果日報》等媒體撰文批評川普。

9.林垚：哥倫比亞大學政治學博士，在貌似客觀的論文〈燈塔主義與中國自由派知識分子的「川化」〉中批評川普及其支持者。

10.翁達瑞（陳時奮）：從臺灣移居美國，自稱美國大學教授，認為川普「劫持了共和黨」。

11.王軍濤：民運人士，指責川普是獨裁者。

12.楊建利：民運人士，因隱瞞其共產黨員身分，其入籍美國申請被美國移民局駁回。他認為川普拒絕認輸和有序交接，給美國民主程序和國家安全造成嚴重危害。

13.滕彪：北京大學法學博士，前維權律師，性侵案涉案人。他認為川普不關心人權議題，破壞美國民主憲政體制，支持川普者是「走入歧途」。

14.劉剛：六四學運領袖，後流亡美國，認為「川普就是如此欺騙美國人，他將美國的三億人都當成了三歲孩子來耍著玩」。

15.鄧聿文：前中共中央黨校《學習時報》編輯，後流亡美國。他撰文認為，中國自由派「川粉」承襲了專制者基因。

16. 溫雲超（北風）：流亡美國的中國異議人士，認為「川普是白人至上主義者」。
17. 謝選駿：《河殤》撰稿人之一，後流亡美國，轉向宗教研究，批評川普「走上反美前線」。
18. 劉迎曦：「美國華人民權聯盟」創建人，因川普說「中國病毒」而對其提起訴訟。
19. 喬木：前北京外語學院副教授，後流亡美國，攻擊川普「找人替考上大學」。
20. 程松（基甸）：基督徒，《海外校園》前主編，自稱「絕對不會投票給川普的右派選民」。
21. 熊璩（臨風）：基督徒，《海外校園》前編委及專欄作家，批評支持川普的人信仰「川普教」。
22. 黎蝸藤：專欄作家，自稱維吉尼亞大學哲學博士，認為「川普正在消耗美國的外交資源、川普對臺灣的言論大錯特錯」。
23. 黃艾琳（EileenHuang）：耶魯大學學生，華裔第二代，明確表示華人社區應該支持BLM。她寫的文章〈「我們和非裔站在一起」——耶魯華裔學生寫給爸媽和華人社區的公開信〉在微信公眾號發表以後，引發廣泛的討論和爭議。
24. 唐路：六四學生，前CNN記者，批評「川普公開辱罵女性是豬狗」。
25. 華澤：獨立紀錄片導演，其推特帳號為「反死刑，反暴力，反核，反戰，反獨裁，反川普！宗教持不同政見者」。
26. 程益中：前《南方都市報》總編輯，曾因言獲罪入獄，後流亡美國，認為「川普的手上沾滿人民的鮮血」。
27. 李偉東：前《中國改革》雜誌主編，流亡美國的中國異議人士，網名「冬眠熊」。據傳有他可能重新回流中國。他認為美國抗疫失敗是因為川普破壞民主制度。

28. 陳平：北京大學教授，中共「大五毛」代表人物，認為「貿易戰實際上是川普自救，想要轉移注意力，但是完全失敗」。

29. 方舟子：「新語絲」網站創辦人，長期標榜其以反對「偽科學」，認為川普是種族主義者。

‧其他國家

30. 艾未未：長居歐洲、已向中共輸誠的前異議藝術家，「呼籲世界各國人民挑戰包括美國總統川普在內的領導人，以抵制政府對人類基本價值觀的威脅」。

31. 慕容雪村：定居澳洲，小說家，支持「黑命貴」運動，批評川普是白人至上主義者。

32. 李劍芒：網絡言論人士，旅居荷蘭，將川普比喻為希特勒。

33. 宋文笛：澳洲國立大學亞太學院講師，發表多篇文章批評川普，認為川普讓美國失去盟友，「拜登對中國比川普更狠」。

34. 鄭永年：新加坡公民，上海交通大學政治經濟研究院名譽院長，被媒體稱為習近平的「國師」，性侵案涉案人。在受訪中表示，川普多次「退群」對國際組織體系破壞得非常厲害。

35. 巴丟草：流亡澳洲的異議漫畫家，為反對川普而作了一幅極度惡劣的漫畫：以六四坦克人照片為藍本，將坦克畫成川普陣營，將坦克人畫成舉起歡迎川普旗幟的王丹。

36. 王志安：旅居日本，前央視媒體人，訪臺時，因上節目受訪，違反臺灣核發旅遊簽證的規定，又公開羞辱殘障人士，被臺灣政府驅逐出境。認為川普的支持者都是低學歷者。

37. 黎則奮：移居加拿大的香港人，專欄作家，形容川普為「共和黨黨委書記」。

38. 茉莉：六四學運參與者，評論人，流亡瑞典，認為「川普發動貿易戰違背程序正義」。

39. 廖天琪：作家，翻譯家，人權工作者，曾任獨立中文筆會會長，批評川普破壞民主制度。

40. 王小山：移民日本的前媒體人，專欄作家，聲稱「川普沒戲，若川普當選，直播吃屎」。

・中國國內

41. 資中筠：美國問題專家，前中國社科院美國所所長，批評川普說：「自這位總統上臺後，似乎一直沒有走出競選狀態，仍然站在一黨一派的立場，而不是全民的領導。一上來就先把前幾任政府（他用的是多數，不僅是前任）的政績一概否定，似乎一切從頭開始，容不下任何批評意見，大小問題都自己親自出馬（大多是發推特），與對方互懟，像小孩子吵架一樣，對敏感問題、重大事件口無遮攔，出爾反爾，不對自己言論負責任，結果威信盡失。」

42. 易中天：文化學者，批評川普「這位老兄的歷史使命——抱歉，如果他有的話，就是對那個自我感覺良好、其實稀裡糊塗的世界喊一嗓子」。

43. 張鳴：人民大學政治學教授，批評川普打壓媒體，「怎麼一批評總統，媒體就罪該萬死」。

44. 賀衛方：法學教授，認為「川普法律團隊在三個搖擺州的聽證會不嚴肅，證人的敘述含糊其辭，沒有拿出明確證據」。

45. 浦志強：維權律師，認為美國選舉不存在舞弊，川普不認輸是不守法。
46. 蕭雪慧：倫理學者，認為川普對人權不在乎，解除了對中國政府的壓力，代表反啟蒙的力量。
47. 張雪忠：法律學者，律師，聲稱「我根本不知道民主黨有沒有舞弊，所以對這個事實問題不做任何判斷」。
48. 溫鐵軍：中國「三農」問題研究者，認為川普「用的是典型的老冷戰的反共意識形態來做宣傳，然後要求世界上各個國家以老冷戰意識形態劃線、站隊」。
49. 劉瑜：政治學者，清華大學副教授，認為「川普代表了美國政治中的民粹主義」。
50. 笑蜀：前《南方週末》評論員，認為「總統無權否定『假新聞』」。
51. 郝志東：澳門大學教授，認為支持川普的人士為「極右翼」，背叛了民主自由價值。
52. 周濂：政治學者，認為川普當選使得「共和黨和保守主義曾經堅守的基本價值正面臨前所未有的危機」。
53. 石扉客：前《南方報系》記者，網絡評論人，認為川普與普丁一樣「妖魔化媒體」。
54. 高曉松：音樂人，媒體人，認為「比起『瘋總統』川普，美國人民更懷念『黑總統』歐巴馬」。
55. 張千帆：北京大學憲法學教授，在《紐約時報》發文指出：支持川普總統的大量「鐵粉」散布各種指控選舉舞弊的消息，其中大部分都是未經核實或已證偽的假消息，他們不願意接受自己的偶像敗選的事實。
56. 傅志彬：作家、製片人，著有《洗腦的歷史》，認為川普的支持者類似於紅衛兵。

57. 吳強：前清華大學講師，認為中國自由派知識分子支持川普是「鏽帶」和「悲歌」。

58. 趙尋：北京大學博士，香港大學前研究員，認為川普代表了「僭主政治」。

59. 摩羅：文學評論家，中國藝術研究院研究員，認為「川普比佛地魔更可怕」。

60. 崔之元：清華大學教授，政治學者，「新左派」代表人物，認為川普與普丁「相戀不能戀、相恨無人信」。

61. 胡錫進：《環球時報》前總編輯，認為「美國大選禍害全球」。

62. 司馬南：中共御用文人，認為「川普感染新冠是選舉戰略」。

63. 張召忠：解放軍退役少將，軍事評論員，認為「川普將帶領美國走向衰落，美國經濟一定成為世界老二」。

64. 張維為：中共御用學者，習近平「國師」之一，認為「川普當選標誌美國民主死亡」。

65. 王江松：原中國勞動關係學院教授，認為「川普是極右化的保守主義者，是憲政民主法治的破壞者」。

66. 羅振宇：資深媒體人，「羅輯思維」創始人，認為「川普要完蛋」。

67. 閻學通：國際關係學者，認為「川普當選對中國是好事，因為川普讓美國更加分裂」。

68. 周小平：習近平重用的網路吹鼓手，聲稱川普若當選，他將公開表演吃土，但最終食言。

69. 張宏良：極左派、毛派，《紐約時報》引用其觀點來批判川普「是毛主席的好學生」。

70. 張頤武：北京大學中文系教授，認為「川普也可能面臨施政不出白宮的困局。他的理念好壞不論，但其政治技巧和運作能力目前看來都相對粗糙。」

71. 戴旭：中國軍方鷹派代言人，認為美國制裁華為是華為的光榮，「我建議任總給特總統（川普）頒發一枚榮譽勳章，以表彰他對提升華為國際聲譽做出的巨大貢獻」。

72. 喬良：中國軍方鷹派代言人，《超限戰》作者，認為川普最大「貢獻」是親手摧毀了中國人對美國的幻想。川普知道不應該打貿易戰，但是想通過貿易戰爭「快錢」，讓中國人把掙到的錢通過稅收的方式「回饋」美國。

73. 安替：媒體人，「財新傳媒」高管，說川普持有中國企業的股票。

74. 林毅夫：經濟學家，北京大學新結構經濟學研究院院長。他認為川普不懂經濟學，想用增加對中國等國的關稅來解決貿易逆差的問題，但實際上是適得其反的。

•香港

75. 周保松：香港中文大學政治與行政學系副教授，信奉羅爾斯的正義論，反對川普及保守主義。

76. 蔡子強：學者，評論人，認為川普是眾所周知的惡人，上任後展示其「野蠻和粗暴行徑」，「美國人用民主方式，選出了一個狂人」。

77. 竇文濤：鳳凰衛視主播，媒體名嘴，嘲諷川普說：「美帝國主義，現在都鬧成川普執政，感覺美國現在都快打起內訌了。」

78. 葉健民：香港城市大學公共政策學系教授，立場被視為偏向傳統民主派。批評川普在處理新冠疫情、美國與盟友的關係以及美國國內種族歧視等議題上的失策、認為這些足以顯示他「不符合大眾對一個民主國家元首的基本期望」，並質問說，如果香港示威者支持川普「以謊言、偏見、仇恨和無知去治國」，摧毀世上「最重要的民主體制」，香港的抗爭仍否值得世人支持。

79. 區家麟：專欄作家，認為「川普好勇鬥狠、永不言敗，打開了民主制度的幽暗鬼域」。

80. 盧偉國：香港建制派政黨經民聯主席，批評川普對香港的制裁是「美國在國內疫情持續爆發，國內外又出現各種嚴重問題的情況下，企圖轉移視線，無理地將有關問題矛頭指向中國及特區政府」。

81. 鄭經瀚：前立法會議員，資深媒體人，認為川普當選「引發共和黨內戰」。

82. 梁啟智：前香港中文大學副教授。其長文〈美國總統大選政治地理入門〉對紅州、藍州和搖擺州的認定存有大量錯誤，認為：「共和黨的內政立場和選民脫節，是阻礙他們勝選的主因。」

83. 沈旭輝：國際關係學者，認為川普「有中國情結」。

84. 梁文道：文化評論人，媒體人，認為川普「反智的最大問題不是無知，而是以無知為榮」。

85. 黃毓民：香港反民主派政治人物、資深名嘴，認為川普蠻幹、川普與習近平親近。

86. 葉蔭聰：香港嶺南大學文化研究系任教，認為「挺川是一場不太光彩的賭博」。

87. 李慧瓊：香港建制派政黨民建聯主席，反對川普對香港的制裁，表示「全體建制派會全力支持國家採取一切合理合法的反制措施」。

・臺灣

88. 關中：曾任國民黨副主席、考試院院長、立法委員，著有《川普和川普主義：分裂的美國》，認為是川普和川普主義造成美國分裂。

89. 蘇起：前陸委會主委，「九二共識」發明者，認為「川普從素人進化為鋼鐵人，輸贏美國都是亂」。

90. 朱雲漢：已故，臺大政治系教授，中央研究院院士，認為川普代表右翼民粹，但「美國領導地位殞落的大趨勢恐難挽回」。

91. 趙少康：國民黨政治人物、媒體名嘴，認為川普是「不正常國家的不正常總統」。

92. 趙春山：淡江大學中國大陸研究所榮譽教授，認為「川普一旦勝選，他特立獨行的作風，可能讓盟國更加無所適從」。

93. 嚴震生：政治大學國關中心研究員，認為「反中共或習近平，不構成支持川普的理由」。

94. 戴瑜慧：交通大學傳播與科技系副教授，認為川普公然種族歧視、性別歧視、滿口謊言，以及企圖以政變手段搞垮美國民主制度。

95. 林濁水：資深媒體人，臺獨理論家，認為「川普與韓國瑜相似」。

96. 介文汲：前駐紐西蘭代表，被澳洲智庫列為親共的臺灣名嘴，認為川普和范斯是只愛錢的孤立主義者、川普當選對臺灣非常危險。

97. 林飛帆：民進黨副秘書長，太陽花學運領袖，認為「川普連任，臺灣也不會理所當然享有美國無限制的支持而免於中國威脅」。

98. 范琪斐：媒體人，在自媒體「范琪斐的美國時間」多次批評川普。

99. 閻紀宇：「風傳媒」副總編輯，撰文指出：「對美國總統川普而言，人間最可悲是輸家，人生最難為是認輸。因此他輸掉今年大選之後一如各方預期，演出一場史無前例的政治鬧劇，將美式民主降格為美式垃圾食物。」

100. 陳方隅：留美政治學博士，臉書粉絲專頁「臺灣美國觀測站」主持人之一，認為川普用談生意的方式處理國際關係不是好的選擇。

小結

第一，川普的反對者，在觀念秩序上大都為左派。在中國包括民族主義者、毛派、老左派和新左派等群體。在臺灣，情況較為複雜：臺灣是亞洲國家中唯一對川普的支持度過半的國家（比日本還高），但在知識界和文化界，「進步主義」佔據上風，反川普的聲浪頗高（反川普跟反美、反帝又在某種程度上重合），其中既有藍營人士，也有綠營人士；既有文化界和新聞界大老，也有太陽花之後加入輿論場域的年輕一代。

第二，川普的反對者中，有大量中共御用文人（反之，支持川普的人士中，幾乎找不到一個親共人士）。中共官方對川普的攻擊強度，超過美國歷史上任何一屆總統。川普離開白宮後，中國對包括龐培歐在內的若干川普政府高級官員展開制裁，歐巴馬時期的官員從未享受如此「殊榮」。

第三，川普的反對者，較少基督徒，多為疏離於基督宗教與價值的世俗主義者和無神論者。少數公開反對川普的基督徒，有來自於《海外校園》等臺灣北京的基督教媒體，及持自由派立場或基要派立場的教會、基督教機構（通常缺乏整全的清教秩序理念），這是一個頗值得注意的細節。

第四，川普的反對者，很多是依託媒體的記者或評論員，即媒體人，這也與美國的情形相似：主流媒體與川普形同水火。媒體人反感川普對媒體的批判，卻從不反思自身的長期墮落。有趣的是，在習近平執政之前，聚集大量中國自由主義知識分子（中國語境下的自由主義，指溫和的改革派，而非美國語境下的自由派）的南方報系，盛產反川人士。

第五，反對川普者，是否必然支持拜登及民主黨？長期以來，民主黨和共和黨建制派共同形成親共集團，川普是打破此利益共同體的第一人。在拜登家族若干醜聞包括從與中國政府關係密切的中國公司收取巨額賄賂的資訊公布之後，若反對川普者仍支持拜登，則可看出其背後真實的立場其實是親共。反共，且反川普並支持拜登的立場，很難同時和諧存在於一人身上。

第六，川普的反對者中，很多任教於大學，且多分布在人文社會科學領域。這跟美國主流社會的情形是一樣的——大學是左派的堡壘，人文社會科學更是左派抱團取暖之地。

聲稱支持多元價值的大學，偏偏以左為標尺，排除異己，打壓異見，罷黜百家，獨尊左術。很多知識菁英為了保住飯碗和職位，不得不向左派意識形態低頭和臣服，長此以往，不是左派也成了左派。

川普：拯救美國

作　　者｜余杰

一卷文化
社長暨總編輯｜馮季眉
助理編輯｜林諺廷
封面設計｜兒日設計
內頁設計｜菩薩蠻電腦科技有限公司

出　　版｜一卷文化／遠足文化事業股份有限公司
發　　行｜遠足文化事業股份有限公司（讀書共和國出版集團）
地　　址｜231新北市新店區民權路108-2號9樓
郵撥帳號｜19504465 遠足文化事業股份有限公司
電　　話｜(02)2218-1417
客服信箱｜service@bookrep.com.tw

法律顧問｜華洋法律事務所　蘇文生律師
印　　製｜中原造像股份有限公司

2024年9月　初版一刷
定價｜600元　　　　　書號｜2TWD0001
ISBN｜978-626-98880-5-4（平裝）
ISBN｜9786269888047（EPUB）　　　9786269888030（PDF）

國家圖書館出版品預行編目 (CIP) 資料

川普：拯救美國 / 余杰著. -- 初版. -- 新北市：遠足文化事業股份有限公司一卷文化，遠足文化事業股份有限公司, 2024.09
面； 公分
ISBN 978-626-98880-5-4(平裝)

1.CST: 川普 (Trump, Donald, 1946-) 2.CST: 傳記
3.CST: 美國

785.28 113013194